私はヒトラーの秘書だった

トラウデル・ユンゲ

メリッサ・ミュラー＝解説
高島市子 足立ラーベ加代＝訳

草思社文庫

BIS ZUR LETZTEN STUNDE
by
Traudl Junge & Melissa Müller

Published in 2003 by List Taschenbuch Verlag.
First published 2002 by Classen Verlag.
Published by arrangement through Meike Marx Literary Agency, Japan

私たちは自分の伝記を訂正することはできない。それと共に生きなければならないのだ。けれども私たちは自分を訂正することはできる。

ライナー・クンツェ「日の当たる斜面で――ある年の日記」

トラウデル・ユンゲによるまえがき

これは事後の釈明の書ではない。自訴の書でもない。これが私の人生のざんげだと解されるのも本意ではない。これは周囲とではなく、むしろ私自身との和解の試みの書なのだ。この本によって理解を乞うというよりも、この本が理解に役立つことを願う。

私は二年半の間ヒトラーの秘書だった。それを除けば、私の今までの人生は変哲もなく過ぎた。一九四七年から四八年にかけて、その頃まだきわめて鮮明だったヒトラーの間近で得た生活体験の記憶を書き記した。当時、「私たち」は皆、前方を見ていた。そして体験したことを――ついでに言えば、驚くほど巧妙に――無害化し抑圧した。そのときは、私はいたって無心にその作業にとりかかった。いつか後になって重要になるかもしれない細部が色あせたり、すっかり忘れてしまわないうちに、あの頃の重要な出来事やエピソードをしっかり書き留めておこうとしたのだ。

数十年も過ぎてからその原稿をもう一度読んでみて、執筆当時の自分の無批判な態度と距離の無さに私は仰天し恥じた。どうしてあれほど無邪気に、また軽率でいられたのだろう。だが、これは今までその原稿を自分の国で発表するのをためらっていた理由の一つにしかすぎない。他の理由はこうだった。アドルフ・ヒトラーとその「千年帝国」に関するあふれるほどの本を前にしては、私個人の運命や観察などがそれほど意味があるように思えなかったのだ。そのうえ、センセーション好きな人々や見当違いな一角からの拍手喝采などに対する気がかりもあった。

自分の過去を隠したことなど私は一度もない。だが、戦後私の周囲にいた人たちが、過去をいとも簡単に忘れさせてくれたのだ。自分のボスがその誠実な顔の裏に犯罪的権力欲を隠し持った男であることを見抜くには、私は若すぎ、未熟すぎたのだと。そう言ったのは、私を「青少年同調者」として免責した非ナチ化委員会だけではなかった。私の体験談を聞いた知人たちは、自分自身が共犯疑惑の中にあった人はもとより、体制に迫害されていた人でさえも皆そう言った。こんな無罪判決を私は喜んで受け入れた。ナチス・ドイツが崩壊したとき、なんといっても私はまだやっと二十五歳になったばかりだったのだから。そしてとにかく望みは一つ、生きることだった。

やっと六〇年代の半ば頃になって、自分の過去や日増しに強くなってくる罪悪感と真剣に取り組むようになった。このことによって、過ぎ去った三十五年間の流れは、苦しみが増していくいっぽうの工程となったのだった。それは自分自身とあのときの動機を理解しようとする、心身が消耗するような試みだった。そうして、次のように告白することを学んだ。一九四二年の私はまだ二十二歳で冒険心に満ち、アドルフ・ヒトラーに魅了されており、また彼は気持ちの良いボスで父親のような友人であり、心中にどうしても聞こえてくる警戒の声を意識的に打ち消して、彼のもとに、あるいは彼と一緒にいた時間を悲惨な最期まで楽しんだのだと。この男の犯罪が露見したからには、私は自分の人生の最後の瞬間まで共犯の感覚と共に生きていくことだろう。

二年前、私は著述家のメリッサ・ミュラーと知り合った。彼女はヒトラーの芸術の好みについて質問をするために、時代の生き証人である私のもとを訪れた。対話の中で、私の人生や、ヒトラーとの出会いが私にもたらした長期にわたる影響力について、いろいろなことを話した。メリッサ・ミュラーは戦後の第二世代に属していて、彼女の見方は第三帝国の犯罪に関する知識に裏づけられている。しかし彼女は後から来て知ったかぶりをする人たちとは違う。そんなに単純に事を片づけたりしないのだ。彼女は、かつて総統に心酔した私たち、時代の証言者がどんな話をするのかと耳を傾け、出来事の根本を探ろうとしていた。

「私たちは自分の伝記を訂正することはできない。それと共に生きなければならないのだ。けれども、私たちは自分自身を訂正することはできる」。ライナー・クンツェの『ある年の日記』からのこの引用句は私の人生にとっての重要な座右の銘となった。「ただ公の面前にひざまずくことだけが常に期待されているわけではない」という文がそれに続く。「沈黙する羞恥がどんな演説よりも多くを語ることもあり、ときにはずっと誠実なのだ」。それにもよらず、私はメリッサ・ミュラーに自分の原稿を刊行するよう、説得されてしまった。ヒトラーの魅力に屈することがどんなにたやすいことか、そして大量殺人者に仕えていたという自覚を持って生きていくことがどんなに苦しいことかを、もし彼女にわかったもらうことができたら、読者にもわかってもらえるのではないかと私は考えた。それはもちろん私の願望にすぎないが。

昨年、私はメリッサ・ミュラーにアンドレ・ヘラーを紹介された。彼は私にとってたいへん興味深い芸術家であるだけでなく、社会問題に積極的な関心を持った、倫理的にも政治的にも信念のある人である。彼との集中的な対話が、私自身、ずっと仲たがいしてきたトラウデル・フンプスという少女と向き合うための、限りなく重要なきっかけを生み出した。私たちの会話の本質的な部分は回るカメラの前で行なわれた。アンドレ・ヘラーとオトマー・シュミーデラーはこのときのフィルムからドキュメンタリー映画『死角にて』を作り上げた。この映画はこの本の出版と同時に公開される。

本書では若いユンゲが話したり、年老いたユンゲが話したりする。若いユンゲは、すべてが過ぎた後で、ナチス政権の内部にいた者の持つ知識に対して今なお増え続ける人々の関心に応えて昔の手記を発表するのだが、このテキストが啓蒙に役立つことを願っている。年とったユンゲは道徳の使徒となるつもりはさらさらないが、それでもなおいくばくかの考えを伝えられれば、と望んでいる。そしてそれは第一印象で受けるほど平凡なものではない筈だ。美しいファサードは見せかけであることが多い。常にその裏を見てほしい。人間は自分の良心の声を聴かなければならない。間違いを認めてそこから学ぶのに、実際にはそれほど勇気はいらない。人は学びながら旅をするためにこの世に生きているのだから。

トラウデル・ユンゲ

二〇〇二年一月

私はヒトラーの秘書だった◉目次

私はヒトラーの秘書だった

凡例

トラウデル・ユンゲが一九四七年から四八年にわたって書いた手記は、彼女の主観的な記憶を再現するものであり、ここでは初稿を公開する。原文テキストは現行のドイツ語正書法に合わせてある。そしてユンゲ氏の協力により、原稿にありがちな弱点の見られる箇所（不統一な綴り方、名称表記の間違い、言葉の抜けた部分など）をわずかではあったが修正した。数カ所、内容的に重要でない部分を削除したが、その箇所には削除の記号［…］を付した（なお、［　］は編者注を表わす）。

〔　〕は訳注を表わす。

解説1　ヒトラーに出会うまでの日々

メリッサ・ミュラー

時は流れて、一九四七年、ミュンヘン。「ナチス運動の首都」は瓦礫の街と化した。人々は飢えと寒さに消耗しつつも、新しい出発点に立つ。ひどい困窮とくるおしいほどの生きる喜びの背中合わせ。トラウデル・ユンゲは二十七歳の明るく積極的な女性だ。彼女は「免罪」された。若いというだけで非ナチ化委員会が太鼓判を捺してくれた。秘書として働き、しょっちゅう職場を変えた。今日と明日を生きるので精一杯だった。トラウデル・ユンゲは有能で、「のみこみの早さ、手紙の書き方の洗練度、タイプライターと速記の並み外れた能力は特記に値する」と当時の業務成績書に書かれてある。夜の彼女は、きのこのようににょきにょきと生えてきた街のカバレット〔寄席のようなもの〕や小劇場の常連だ。お金や食料、タバコも足りない。友だちや近所の人たちで助け合い、持っているものを分け合った。トラウデル・ユンゲの人生はまだ始まったばかりで、熱い恋もとびきり大きな幸福もこれからやってくるのだと願っていた。将来についてはっきりとしたイメージはなかったけれど、そう信じていた。

カット。

一九四七年、ミュンヘン。「ナチス運動の首都」は瓦礫の街と化した。トラウデル・ユンゲは二十七歳で、未亡人になってから三年がたつ。「それまでで一番感じがよかった」と思っていた最後の雇い主が死に、戦時中からの親しい同僚の多くは行方不明になった。彼らがソ連の収容所につれていかれたのか、それとも自殺を遂げたのかはわからない。彼女自身も数カ月間ソ連軍の捕虜となり、ジフテリアを長く患い、ベルリンからミュンヘンへの危険な逃避行を生き延びた。晒しものにされるか、村八分にあうかという不安のため、複雑な心境で戻ってきた。二年半の間ヒトラーの私設秘書であったことを隠しはしなかったが、過去について皆がいかに無関心かということがわかって、胸を撫で下ろした。自分の母親でさえ詳しいことは知ろうとしない。「ねえ、ヒトラーって本当に死んだの？」というような物好きな質問にときどき出くわしたが、細部となると誰も興味がないようだった。あったとしたらそれは何かの説明か正当化のためだ。民族を虐殺した人間に仕え、その犯罪に加担してしまったという、とりとめのない自責の念は世間が取り除いてくれた。「君はまだとっても若かったのだし……」などと言って。一九四七年には忘却がとっくに始まっていた。加害者、同調者、そして犠牲者にとってもそれは等しく自己防衛の手段だった。

一人のヒロインのための二通りのシナリオ――。そのどちらも真実だ。トラウデル・ユンゲの人生の中で、終戦後の数年間は分裂している。一方ではアドルフ・ヒトラー一味に囲まれた悩みのない日々と、自分をいきなり一人ぼっちにしたその劇的な終焉の記憶に苛《さいな》まれていた。また他方では、友だちや知り合い、母や妹と分かち合う、現実の困窮と喜びの入り混じった瓦礫の中での日常があった。

トラウデル・ユンゲはずいぶん早く、その記憶によると第三帝国崩壊の直後には、ヒトラーの呪縛から自分を解き放つことができた。それは、本人の言うように、二年半の間そばで接して、彼の魅力的で優しい父親のような部分を慕ってはいたが、国家社会主義については無頓着で関心がなく、彼のイデオロギーの構造や非人間的な性格について知ろうともしなかったためかもしれない。彼女の過去の中では個人的な良い思い出と、戦後に時間をかけて少しずつ近づき、ずっと後になってようやく辿り着いた悲痛な認識とが未消化のまま混ざり合っている。

トラウデル・ユンゲは偶然にヒトラーの勢力圏に陥った人だ。今日の私たちには追体験するのは不可能だし、本人にとっても理解しがたいところだろうが、彼女の記憶は非常に限定されている。彼女はヒトラーの影響力に引き込まれ、いい気分も味わい、自分個人に関係ないことには関わらずにいた。それは無邪気さのためだったのだろうか、それとも無知か、見栄か、または安直なお人好しのためか、教え込まれた同調主義のせいか、もしくは間違った従順さだったのだろうか？　一九四七年にはまだこんな問いは出てこなかった。彼女は生き残った。そして本人の言葉を借りるなら、若い力で文字どおり「過去を乗り越えて生きてゆこう」としたのだ。一九六〇年代に入ってはじめてこうした疑問が彼女を苦しめるようになった。そしてその苦しみは今日まで続いている。

一九四七年、トラウデル・ユンゲは当時の恋人ハインツ・バルトの支援者だった裕福な企業家と知り合った。この人は彼女の過去に強い関心を持ち、「総統」と共に過ごしたときの思い出を書き留めることを勧めた。彼の元の妻はドイツ出身のユダヤ人で、夫のほうから強行した離婚の後、三〇年代からアメリカに住んでいたが、元夫とはよく連絡を取り合っていた。この女性が手記をアメリカの新聞に持ち込もうというのだった。トラウデル・ユンゲはこのアイデアを気に入って、さっそく仕事にかかった。本人が当時を振り返って言うには、彼女自身も、記憶が色あせてしまわないうちに、自分の人生にとって決定的だったあの時代のことを記録しておきたいという欲求を感じていた。もう一つの動機は、彼女がしょっちゅうヒトラーの死についてのとんでもない当て推量にぶつかり、困惑していたことだった。またそういうことについて詰問されたら、その手記を差し出せばいい。

それからの数カ月というもの、仕事を終えてから、または週末を利用して、約百七十ページの原稿をタイプで打った。彼女にとって書くことは喜びだった。けれどもこのテキストが出版される日はとうとう来なかった。「読者はこんな話に興味はない」と、一九四九年に申し渡された。それでもトラウデル・ユンゲはこの作業に一種のカタルシスを感じた。過去の体験を整理するのに使った時間はほんの数カ月だったが、隠しごとも言い訳もしないように努めた。出来事、エピソード、主観的な印象だけを記録して、過去のこの部分についてはとりあえず決着をつけた。そしてこの手記は長い間陽の目を見なかった。

この原稿を読むと、トラウデル・ユンゲのアドルフ・ヒトラーに対する立場は、終戦後の最初の一年では実際まだ白黒がついていなかったことがわかる。だからこの手記には今日の読者にショックを与えるところもあるだろう。著者本人もこれを書いてから数十年後に読んでみて、距離のなさと浅はかさに衝撃を受けたという。それだけ時がたってしまったのだ。

書き方が平凡で、ところどころ言い方が無責任で蓮っ葉なのよ、と本人は言う。彼女にはこのテキストの歴史的価値がわからない。今となってはその直接的なところや嘘のなさが彼女を混乱させるのだ。狼の巣《ヴォルフスシャンツェ》総統大本営やベルクホーフ山荘でのヒトラーの平凡な日常についての、彼女の一見あたりさわりのない描写こそが、実は、さかんに引用されるハンナ・アーレントの「悪の凡庸性」というテーゼの重要な証拠となっているのも、彼女には見えない。

ヒトラーとその側近たちのことをまるで非人間的な怪物のように仕立てあげて満足している人たちに、このテキストが明快な洞察を与えることができても、彼女には慰めにもならないだろう。彼女にとってこの手記はとりもなおさず、自分の無思慮に生きた歳月の証しであり、これを書いたことは、無害とはとても言えない環境の中で無邪気に過ごしてしまった青春との決別を意味した。

ゲルトラウド・フンプス、通称トラウデルは一九二〇年三月十六日にミュンヘンで生まれた。彼女の誕生の一カ月前にアドルフ・ヒトラーとドイツ労働者党の創設者であるアントン・ドレクスラーは国家社会主義ドイツ労働者党〔通称ナチス党〕の第一回公開集会をミュンヘンのホフブロイハウスで開催し、外国人排斥を盛り込んだ党の綱領を発表した。この声明は「苦難に瀕する民族へ！」と呼びかけているので特に言及に値する。

実際、当時の広い市民層にわたる社会的状況は悲惨なもので、それが不満や政治的反抗の原因となっていた。市の失業者数は一九一八年十二月から一九年二月半ばまでだけでも八千人から四万人に激増した。住居、食料、暖房燃料も不足していた。

トラウデルの父マックス・フンプスは一八九三年に生まれ、ビール醸造技師かつ予備少尉であり、「伊達な軽薄男」「結婚には不適合」な人物として通っていた。母ヒルデガルトは旧姓をツォットマンといい、三歳年下だった。将官の娘だったので、自分より身分の低い相手のもとに嫁いだことになる。若い夫婦はシュヴァービング区のアパートの小さな屋根裏住居に移り住むが、トラウデルが生まれてすぐ、レーゲン出身のニーダーバイエルン人である父はレーヴェン醸造所での職を失う。すると家計の危機のせいで、早くも夫婦の極端な性格の不一致が表面化してしまった。ヒルデガルトは慎重だがたいへんに感情的で、かたくなな世界観と厳しい倫理規範の持ち主だった。マックスはというと巧みにその場その場を切り抜けるといった軽いタイプで、豊富なユーモアを振りまきながら人生を闊歩していた。だから決して憎めないのだが、信頼できる人ではなかった。

途方に暮れたマックス・フンプスは、もともと家庭の団欒よりも同僚やスポーツ仲間との付き合いのほうを優先する男だったが、当時の失業者たちの多くがそうしたように、「オーバーラント義勇軍」に参加することにした。これは反共和国制と国家主義を唱え、ユダヤ人を排斥する極右政治団体の一つだった。このしっかりした組織を持つドイツ国家民族主義的な国防軍団は一九一九年四月にミュンヘンのレーテ共和国に対抗して結成されたもので、バイエルン州の山岳地方出身の会員を多数擁していた。この組織は会員集めにやっきになっていたが、これが当時ひどい自信喪失に陥っていた男性社会に圧倒的に支持された。敗戦とヴェルサイユ条約をめぐる問題、戦争が助長した女性の自立、新しく制定された女性の選挙権、経済危機——こういったことのすべてを男たちの一群はユニフォームの背景に押しやり、武器や勲章を見せびらかすことで紛らわそうとした。バイエルンには右翼団体を引きつける力があった。新しく成立した保守的なバイエルン州政府がこれらのグループの存在を容認していたのだ。

一九一九年五月、ミュンヘンに進駐してレーテ共和国打倒のための戦闘に参加した後、義勇軍は一九二〇年にルール地方の共産主義者による「三月暴動」の鎮圧にも赴き、一九二一年の五月から八月にかけてオーバーシュレジア地方での国境戦でポーランド軍と戦った。マックス・フンプスはオーバーシュレジア地方アンナベルクにおける激しい攻略戦に参加した。この戦いによって義勇軍は保守勢力の間で名声を得た。妻と娘は舅の将官のもとで世話になっていたが、マックス・フンプスはあまりここに寄りつかなかった。一九二一年、占領軍がすべての国防軍団に解散を強要すると、「オーバーラント義勇軍」の一部はミュンヘンを拠点として「オーバーラント同盟」を結成した。その規約は「内なる敵との戦い」を宣言しており、矛先ははっきりと共和国に向けられていた。新任の指導者フリードリヒ・ヴェーバーはナチス党と親密な協力関係を結ぶ。一九二三年五月一日、武装した「オーバーラント同盟」と親衛隊編隊はミュンヘン・オーバーヴィーゼンフェルトで社会民主党と共産党のデモ隊と衝突した。九月、「オーバーラント同盟」は、新たに結成されヒトラーが指揮をとった「ドイツ戦闘同盟」に加盟する。

一九二三年十一月八、九日に起きたヒトラー主導のクーデター〔ミュンヘン一揆あるいはビアホール一揆のこと〕には「オーバーラント同盟」からいくつもの中隊が参加した。マックス・フンプスも行進に加わったが、それだけでナチス党の血の勲章をもらった。その後同盟は禁止されたが、「ドイツ射撃と旅行同盟」として存続した。

マックス・フンプスがはたしてヒトラーのクーデター未遂を政治的確信を持って支持したのか、それとも単に意義のあることを他に見つけられなかっただけなのか、またはヒトラーが経済成長を約束したのを本気にしていたのかははっきりしない。いずれにせよ娘の目に映った彼は愛国主義的な歩兵タイプの典型で、後に親衛隊連隊指揮官となったゼップ・ディートリヒも混じっていた仲間たちとつれだって、ドイツ国家賛美の文句を大声で唱和するのがいかにもお似合いという感じだった。

彼は失敗に終わったクーデターの後も逮捕されなかったが、それは特に重要な役目を果たさなかったからだろう。それでも以前と同様定職には就けなかった。一九二三年十二月、クーデター未遂の一カ月後に次女のインゲが生まれ、母子は深刻な窮状に陥った。母は明日の食卓に何を出せるかもわからないありさまだった。

一九二五年、マックス・フンプスは後にケマル・アタチュルクと名乗ることになるムスタファ・ケマル・パシャが政権の座に就いたトルコに赴いた。この国はヨーロッパに近づこうとしていて、西欧の専門家の実際的な知識を必要としていた。フンプスはようやくまたビール醸造技術者として働くことになった。

家族はミュンヘンに残った。この頃までにはもうヒルデガルト・フンプスの夫に対する堪忍袋の緒は切れていた。彼とはもう金輪際関わりたくないと、子供たちをつれて実家に帰る。収入のない子持ちの主婦である彼女に他の可能性はなかった。マックス・フンプスはトルコである程度地位を固め、家族をスミルナ（今日のイズミル）に呼び寄せようと何度か試みたが、ヒルデガルトはそれを拒み、彼に従うどころか離婚を迫った。

父が去っていったとき、トラウデルは五歳だった。それまでも彼が昔ふうな父親として家族を守る役割など果たしたためしはなかった。でも珍しく家にいたときには、優しい、アイデアの豊富な遊び仲間みたいに感じることもあったという。

一九二六年、トラウデルは小学校に上がった。ミュンヘンのルイーゼ通りの、あらゆる教派の子供たちが入学できる非宗派別学校に行ったのは、母親が開けた考えの持ち主だったからではなく、単に旧植物園に接するゾフィー通りにあった祖父の家の近くの学校に通わせたいからだった。トラウデルはプロテスタントの洗礼を受けていたが、教会とは関係なく育ち、ときどき日曜の子供礼拝もさぼるくらいだった。

ゾフィー通りの五部屋付きの邸宅のような住居では一八五二年生まれの祖父がすべてを支配していた。トラウデルにとって祖父は厳格な権威者で、融通がきかず、自分の日課を分刻みで実践し、規則と秩序を重んじる、冗談のあまり通じない人物だった。とても父親のかわりにはならなかった。トラウデルとインゲが普通の子供の十分の一くらいの声をたてて笑おうものなら、「おてんばどもをちゃんと教育しろ」としょっちゅう娘に文句をつけた。それでも祖母が生きている間は子供たちの世界は順調だった。アガーテ・ツォットマンはこの家の住人たちをなだめる役目を果たした。このライプチヒ生まれの、バード・ライヘンハルの療養所で祖父と知り合った祖母をトラウデルは崇拝した。後の彼女は自分のおばあさんのことを非常に理解のある愛情深い人だったと述べている。トラウデルはライプチヒでの祖母の青春物語を心をときめかせて聞いていたので、学校で「夢の旅行先」という作文を書かされたとき、皆がハワイだヒマラヤだと騒いでいる傍で、迷うことなくライプチヒを選んだ。

一九二八年にアガーテは亡くなる。祖母の死は八歳のトラウデルにとってつらいものだった。その後祖父はますます一家の独裁者として、またたいへんなけちんぼうとしての正体を現わしてきた。老いた独身者で、若い踊子テアの「甘いパパ」であることで彼は悦に入っていた。家事をまかせている娘に向かっては、彼女とその子供たちが家計の負担になっていることをことあるごとに言い聞かせた。一九三〇年、トラウデルがルイーゼ女子高等中学校に移ったとき、母は学校の授業料の割引きを申請した。四人家族に対して一日四・五マルクというわずかな生活費からは授業料を払いきれないからだった。遠足の日、トラウデルは病欠届けを出さなければならなかった。母が二・七マルクの行事費を捻出できなかったためである。

それでもトラウデルは自分の子供時代と青春の初期を不幸だとは思わない。母子を取り巻く状況は厳しいものだったが、それだけ彼女たちの結束は固かった。ヒルデガルト・フンプスは決して特別に優しい女性ではなかったし、子供たちもべたべたしたり抱きついたりはできなかった。しかしそんなもの足りなさを差し引いても子供たちは彼女に愛され、よく理解されていると感じていた。母は子供たちに安心感を与え、その教育の方針は時代の理想とするところでもあった。あなたたちは「きちんとした」人間にならなければいけない。嘘をつかないこと、人には親切にすること、誠実で謙虚でいること、譲り合いの心と思いやりをもつこと、そしてなじみのないものには首を突っ込まないこと。

母の弟がこの家族のもとに身を寄せてきたとき、少女たちは思いやりの精神を特殊な方法で試された。ハンスは建築学を修めた芸術的才能に恵まれた青年だったが、精神分裂症を患っていた。彼の追跡妄想や小難しい考え方はたいがい子供たちを面白がらせたが、ときどき面倒にもなった。彼のばかばかしい考えや言いがかりのせいで母がどんなに嫌な思いをしているのかがわかってからは、子供たちも不愉快になってきた。三〇年代半ば、ハンス・ツォットマンは、遺伝的疾患ありと推定された少なくとも三十六万人のドイツ人たちと同様に断種を強制された。家族はなぜ手術が必要なのかなど調べることもなしに、必要悪と受けとめていた。ハンスが家庭の父親になったら、いったいどんなことになるのか、実際誰も責任がとれないからだった。

少女トラウデルは人生を楽しんだ。自然と動物が大好きで、犬か猫をいつも家で飼っていた。学校も好きだったけれど、特に勉強が好きだったのではなく、級友と一緒にいるのが楽しく、女の子同士集まって遊ぶのが好きだったからだ。振り返ってみて、彼女は自分を群棲動物タイプだと言う。一人でいるようにはできていなくて、個性的で一風変わった考え方で目立つというタイプでもない。いつも安定と安心感を求め、グループの中で認められる存在でいたいと思い、特に調和を重んじるほうだった。学校の成績は中の上で好きな科目は図画と体育、国語と英語も得意だった。活発な子供だったから、その元気のよさで祖父や母親をたびたび困らせた。でも夜になると実に神妙に天に向かって「いい子でいれますように！」と手短なお祈りをした。母親を悲しませるようなことはしたくなかった。母自身の不幸せをちゃんとわかっていたのだ。それでも彼女には屈託のないところがあった。「ああ、トラウデル、おまえがそんなに乱暴でさえなければねえ」と、母が注意をすると、まだ六歳だった彼女が「でもね、愛する神さまがそうお望みなのよ」とお茶目に言い返したという。この言葉は家族の間で大流行した。

彼女の子供時代のちょっとしたハイライトというとたまの映画館行きだった。ボーゲンハウゼン区にあった映画館の入場料は七十ペニヒで、トラウデルとインゲは一時間かけて徒歩でシュヴァービングからボーゲンハウゼンに行き、また帰ってきた。もう一つの楽しみは夏休みに祖父が狩猟権を借りていたバイエルンのアルプス山脈に近い山岳地帯に出かけることだった。長いことそれはアヒャウで、それからゼオンに移り、最後はアマー湖畔だった。そこは八十歳の祖父が、彼にとっては最後のノロジカを仕留めたところだ。

一九三三年は十三歳になったトラウデルにとってあらゆる点で決定的な年だった。その年ヒトラーが政権を掌握し、それを大きな厳粛な出来事として祝う学校行事があった。トラウデルもこれを変革と近いうちに訪れる景気上昇の兆しと理解した。惨めでどこかうさん臭い、暗い顔をした男たちが群れをなしてゼンドリング門広場にたむろしている光景を思い出すと、彼女は今でもぞっとする。「この人たち皆が失業者なんだよ」と誰かが教えてくれた。「でもこれからはきっと変わっていくからね」

一九三三年にはまたマックス・フンプスが帰ってくる。「闘争時代」の同志で血の勲章受章者である彼にはナチス党の管理機関の職があてがわれた。それがどんな役職だったのか娘には関心がなかった。父とは長いことまったく交流がなかったからだ。一九三四年か三五年に彼女は一度だけ父親とバーラー通りの彼のオフィスで対面した。こんな訪問が一度きりになってしまうのは、母親がこの接触に感心しなかったからだ。バーラー通り十五番地の建物には「帝国組織管理局」、「ナチス興業細胞組織」センター、「戦争犠牲者中央局」、「国民健康中央局」が入っていた。突撃隊指導部も当時バーラー通りにあった二つのホテル「マリエンバード」と「ウニオン」に拠点を置いていた。

マックス・フンプスは食べ物やそれに似た愛情表現を使ってトラウデルを手なずけようとしたが、彼女はなつかず、父親についての偏見を捨てることはなかった。マックス・フンプスは最初のうちあまり良心の呵責もなく、驚くべき想像力によって離婚の責任を妻に押しつけていた。マクシミリアン・ツォットマンは、当時の婚姻法で有罪と見なされた女を娘として家に置くのは、とんでもなく世間体の悪いことだと思っていた。だから彼女はどうしようもない妥協を受け入れ、夫にすべての罪をかわりに負ってもらえれば生活費は請求しないと提案しなければならなかった。というわけで彼女は引き続き父親の施しを受けることとなる。この訴訟でユダヤ人弁護士を立てていた彼女には、血の勲章受章者のマックスに対して勝ち目はなかった。この件に携わった裁判官があからさまに彼に好意を示したか、それとも先を見越して服従したのではないかという疑念さえ湧くところだ。一九三二年七月末、ナチス党は少なくともその頃は国内で最強の政治的勢力だったのだから。

判決を受けたヒルデガルト・フンプスは自分の確信を確固たるものにした。「あのヒトラー」がすでに一九二三年に自分の結婚をめちゃくちゃにしたのだ。ヒトラーの政権掌握後、母親はたえずこう言ってはトラウデルを怒らせた。彼女は母の決めつけ方を一方的だと思い、総統を弁護し、いつか彼の命を救ってあげようなどと、少女趣味的な夢を見ていた。献身によって名声を得ようというわけだ。

この頃、彼女は一度ヒトラーをじかに見た。車でブリンナー通りの「褐色の家」〔ナチス党本部〕に送られていくところだった。思い出すだけでも心が躍った。十五歳の彼女はヒトラーの印象を素直な感想にまとめる。「総統って、きっとなにかとっても偉大な人なのだわ」。彼女はドイツとドイツ民族を誇りに思い、「民族共同体」という崇高な理念に感銘を受けた。「一人が全体のために、全体が一人のために」。ドイツ国歌が聞こえるやいなや彼女は感動で胸が一杯になり、目には涙があふれた。

政治教育は当時もその後も、学校でも家でも受けたことはなかった。ルイーゼ女子高等中学校の教師たちは自分たちのやり方を守っていたので、他の多くの学校の熱心な教師たちが授業に取り入れていたような、プロパガンダめいた作文を書くことをトラウデルは免れていた。それでもニュールンベルク法や「ユダヤ人問題」「優生学」「人種的不名誉」といった概念はもちろん事実として学校でも取り上げられていた。そしてそういうものとして受けとめられていた。またボリシェヴィズムが文明世界の大敵で、風紀や文化を破滅の危機に晒す、ということも同じように恐怖を駆り立て、払い除けることのできない事実として少女の心に根を下ろしていた。けれども国家社会主義を奨励する国粋主義的な読み物は彼女の手もとには届かなかった。彼女の枕もとには『つむじまがり』『甘えん坊』、後にはシュトルムの短編やアグネス・ギュンターのベストセラー『聖者と道化』などがあった。

家族の間で国家社会主義やその他の世界観的な問題が話題になることはなかった。母はヒトラーに個人的な怒りをぶつけていたものの、彼の政治的方針などには興味がなかった。祖父の机の上には、摂政宮ルーイトポルドの小さな写真が昔の記念に飾ってあり、それにはルーイトポルドが祖父の六十歳の誕生日に寄せたじきじきの祝詞と、一九一二年の日付けが書き込まれていた。その頃というのはもっといい時代だったのだろうか？　マクシミリアン・ツォットマンは何も語らない。彼にとっては政治を執り行なうお偉方こそ正当であり、国家社会主義的なシステムも、大半の「普通のドイツ人」にとってと同じように、現実的な脅威だとは思っていなかった。彼は雑誌回読会の会員で、彼の読む唯一の雑誌は『ドイツの狩人』誌で、本はまるっきり読まなかった。『ミュンヘン最新ニュース』紙が毎日家に配達され、話題の連載小説の続きは誰も見逃さなかった。検波受信機で家族はリクエスト演奏会を聞いた。夕方、皆でヘッドホンをつけ、テキストを用意してテーブルを囲み、電話線を通して生放送されるオペラの演奏を聞くのだ。そんなとき娘たちのどちらかに電話が来て放送が妨げられると、祖父は烈火のごとく怒りまくった。

一九三三年はダンスへの情熱に目覚めたことで、トラウデル・ユンゲにとって特に重要な年となった。妹のインゲを通して彼女もエリカとローレ・クロプファー姉妹と知り合った。いわゆる「もっといいおうちの」お嬢さんがたで、父親はBMW社の弁護士、アルシス通りの家は非常に豪勢で、身分相応に使用人を雇っていた。

クロプファー家の母親は、彼女自身の言う「ちょっとなよなよした」自分の子供たちがしっかり者のインゲと付き合うのを奨励していた。彼女が二人の娘たちを、身のこなしや機敏さを学ばせるためにローラ・ファスベンダー子供ダンス教室に入門させたとき、インゲのレッスン料も一緒に払ってくれたのだが、この少女のずばぬけた才能は見逃せないものだった。ダンスの時間中、トラウデルはずっと鼻を窓ガラスに押しつけて、どんな教えも見逃さないようにじっと見ていた。先生が彼女をかわいそうに思って一緒にやらないかと誘ってくれたときは、まるでパラダイスへの扉が開いたみたいな気持ちになり、このときからトラウデルはリズム体操を自分のために発見してゆくことを始めたのだった。

エリカとローレがユダヤ人だったことをトラウデルとインゲは一九三六年、彼女たちがニューヨークに亡命したときはじめて知った。当人たちだってそれまで知らなかったのだ。両親は姉妹にプロテスタントの洗礼を受けさせたという。エリカ・ストーン、旧姓クロプファーは、信仰は心の中にあるものだから、と母に言われた。母親は「豪華絢爛な国家社会主義の大衆プロパガンダ、行進、歌」についての子供たちの感激ぶりを黙って見ていたが、自分たちはユダヤであり、現在のドイツはユダヤ人にとって危険な国なのだと、別れのつらさに胸を傷める娘たちに、出発の直前になってはじめて説明したのだという。

父親のクロプファー氏が職業禁止処分を受けたこと、家族が使用人を解雇したこと、テング通りの、明らかに前よりずっと小さい家に引っ越したことを、三年間も交際していながらトラウデルは気づかなかった。彼女にはアメリカ行きの冒険旅行がうらやましかった。そしてクロプファー姉妹のほうではドイツ女子青年同盟のユニフォームをうらやんでいた。

一九三五年頃からトラウデルはドイツ女子青年同盟に所属し、ユニフォームの一部である「登山用ベスト」は母が家計を切り詰めて買ってくれた。ようやくこのビロードでできた〝欲望の対象〟を身につけたトラウデルは鼻高々だった。彼女は同じクラスの六人の少女で編成するグループを率いて、自分たちのことを「優美の六人」と名づけた。女子高等中学校のテラスで訓練をして、回れ右、行進をし、「勝利万歳《ジークハイル》」、の掛け声を掛けた。「ジーク」とトラウデルが呼び掛けると、「ハイル」と子分たちが叫び返した。ジーク！　ハイル！　ジーク！　ハイル！

それ以外のドイツ女子青年同盟での活動はあまり記憶に残っていない。集会所での退屈な夜の集い、いろいろな催しのとき、道の両側に一列ずつ向かい合って整列したこと、ラマースドルフの労働者住宅の完成記念式典で仲間たちと民族舞踊を踊ったこと、冬期貧民救済事業での募金運動、ヴォルフラーツハウゼンに出かけ、キャンプ・ファイヤーをし、テントで寝たこと、そしてヘルタのこと。

彼女はトラウデルがもう商業学校に通っていた十六か十七歳の頃属していたグループのリーダーだった。ヘルタは少女たちに第三帝国にとっての芸術や文学とは何かを教えた。トラウデルはこの人に熱心につき従った。あるとき、トラウデルが一人で彼女のもとを訪ねたとき、別れ際にヘルタはトラウデルを抱きしめて、口にキスをした。まだ異性の世界への興味を知らないまでも、優しさを求めていたトラウデルに、ヘルタの大きな暖かい心は強い印象を残した。

一九三八年、トラウデルは崇拝するリーダーと離れ離れになる。突然に、もっと面白いことができたのだ。ドイツ女子青年同盟内の十八歳から二十一歳の〝アーリア〟女性で新しく結成された「信念と美」組に参加することになった。「私たち女子青年同盟の課題は、国家社会主義的世界観の信念を担う女子を育てることである。それは身体と魂と精神の調和を持った女子、健康な身体と円満な性格によって、人間が全智全能者の創造物であることを示す美を体現する女子である」と、一九三七年から女子青年同盟の指導者となるユッタ・リューディガーは組織の目標を定めた。「私たちは、無条件に運命を共にする仲間として戦士を選ぶ、誇り高い女子を育成する。私たちは、無条件に国家と総統を信じ、その信念を自分の子供たちの心にも植えつける女子を求める。しからば国家社会主義とドイツは永遠に不滅だろう」

「信念と美」組では、第三帝国の他の多くの青少年組織と同じように、政治の話はほとんど出なかった。そこでは主に優美な体操やダンスが行なわれた。「無作法」や「男勝り」を退治して、「女性的なライン」を意識的に磨くためだった。実際ただのダンス体操であっても、それによって若い女性たちが党と国家の目的のために役立つことが求められた。そんなことはもちろん公言されたこともなく、トラウデルも戦後何十年もたってからはじめて知った。芸術活動への参加によって、この年代の少女たちは「共同体と結びついた人格」として教育され、早期に妻や母として家庭に引っ込むことを阻まれた。そのかわりに彼女らは「総統と民族と国家」のための義務を果たす。究極的に「信念と美」組は、女子青年同盟の職員、ナチス婦人部員、帝国勤労奉仕隊員など、一部の女性指導者の後継者を養成する機関でもあったのだ。「信念と美」組のための授業の規約に定められた「生活態度と生活設計」または「政治的、精神的な教養」などのテーマはトラウデルにはどれもピンとこなかった。とにかく今日となってはそれらについては何も思い出せない。

第三帝国の何が彼女を熱狂させたかというと、やはり華々しく大々的に行なわれた文化行事だった。「ナチス運動の首都」はパレードの街だ。一九三七年とそれに続く二年に催された「ドイツ芸術の日」の三キロメートル以上にわたる「ドイツ文化二千年」パレードの壮麗さに彼女は感動した。一九三六年から三九年の間、毎年ニンフェンブルク城公園で行なわれた『アマゾンの夜』もそうだった。独自の世界観に情緒を結びつけたナチスの自己表現の構想が開花する。それにトラウデルの妹が「ドイツ芸術の日」枠内のプログラムに出演した。彼女は英国庭園のクラインヘッセルオアア湖の湖上舞台で上演された『ザビーヌの掠奪』で踊った。トラウデルもナチスの文化行事の末端を担った。『アマゾンの夜』のエキストラとして出演したのだ。

　また、トラウデルはまだ十五歳だった頃、スイスの彫刻家でマリオネット作家のヴァルター・オーバーホルツァーが噴水彫刻を制作した際のモデルを務めたこともあった。水を飲む牧羊神ファウヌスに鞠を投げるブロンズの少女はトラウデルの均整のとれた肢体をモデルにしているが、顔は別だった。一九三七年、この一揃いの作品は「ドイツ芸術の家」の前に設置された。

　思春期の少女の第三帝国の受けとめ方にはっきりと賛成したり反対するのは、おそらく大多数のドイツ人にとって不可能だったろうし、ましてやこの時代の若い人たちには無理だっただろう。大イベントの美学に魅了され、オリンピックでのドイツ選手の勝利に歓喜し、ヒトラーの外交政策に納得すればするほど、トラウデルは地方自治体での党政治の野暮ったさにうんざりするのだった。「底辺の人たちの行き過ぎたナチ主義」と「派閥による陰謀」は、今日の彼女の表現を借りると実に「プロレタリアート」じみていて、いかにも「俗物」っぽかった。

　だからといって大多数の同時代人たちと同じように、そのせいで政府に疑問を感じるまでにはとうていいかなかった。巷に流通するヒトラーについてのジョークでどんなに大笑いしても、『シュトゥルマー（突撃兵）』紙の反ユダヤ的な風刺画をどんなに奇妙で不快と思っても、この脅威が政治的な敵やユダヤ人にとってどんなに凄まじいものであったかは一向に気がつかなかった。女子高等中学には三人のユダヤ人の同級生がいた。一緒に在学した一九三九年まで彼女らは教師からも生徒からも平等に扱われていたという。彼女らのユダヤ主義が言及されることがあったとしたら、宗教的な信条としてだけだった。その後トラウデルは三人の姿を見なくなる。伝え聞いたところによると、一人は両親と一緒に国外に脱出したらしい。あとの二人がどうなったのかは今日までわからない。

一九三八年十一月の迫害〔ナチスがドイツ各地でユダヤ人を襲撃した「水晶の夜」のこと〕では、翌日の『ミュンヘン最新ニュース』紙にあるように、「ユダヤ人商店への報復措置として、それらの大多数はすべてのウインドーを破壊された」し、シナゴーグは燃え、数百人のユダヤ人男性は逮捕されたのだが、十八歳になるトラウデルはほとんど何も知らないでいた。彼女とその仲間たちがナチスの乱暴な行為についてその後聞いたことは不快なものではあったが、きっと一度きりのことだろうとたかをくくっていた。他のあらゆるユダヤ人への嫌がらせも、結局彼女には関わりのないこととして終わってしまった。一九三三年四月一日にはじめて国家が定めたユダヤ人ボイコットも、「ユダヤ人お断り」と書かれた看板も、一九三九年以後、完全に「ユダヤ人を排除した」経済体制に移行したことも、一九四一年九月からユダヤ人が黄色の星印で差別されたことも。一度、一人のダビデの星をつけた女性と出会ったときのことを彼女は覚えているが、ぼんやりとした印象しか残らず、それについて深くは考えなかった。これは抑圧というものがいかにうまく働くかを見せつける例である。

多くのドイツの若者がそうであったように、トラウデルは政治的な悩みのない生活を送っていた。少なくとも彼女はそう感じていた。それは一見矛盾するような二つの事実を裏づけている。一方では路線に忠実な「国家的青少年」を育成する政府の戦術がいかに巧妙だったかがわかる。けれどその一方では、トラウデルのように〝関わりのない〟若い人たちが、彼女自身も言っているように、監視されるようなこともまったくなく、自由に行動できる余地ももちろんあったということだ。

その頃、トラウデルの関心はリズム体操に集中していた。彼女の夢とますますつのる願いは「踊りたい」ということで、妹のようにそれを職業にしたかった。他にはっきりとした仕事についての望みはなかった。一九三六年、彼女は中等教育修了資格をとって女子高等中学をやめた。残念ではあったが、早く就職して母を助けなければならなかった。

一年間商業学校に通いなさいよ、そうしたらオフィスで秘書として働けるわよ、と助言した人がいた。友だちの友だちがアリアンツ生命保険会社で働いていて、彼女に年金受給資格付きのポストを世話してくれるというのだ。落ち着きのないトラウデルにとっては想像するだけで悪夢のようだったけれど。アリアンツに行く気は毛頭なかったが、いやいやながらも商業学校は卒業し、しぶしぶタイプを習い、キーを見なくても打てるようになった。それでも「他の子たちは才能があるのかもしれないけどね、ママ、私は全然だめなの！」としょっちゅうこぼしていた。速記や簿記のほうがまだ易しいと思った。

卒業後職探しをしたが、そのときの第一の希望は、ダンスに充分時間が割けるということだった。結局ドイツ金属工場連合ミュンヘン支部で事務員の職に就くことになり、まもなくボーリング機倉庫の管理もまかされ、定期的に在庫品調査もした。職場の運転手が倉庫についてきてポルノ写真を見せるということがなかったなら、決して悪くない職場だった。本当のことを上司にはとても言えなかったので、嘘の言い訳をして仕事を辞めるしか自分を守る術はなかった。

その後とりあえず前宮廷顧問官ディルマンの公証人事務所で働き、オーム通りのルンドシャウ出版に移り、洋裁職人のための専門誌『ディ・ルンドシャウ（展望）』編集長の助手になる。編集長代理がやってきてからはその人の仕事も引き受け、誠実に、そしてときには喜んで職務を片づけた。それでも、ダンス学校の卒業試験に受かったら、どうせすぐにも辞めるのだという確信を抱いていた。

トラウデルにとって仕事は単に目的のための手段にすぎなかった。自由時間は友人グループの中で過ごした。一緒に映画を観、夏にはプールに行き、ピクニックにでかけ、機会あるごとに楽しいパーティーをした。一九三八年から一九四一年の間、ほとんどの時間はダンスの練習に費やした。「信念と美」組の教師はトラウデルの才能を認め、彼女にダンス体操をもっとやらせたいと考え、ミュンヘンのフランツ＝ヨーゼフ通りにある自分の経営するヘルタ・マイゼンバッハ・スクールに入門するように勧めた。トラウデルがレッスン料を都合できないとわかると、先生は自分の助手としての仕事を与えた。

しかし自分では踊らないときでもトラウデルには芸術家グループとの交流があった。三〇年代半ばから有名なバレエの巨匠であるヘルゲ・ペータース＝パヴリーニンがミュンヘンに在住し、バレエ団を主宰した。ローラ・ファスベンダーのダンス教室で彼は当時十四歳だったトラウデルの妹を発掘し、素晴らしいダンサーに育て上げた。インゲは彼の「ロマンティック・バレエ」団の団員になり、学校もほったらかしにして一座について ツアーに出かけ、早くからお金を稼いでいた。一九四〇年にインゲはベルリンの「ドイツ舞踏劇場」と契約する。トラウデルの目的ははっきりしていた。才能に恵まれた妹の後を追って首都に行くのだ。

トラウデル・ユンゲは順応性、あるいはやや悪く言うならば感化されやすさを自分の若い頃の特徴的な性格としてあげている。彼女の思考や行動に影響を及ぼしたのはいったい誰だったのだろうか。

公然と国家社会主義から利益を得ていた父親だろうか？　彼は一九三六年にルードヴィヒスハーフェンのドルニエ航空機製造工場の保安部長に任命され、二度目の結婚をした。トラウデルとインゲは夏休みに父と「おばさん」に会いにボーデン湖畔の公用別荘に行ったが、それはトラウデルの期待を裏切る体験だった。彼女は「これはこうしろ、と言ってくれるような父親」がほしかったのだけれど、実の父親を尊敬することはできなかった。

親友はどうだったろう？　一番仲の良かった級友トルーデル・ヴァレンツィとは十六歳のとき離れ離れになり、戦争が終わって何年もたってからようやく巡り合えた。ウラ・カーレスは三〇年代終わりから四〇年代はじめにかけての親友で、二人でレナーテ・ミュラー、ハインツ・リューマン、ハンス・アルバースといったウーファ映画のスターたちに熱を上げ、ゲイリー・クーパーを崇拝した。

ウラは一九三八年にはすでに、ナチス政権のもくろみについて感覚を研ぎ澄ますようになった。なぜならこのブロンドの「サークルリーダー」はある日突然ドイツ女子青年同盟を除名になったのだ。母親がいわゆる「四分の一ユダヤ人」だとわかったためだ。ウラは誕生地のエッセンからミュンヘンへと逃れてきた。ウラが「八分の一ユダヤ人」だとトラウデルが知ったのは、戦後何年もたってからのことである。一九四三年、ウラは後の夫となる「半ユダヤ人」に恋をする。一九四四年、彼は収容所に送り込まれ、ドイツの軍需産業のための強制労働をさせられた。一九四五年、ハンス・ラッフは脱走に成功し、終戦までウラのところに匿《かくま》われていた。このことをトラウデルが知ったのも、戦後のことだった。ベルリンに引っ越してからというもの、この女友だちとの連絡は跡絶えてしまっていた。

ボーイフレンドとか、昔の恋人はどうだっただろう？ トラウデルの場合、異性についての関心が芽生えるのが遅かった。妹が男の子たちと遊んでいる間、自分はまだ人形と遊んでいた、とトラウデルは後に冗談めかして言っている。彼女にとってセックスとは長いこと「いかがわしい、嫌なもの」だった。それには母親の警告が響いているようだ。初体験をしたのは夫と知り合ってからだった。

十八歳の頃、トラウデルは妹と共に外国人学生と芸術家たちのグループに入る。彼らの多くはギリシア人だった。ほとんど全員に付き合っている人がいて、パートナーがいないのはトラウデルとインゲくらいのものだった。こうした友人たちの第三帝国との関係は、愉快なものではなかっただろう。彼らは最新のナチ・ジョークの発信源だったし、禁止されていた外国のラジオ放送を聞き、ときには政権批判さえ口にしていた。それでもトラウデルは芸術と劇場の世界にしか興味を持たなかった。

トラウデル・ユンゲ自身は三〇年代半ばからベルリンに移り住むまでの間に決定的

に影響を受けた人物を二人あげている。一人はバレエの師であるパヴリーニンで、この人は彼女の生活スタイルに影響を与え、彼女の心を神聖で非現実的な劇場の世界に向けさせた。

もう一人はティラ・ヘヒテルだ。妹のダンス仲間だったロッテという子の母親だった。ティラはヒルデガルト・フンプスと同じように母子家庭の母親だったが、ヒルデガルトとは違って自立していて、とても頑固で積極的な女性で、秀逸なユーモア感覚、強烈なアイロニー、奇抜なアイデアに富み、ナチスに対しては強い反感を持っていた。二人の母親たちはとても仲がよかった。ティラはトラウデルとインゲだけでなく、母ヒルデガルトをももっと個性の強い、自由な考え方のできる人間に教育しようとした。個人的な欲求よりもいわゆる社会的な規範を気にするような人間を彼女は馬鹿にしていた。「そんなことはしちゃだめ」というような月並みな文句は彼女には通用しない。

ティラはフンプス家に「俗物」というののしり文句を導入して大きな成果を収めた。そしてなおかつ、彼女のおかげでユンゲ家の人たちはノンシャランとしつつも自信を持って行動する態度が身についた、とトラウデルは思うのだ。

一九四一年、トラウデルはダンスの試験を受ける。表現ダンスの種目で彼女は「祈り」というテーマで踊らなければいけない。緊張で膝が震える。しかしそれはドラマティックな登場のときには決して悪いことではない。トラウデルは試験に受かる。これでベルリンに行くという決心を実行に移すのみとなったが、職場の上司の反対に遭う。彼は彼女の辞表を受けとらず、ナチスが指令した「戦時下労働指導」をたてにとった。

数カ月間に及ぶごたごたの後、妹の同僚であり、総統個人官房長であったアルベルト・ボルマンの義妹にあたるベアーテ・エバーバッハというダンサーの仲介で一九四二年、ようやくベルリンで「勤務を義務付けられる」ことになるが、これについてはトラウデル・ユンゲが手記の中で自ら語っている。

ベルリンに行けるという喜びの中でただ一つトラウデルの気がかりとなったのは、母親を一人ミュンヘンに残していかなければならないということだった。一九四一年に祖父が死んでから、母は住居の一室を貸して暮らしていた。その収入と娘のベルリンからの送金を頼りにヒルデガルト・フンプスはこれからやっていかなければならない。これまでの立場が逆になった。長い間「子供たちの犠牲になってきた」母の面倒をこれからは自分がみなければ、とトラウデルは思った。そしてこの責任感の中には母を置いてゆくことへの良心の呵責が混じっていた。ドイツは二年半も前からずっと戦争状態にあったのだからなおさらのことだ。

トラウデルが新しい人生を始めたのは、連合軍が戦争の転換期を切り開いていった頃だった。一九四一年十二月、ドイツはアメリカに宣戦を布告したが、一九四一年と四二年のソ連の厳しい冬はドイツ軍の前進を阻んだ。ソ連は頑強な敵となり、政治的見解の違いにもかかわらずアメリカ、イギリスと手を組んだ。つまり、ドイツを東西からはさみ撃ちするために、英米軍による西部第二戦線を支持したのである。一九四二年三月、リューベックがイギリスの猛烈な広範囲爆撃の目標とされた最初のドイツ都市となった。いうまでもなく、これについてはわずかのことしか一般市民には知らされなかった。ナチスのプロパガンダのからくりがしっかり機能していたのだ。例えば、リューベックでの死亡者数は三百二十人だったのが報道では五十人になっていた。

トラウデルは戦争勃発直後の大きな不安に苛まれた時期を通り越すと、防空訓練、灯火管制命令、食糧品の合理化などの戦争の日常に慣れてしまった。ドイツ国民の大多数と同様、トラウデルもヒトラーの「ドイツは攻撃された。戦争は自衛手段だ」という主張にまんまと騙されてしまった。それでも戦争初期の戦勝報道にも彼女は舞い上がったりはしなかった。ヒトラーの勢力拡張などはどうでもいいことだった。ただ、早く戦争が終わってほしいと思うだけだった。けれどもそれを自分がどういう状況で、どんなに間近で体験することになるかは、ベルリンに来て数カ月目の彼女にはもちろん知るよしもなかった。

第1章　私はヒトラーの秘書になった

むかし秘書をしていた人に、前の上司のことを聞きほじるなどということは普通しないものだ。ところが、ヒトラーの秘書を三年間やった後の私は、いたるところで質問攻めにあった。「あのう、彼はいったいどんな人間だったんですか」。その後は、たいていこんな第二の質問だ。「だいたいどうして、そんな人物の近くに行くはめになったんですか」。おおかたの人は、この二つの質問に対する私の答えにがっかりするか、少なくともびっくりするようだ。というのは、世間によく知られているヒトラーの「激怒」に関しても、「絨毯かじり」についても、私の体験からは報告することができなかったからだ。それに私はナチス党への特別な功労とか初期の党員番号などによって彼の秘書になったわけではない。それは多かれ少なかれ偶然によるものだったのだ。

もし、ダンサーになりたいという望みを抱かなかったら、決してヒトラーの秘書になることもなかっただろう。もう少し詳しく説明したほうが、話を理解してもらいやすいかもしれない。私は十代のはじめから妹と二人で体操・ダンス教室へ通っていた。そして、いつかこの二つの分野の一つを自分の仕事にするだろうということを少しも疑わなかった。ただ、残念ながら、家の経済状態がはかばかしくなかった。それで、学校を卒業すると、できるだけ早めにお金を稼ぐことを長女としては考えないわけにいかなかった。でも、これはけっこう素敵なことだし、簡単なことだと考えた。事務員なら収入は悪くないから、ダンス教室の月謝もついでに払えるだろうと思ったのだ。ところが、まず給料をたっぷりもらえて、しかもプライベートの希望もかなえられるくらいの時間をくれる会社を見つけるのは、そんなに容易ではないことがわかった。それでも、やっとある職場が見つかった。べつに気に入ったというわけではなかったけれど、この二つの条件を満たすものだった。

どっちみちタイプライターの世界から足を洗える日もそれほど遠くないと思っていた。ただ、それにはダンサーの試験に受かることが先決だった。ところが、そのうちに戦争が始まってしまい、皆それぞれ、個人的な制約とか義務なんかを日増しに感じ始めていた。私自身もまた見当違いをしていたことに気づかされた。つまり国家を考慮に入れていなかったのだ。というのは、一九四一年にやっとダンサーの試験に合格して、勝ち誇った気持ちで会社に退職願いを出したのに、その間に職業統制や職場制限[1]が効力を発揮していたのだった。なりたいものにたやすくなることは、もはやできなくなり、国家にとって一番大事なことをやらなければいけなかった。今や踊子よりも秘書やステノタイピストのほうがずっと必要とされた。だいたい踊子などは、まったくの余計者になり下がってしまっていた。それに、私はもうそのとき二十一歳だった。おまけに、戦争は電撃戦ではなく、かなりの長期戦になりそうだ。やっとのことで身につけたしなやかさが、二、三年たったらさびついてしまって、結局ダンスの夢を葬り去ることになるのだろう。たぶん失望感のせいで、私はもうあんまり冷静ではなかった。なにしろ、退職願いを受けつけてもらえないので、激しい憎悪をすべて会社と上司に向け、そちらの得手勝手のために、私の人生は台なしです、などと言って上司をひどく非難してしまったのだ。雇用者側の了承があって、はじめて私は職場を去ることができるのだ。私はその上司とそれ以上長く顔を合わせるのがどうしても嫌で、反発心から是が非でもその会社を辞めようとした。こんなふうにして、雪崩が今ゆっくり動き出していた。一九四五年のベルリンで危うくこの雪崩に埋もれそうになったわけだが……。

妹のインゲはその頃ドイツ舞踏劇場のダンサーとしてベルリンに住んでいた。彼女の同僚の一人がアルベルト・ボルマン[2]と親戚関係にあった。ある日のこと、私はこの人物を通してベルリンの総統官邸で働いてみないか、と誘われた。その職場環境やポストに特に惹かれたとは言いがたかったけれど、一度家を出てみたい、首都を見物したい、とにかく何かを体験してみたいという思いにやはりひどく心が動いた。それに労働条件は良さそうだ。とりあえずぱっと決めてベルリンへ発った。わが人生はじめての寝台車に乗って行く旅からして、ものすごく胸踊るものだった。

ところが、面接のため、「新総統官邸」の巨大な迷宮に足を踏み入れたとたん、自分の決心がいささか大胆すぎたような気がしてきた。だからといって引き返すことは、もうできない。きっと恥さらしになったことだろう。私はマルティン・ボルマン党指導者(3)の弟の、アルベルト・ボルマン集団指揮官に迎えられた。彼は感じがよくて、好感の持てる人だった。総統個人官房のある部署に私は採用された。そこでは総統宛ての手紙が受理され、仕分けされて次へ回された。また一部はそこで処理された。

私の仕事はごく当たりさわりのないもので、また、やることもあんまりなかった。総統個人官房長であったアルベルト・ボルマンは、同時にヒトラーの副官でもあったけれど、滅多にベルリンにいなかった。ときどき、どうして秘書をわざわざミュンヘンから探してきて、任務に従わせたりするのかしら、と不思議に思った。私は巨大な、壮麗な建物の中にいて、しょっちゅう迷い、ピカピカに磨かれた大理石のホールをすべって歩いた。あとは、自分の仕事の次の展開を待つばかりだ。まもなく私ののんきな生活も最初の騒ぎに巻き込まれていく。ヒトラーが新たに秘書を何人か必要としていて、総統官邸の職員の中から選ぶらしいという噂がにわかに広まったのだ。

秘書やステノタイピスト、研修生も事務員たちも皆すっかり興奮状態に陥ってしまった。速記とタイプのコンテストが開かれた。私もまたそれに参加しなければならなかった。その頃、私は「総統個人副官室」に配置換えとなっていた。こんどの部署も同じ建物の中にあったけれど、ただ庭園に面したほうの部分に位置していた。コンテストに参加はしたものの、私に野心はあんまりなかった。第一、取り沙汰されていたようなこのコンテストの趣旨を私はそんなに本気にしていなかったし、また、自分がヒトラーの秘書に向いているとも思われなかった。他の娘の指がキーの上を駆けめぐるのを見ていると、自信の最後のかけらさえ失くしてしまった。ところが、まさにそのために、私は最終試験のときにおそらくもっとも冷静だったし、ミスも一番少なかった。そしてベストの仲間に入った。ある日、一枚の切符を渡されて、次の日急行列車で総統の大本営へ行くようにという指示を受けた。他の九人の娘たちと一緒に総統との面接に向かうことになったのだ。

ヒトラーには当時秘書が三人いた。そのうち一番若いクリスチアン夫人(4)が結婚して、ヒトラー直属の職場を去った。残りの二人の女性たち、ヴォルフ嬢(5)とシュレーダー嬢(6)はもう十年以上もヒトラーの秘書をやっていて、常勤の随員も兼ねていた。不規則な生活からくる過労や、寄る年波のせいで、すでに仕事にも影響が出始めていた。ある日ヒトラーは自分の口述のタイプをしてほしかったのだが、ヴォルフ嬢は病気だったし、シュレーダー嬢はベルリンの劇場へ出かけていた。彼は自分がタイピストを必要とするときに限って誰もそこにいないと言って、癇癪《かんしゃく》を起こした。ボルマン副官はだいぶ手厳しく叱られ、二度とこのような事態が起こらないようにただちに善処せよ、という指示を受けた。年増のベテラン二人の任務を減らすために、次代を担う若い職員を雇わなければならなかったわけだ。一九四二年の十一月後半に十人ほどの娘たちが「最高指揮官」のところへ送られたのはこんな事情からだ。

聞いたこともない目的地「ゲーゲンステーション駅」に向けて夕方ベルリンから乗った急行列車は、翌朝、東プロイセンのラステンブルク駅に着いた。そこには、気動車が側線上で総統大本営への客を待っていて、森の中へと私たちを導いていった。標識もなく目立たない駅舎の前にやっと辿り着いたのだが、それが目的地だった。アルベルト・ボルマン集団指揮官が迎えに出ていた。気動車が再び動き出し、ここで下車した他の乗客たちは雪の降り積もった森の中に消えていった。一軒のアパートも家も見当たらなかったけれど、それでも私たちは総統の大本営にいるのだ。ボルマンが仮の住まいに案内してくれた。このときになってやっと第二の線路上に列車がもう一台停まっていることに気づいた。そこにみんなで宿泊するのだ。私たちはまだ大本営の本来の封鎖区域外にいるのだという説明もここであった。また、総統の近くで常に出発準備の整っている特別列車が、総統との面接や選抜のときまで泊まる宿なのだということだった。

この列車について少し詳しく描写してみる価値があるかもしれない。その中は一流のホテル並みに家具調度品が整い、人間が生活に必要とする快適な設備がすべて備わっていたのだから。けれど、これについては後でこの列車に乗ってみんなと出た旅のことを話すときに、もう一度ふれることにしよう。当座、娘たちはそれぞれ一人が一つのコンパートメントに住み、よく訓練されたミトローパ〔一九一七年に設立された中央ヨーロッパ寝台・食堂車株式会社〕の乗務員の最高のサービスを受けていた。あとは総統への引き合わせという重要事を待つばかりだ。

ところが、何日過ぎても何も起こらない。その頃には私たちも森の中を少し散歩するようになり、有刺鉄線の遮断機のところまで来てしまったことがある。そこで武装した歩哨に出くわし、身分証明書を求められ、合い言葉を聞かれた。残念ながら、私たちは証明書も持っていなければ、合い言葉も知らなかった。また封鎖区域に侵入しようという意志もなかった。ただ総統のいる大本営がいったいどんなものか見てみようと、ほんのちょっぴり〝偵察〟したにすぎなかった。そのうちに、木や茂みの間にたくさんのバラックや小規模のコンクリート待避壕が、それとはすぐ見分けがつかないようにひそやかに建っていることとか、また森には手入れの良く行き届いた道が何本も通っていて、軍服を着た人間が大勢住んでいることなども、だんだんわかってきた。

一流の賄い付きの、この魅惑的な冬の自然の中での滞在を私たちは休暇旅行と見なすようになり、何のためにここにいるのかを忘れてしまいそうなほど爽快な気分だった。食堂車の狭い台所には高級酒が各種取り揃えてあった。長いこと女性を見なかったボーイさんは私たちに甘く、晩になると上等なリキュールをいろいろ持ってきてくれた。

偉大な瞬間というのは、全然待ち望んでいないとき、つまり真夜中にやってくるなどと私たちは予想もしていなかった。一行の者全員を集めて総統のところへ案内すべく、総統の待避壕から二人の伝令官がやってきたとき、私たちは皆ちょうど寝ついたばかりだった。もうパニック状態だった。カーラーはこんがらがり、靴は見つからず、指は洋服のボタンがかけられないくらい震えた。みんな急いで歯を磨いた。ドイツ女性はタバコを吸わないもの、少なくとも匂ってはいけないものだということを知っていたから。

そうこうしてから、私たちは暗い道をよろけながら森の中へ入っていった。この二人の伝令官に管理所へと誘導され、龕灯《がんどう》の明かりで照らし出された後で、封鎖区域への仮通行許可証が渡された。彼ら二人の男がこの暗闇の中でどんなふうに自分たちの行くべき道を見つけるのか私たちには不可解だった。たまに木と木の間にほの暗いランプが灯されてはいたけれど、それだけでどのようにして一つの方角へ進んでいけるのか私には謎だった。きっと二人の兵士は私たちほど気持ちが高ぶっていなかったのだろう（私たちのうち、ヒトラーを近くで見たことのある者は一人もいなかった。ヒトラーがいるところは、ベルリンに限らずどこでも常に何十万もの人が、せめて遠くからでも一目見ようと押し寄せてきていたことを私たちは知っていた）。こういったことすべてがこの体験を刺激的なものにしていた。なんといっても、私たちは国家元首の面前に毎日立つわけじゃなかったから！

やっと鉄の重い扉の前に着いた。中から明るい光が漏れてくる。低くて比較的小ぢんまりした待避壕の輪郭がぼんやり見える。入り口で見張っていた武装歩哨兵が何の検査もせずに私たちを通してくれた。皆のハンドバッグも、中には立派なものもあったけれど、点検されなかった。きっと、武器も時限爆弾も入っているようには見えなかったのだろう。もしかしたら皆が当惑顔をしていたので、はじめから疑いが湧かなかったのかもしれない。これからとても嬉しい出来事があるというよりも、むしろ死刑場にでも曳かれていくような印象を私たちは与えたのだろう。

低い戸をくぐって中に入ると、そこは明るく照らされたコンクリートの細長い廊下だった。ドアがいくつもあって、まるで大きな汽船の中にいるみたいだ。私たちはすぐ左側の最初のドアから待合室に入った。この部屋の大きさは約三メートル×四メートルぐらいで、ヒトラーの個人従卒や伝令官の待機室でもある。

　ヒトラーの従卒がもう少し待つようにと言うので、皆は丸いテーブルのまわりの座り心地の良さそうなカントリー風の椅子に腰を下ろした。ヒトラーは今ちょうど愛犬にえさをやっているところらしい。もちろん私たちは、いったいどんなふうに総統に挨拶すべきかと尋ねてみた。はじめに総統が挨拶をするので、それに対して、「ハイル、わが総統！」と応えるべきだというのが彼の意見だ。

　腕は上にまっすぐ伸ばすのか、それとも左右に振るべきかということも知りたかったが、そのときにはもうアルベルト・ボルマンがやってきて、ヒトラーが執務室で私たちを迎え入れるので、自分の後についてくるようにと命じた。できるだけ自然に率直に振る舞うようにとのことだ。

　細長い廊下を何度か曲がり、小さな喫茶室を通り抜ける。すると目の前に執務室の高い観音開きの扉があった。従卒のハインツ・リンゲ[7]が戸をノックしてから開けて言う。「総統、ベルリンのご婦人がたです」

　私たちは広々とした部屋に入り、デスクのまん前に立つ。ヒトラーがにこにこしながらこちらへやってきて、ゆっくり片腕を上げて挨拶し、それから一人一人に手を差し出した。そして私たちめいめいに、何という名前か、どこから来たのかなどと尋ねるとき、その声はひどく低くて太かった。

私は最後だった。そして、ただ一人ミュンヘンの出身だった。彼は私の年齢までもきき、またにっこりした。全員にもう一度あの名だたる鋭い視線を投げかけてから、腕を上げて挨拶した。私たちは、例の「ハイル、わが総統!」を一斉に声を張り上げて言うこともなく、そこを後にした。

外に出てようやく緊張や呪縛が解けて、ヒトラーの握手の仕方や人の心を惹きつけるその眼差し、姿格好、その他このような意味深い出会いにおいて限りなく重要に思えること一つ一つについて、ぺちゃくちゃとおしゃべりが始まった。

ボルマンはやっと自分の任務を片づけることができてご満悦だ。それで、その日を祝ってグラス一杯のゼクトを私たちみんなに奢ってくれた。それから、目と鼻の先にある軍のカジノに私たちを案内させた。

兵士も将校も私たちの訪問をとても喜んだ。私たちは興奮でお腹を空かしていたから、オープンサンドイッチをいくつか食べた。それからボルマンは私たちを再び特別列車へ送っていかせた。

翌朝、私たちのうち誰が一番ヒトラーの気に入ったかという謎解きが始まった。ヒトラーはあの面接をもとに人選するのだろうと皆思い込んでいたのだけれど、次の日ボルマンからことはそれほど単純ではない、さらに口述タイプの試験を待たなければならないのだという説明を聞かされて、私たちはずいぶん動揺した。総統特別列車の職員や、一見に値する女たちが中にいることを知ってからというもの、特別列車のあたりをときどきうろつく封鎖区域からの訪問者たちは、私がヒトラーの秘書として一番有望だと保証してくれた。まず第一にミュンヘンとミュンヘン出身者がヒトラーの好みだし、それに私はエーファ・ブラウンに似ているからというのだ。とはいうものの私は極めつきの〝試験落伍者〟だったから、これからある口述タイプの試験を前にして、そのチャンスはかなり小さいものと考えていた。

はじめ二、三日の滞在ということだったのが、いつのまにか二、三週間たってしまった。それでも、いつになったらヒトラーが口述筆記試験のために時間を割けるのか見通しがつかなかった。彼が口述する機会が実際に生じるまで、みんなは待たなければならない。その間、私たちは、クリスマスプレゼントや寄付金のリスト作りに追われている二人の年配の秘書の手伝いにときどき回された。また、そこらじゅうに雪だるまをいくつも作ったりしたが、他日、この近辺にはふさわしくないという理由で大本営の司令官に潰されて、激しい雪合戦になったりした。

そして、こんな合戦の後、ほてった身体で髪を濡らして、自分のコンパートメントに座っているときに限って、運命的な呼び出しがあったのだ。

私はある同僚と一緒に（金髪のほっそりした娘で、同じく総統の副官室から来ていた）口述筆記に呼び出された。また、この前と同じ興奮、この前と同じ待避壕への道のり！

私が先に生贄の子羊として送られることになった。私でだめな場合は、ベッチャー嬢が交代することになる。数分待った後、今度もまたリンゲが私を執務室へ案内し、ヒトラーに取り次いだ。今回は私の後ろで戸が閉まり、私はヒトラーと二人だけになった。

彼が眼鏡をかけていることに気がついた。流行遅れの安っぽいニッケル縁の眼鏡だ。もしかしたらプラチナの縁だったのかもしれない。どちらにしても不体裁なものだった。

今度も彼は握手の手を差し出し、それからデスクの近くのタイプライター机へ私を導く。私がタイプライターの被いをとって用紙を入れている間、彼は、写真を撮られようとしている子供に言うみたいににこにこと優しげに私に説明した。「あがったりする必要はちっともないんですよ。私だって自分で筆記するときでさえ、あなたが全然やりそうもないミスをたくさんやらかしますからね！」

ちっともあがったりしてはいません、ときっぱり言ったものの、手が私の嘘を罰した。なぜなら、彼がやっと最初の文を読み始めると、私の指は正しい文字キーを一個も打てないくらいぶるぶる震えたのだ。

中国語の文みたいになったはじめの一行を仰天して見つめる。文脈を失わないように、もう一度手を落ち着かせようと私は必死だ。

ちょうどそのときノックの音がして、従卒が入ってきた。そして、ヘーヴェル[8]――ヒトラーとリッベントロップ[9]の間の仲介者――の来訪を告げた。ヘーヴェルとヒトラーはしばらく打ち合わせをしていたが、結局ヒトラーがリッベントロップに電話をすることになった。ヒトラーが少しもてらいなく自然に電話をし、そのへんのミュラーさんやシュルツェさんや私の元のボスの誰かさんのように振る舞うのを見ていると、私も落ち着きと冷静さを取り戻した。それからは、口述タイプの続きはすらすらと難なく進んだ。けれども、あのときいったいどんな文を書いたのか、もう今となってはわからなくなってしまった。あれはまったく発表されなかった何かの覚書だったのだと思う。

全部書き終わると、ページを揃えて総統に提出した。

総統が訂正しやすいよう、行間をたっぷり空けて書くようにとの指示があらかじめあった。総統は素晴らしい出来であることを保証し、別れの挨拶をしてからデスクに向かって座った。

ほっとしてその部屋を出ると、ボルマン集団指揮官にドアの前で出会った。彼はいらいらと時計を見ながら、そこにある椅子にずっと座って、私が彼の面目を潰さないようにと祈っていたのだ。すべてがうまくいったことを報告すると、彼のほうが私よりよっぽど幸せそうな様子だった。自分が大成功を収めたみたいだった。後になって知ったことだが、彼は恥をかくことをひたすら恐れていた。宿敵だった兄も、ヒトラーの秘書を探して、弟を出し抜いてやろうと思っていたからだ。

ベッチャー嬢は私と交代できることを望んではいたけれど、私の試験がうまくいったことを知るとやっぱり喜んでくれた。まだ二人で待合室に座って、私が体験したことで、この同僚の女性がこれから体験することについてしゃべっていると、ドアのところにぬっとヒトラーが現われ、丸テーブルの私たちのところまで来て座った。そして私に家族のことや過去のことを聞いてから、もう一度タイプがうまくできていたと褒めた。

私はひそかに、「あなたはまだ他の秘書たちを試験していないのだし、それに私がべつに素晴らしい成績をとったわけじゃないことに、いずれ気づくことでしょうよ」などと思った。これ以上他の人との比較はされないことや私の運命がもう決められていたことなど、私は知るよしもなかった。

ヒトラーは、もう他の秘書たちを試験するつもりがまったくなかった。私が満足のいく結果をもたらしたし、適性もあると思ったのだ。それで、九人の娘たちは翌日ベルリンへ戻っていき、私はそのまま狼《ヴォルフスシャンツェ》の巣に――その本営の呼び名だった――残った。

しかし今度は、特別列車内の私の宿泊所が秘書用待避壕内のキャビンに移り、長期の封鎖区域通行許可証をもらって、総統用待避壕からほぼ百メートル離れたところに住むことになった。

ところが私は新しい住居が少しも嬉しくない。私は光と空気の人間だったから、待避壕の雰囲気が死ぬほど嫌だった。居間として小窓の付いた部屋があるにはあったけれど、でも窓もなく居心地の悪いキャビンで寝なければならないのだ。それは小さいというわけではなかったが、特別列車の小ぎれいなコンパートメントとくらべて遥かに感じが悪かった。通風は天井の換気ねじでなされる。ねじを閉めると窒息しそうな気がする。開ければ小さな部屋の中を騒音をたてて空気がヒューヒュー鳴り、なんだか飛行機の中に座っているような気分だ。他の二人の秘書、ヴォルフ嬢とシュレーダー嬢が自分たちの事務室のソファで寝るのを好んだのも、また、窓の付いた、大きめの明るい部屋のある待避壕の前方部分に、居間兼職務室を設置したのもこういう理由からだったのだろう。まもなく私も彼女らの例にならい、ボルマンの支援と賛同を得て、一般事務所を整えて住めるようにした。今から当分の間ここで暮らさなければならないのだから。

ヒトラーが何かを口述する必要のあるときは、いつも私が呼ばれ、そのたびに私は不安になりドキドキするのだった。今もまだ試用期間中なのか、それともすでに常勤になったのか、私にはわからなかった。一九四三年一月三十日〔この日付は著者の記憶違いと思われる。実際にはこれより四週間ぐらい前のことだったらしい〕にまたヒトラーに呼び出された。私が部屋に入っていくと二人の秘書がそこにいる。彼がタイプの口述を始めるつもりがないことは、すぐに察しがついた。きっと一種の宣誓か公務がもうすぐ始まるにちがいないと思った。だが、ちょっとおかしな感じもする。ヒトラーは私にたいへん満足しており、また、二人の経験を積んだスタッフたちも、私が秘書に非常に適していると信じているようだ、と言った。それから、あなたは私のところにこのまま留まりたいですかと聞く。私はこの誘惑に抵抗できなかった。私は二十二歳で政治に無知だった。単に、こんな特別な職場が提供されるなんて、途方もなく素晴らしい、刺激的なことだと思った。要するに、「はい」と答えたのだ。

だが、これで会話がもう終わったわけではなかった。ヒトラーはもっと何か言おうとしていた。そして、ふさわしい言葉を探しているといったふうだった。遂にここにこととして、だが、いささかぎこちなげにこんなことを言った。あなたはまだずいぶん若いし、それに、ここには本当に大勢の男たちがいて、しかもたいていの人は滅多に家に帰りません。まあそれに、「永遠に女性的なるもの」への性向は、兵士たちの間では特に強いものです。一言で言うなら、あなたはいくらか慎重に、控えめでいなければいけません。また、誰かにしつこくされて困るというような苦情は、それが誰であっても、いつでも自分に言ってきなさい、とも言った。そう、これが私の就任宣誓だったのだ！

こんなことは考えもしなかった。私は国家社会主義への信奉と党への所属の証しを立て、忠義を誓い、機密保持の義務を誓約しなければならないと信じていた。それがなんと、ヒトラーは私の身持ちを気にかけたのだ。私は本当に気が楽になった。そのことについてはどんな心配もご無用です、けれど、その庇護にはとても感謝いたします、と良心に恥じることなく言えたから。彼は笑って、私を二人の先輩秘書の保護下に託した。こうして私はヒトラーの秘書になった。

そのときから、数週間の休暇を例外にすれば、ヒトラーと会いも話しもせず、一緒に働かず、食事も共にしないという日はほんのわずかしかなかった。

【原注】

1　「ドイツ生存圏の新秩序」の理念と計画を実現するために行なわれた、国家による労働指導のこと。労働力の配置と職場の異動は監視され、「勤務義務」によって規則づけられていた。

2 アルベルト・ボルマン 一九〇二年九月二日ハルバーシュタット生まれ、一九四五年五月ベルリンで死去（青酸カリによる服毒自殺と推定される）。元銀行員。一九三一年より総統個人官房に勤務し、三三年総統個人官房長に就任する。一九三八年帝国議会議員に選ばれ、一九四三年よりナチス自動車軍団集団指揮官とヒトラー付副官を兼任した。

3 マルティン・ボルマン 一九〇〇年六月十七日ハルバーシュタット生まれ、推定死亡年月日・一九四五年五月二日（青酸カリによる服毒自殺）。元農園経営者。一九二四年ナチス党に入党、一九三三年から四一年まで副総統局幕僚長を務める。一九三三年ナチス党指導者に任命され、三八年ヒトラー直属スタッフとなる。一九四一年五月十二日党官房長に就任、四三年四月十二日総統秘書となり、四四年には大臣に任命される。一九四六年ニュールンベルクで不在のまま戦争犯罪人として死刑の判決を受けた。

4 ゲルダ・クリスチアン 旧姓ダラノフスキー（通称「ダラ」）。一九一三年十二月十三日ベルリン生まれ。ベルリンでエリザベス・アーデンの帳簿係を務める。一九三七年ヒトラーの「個人副官室」に秘書として採用され、三九年よりヒトラーに付き添って各地の総統大本営で働く。一九四三年二月二日空軍少佐で総統大本営の三軍司令部長付副官だったエッカルト・クリスチアンと結婚。一九四三年半ばまでヒトラーの下での勤務を中断した後、一九四五年まで総統大本営で勤務。一九四五年総統官邸から西ドイツへの脱出に成功する。

5 ヨハンナ・ヴォルフ 一九〇〇年六月一日ミュンヘン生まれ、一九八五年六月五日ミュンヘンで死去。一九二九年に総統個人官房の事務員、ナチス党員となる。一九三三年の政権掌握のあと総統官房で、のちにはベルリンの総統の個人副官室で秘書として勤務、戦争中はヒトラーと共に総統大本営間を移動した。ヒトラーは彼女とクリスタ・シュレーダーに一九四五年四月二十一日から二十二日にかけての夜に別れを告げ、ベルリンを去るよう指示した。一九四八年一月十四日まで収容所に拘留される。
6　クリスタ・シュレーダー　一九〇八年三月十九日ハノーファーシュ・ミュンデン生まれ、一九八四年六月二十八日ミュンヘンで死去。一九三〇年から三三年までミュンヘン・ナチス党指導部で、一九三三年から三九年までは総統付副官室で秘書として働く。戦時中は一九四五年四月二十二日までヒトラーの秘書としてすべての移動に随行し、全大本営で勤務する。一九四八年五月十二日まで収容所に拘留される。
7　ハインツ・リンゲ　一九一三年三月二十三日ブレーメン生まれ、一九八〇年ブレーメンで死去。元左官。一九三三年「親衛隊アドルフ・ヒトラー連隊」〔または「アドルフ・ヒトラー親衛隊ライプシュタンダルテ」〕に入隊、一九三五年から四五年までヒトラー付従卒を務める。一九四五年五月二日ソ連軍に逮捕され、ソ連の収容所に連行される。一九五〇年に二十五年間の労働刑を科せられるが、一九五五年に釈放される。
8　ヴァルター・ヘーヴェル　一九〇四年一月二日ケルン生まれ、一九四五年五月二日ベルリンで死去（おそらく自殺）。一九二三年ミュンヘンでのクーデター未遂の際「ヒトラー突撃隊」の旗手を務めた。城塞禁固ののち一九三六年まで外国でビジネスに従事。一九三三年ナチス党入党、一九三八年公使館一等参事官として外務省に入省、帝国外務省私設スタッフ主任に就任する。一九四〇年一等公使となり、アドルフ・ヒトラーの帝国外務大臣常任全権委員として省指導者の地位を得る。
9　ヨアヒム・フォン・リッベントロップ　一八九三年四月三十日ヴェーゼル生まれ、一九四六年十月十六日ニュールンベルクで死去（処刑）。モントリオールで銀行員見習いをしたのち、一九一五年第一次世界大戦中に少尉となる。一九二〇年アンネリース・ヘンケルと結婚し、ベルリン・ヘンケル社（シャンパン製造）代表となる。一九三〇年ナチス党に入党、三三年よりヒトラーの外交政策顧問、三四年軍備縮小問題全権委員に就任し、三六年ロンドン駐在大使、三八年外務大臣に任命される。一九四五年イギリス軍に逮捕され、一九四六年ニュールンベルクで死刑判決を受ける。

第2章　「狼の巣《ヴォルフスシャンツェ》」で

私はわりと早くこの新しい未知の世界になじんでいった。自然と森と風景が私と新しい職場の仲をうまくとりもってくれたのだ。オフィスっぽい雰囲気も、決まった勤務時間もなかったから、遠くまで散歩に出かけて思いきり森を楽しんだ。都会が恋しいなんて一秒たりとも思わなかった。

ヒトラーはというと、自分のためによくもこんな最低の、湿っぽくて蚊だらけの気候の悪い土地を探してこられたものだ、とぼやいていた。でも私にとっては素晴らしいところだった。とにかく、冬の東プロイセンはたとえようもなく美しかった。雪の降りかかった白樺、澄みきった空、そして湖を囲む平原の広がりを、私はきっと忘れないだろう。

でも夏にはボスの言い分がだいたい正しいとも思った。そこには蚊が無数にいて私たちの血から栄養をとっていた。空気は淀み、湿っぽく、ときには息苦しいくらいだった。そんな天気のときにはヒトラーも日課の散歩になかなか出たがらない。専用の涼しい待避壕の中に引きこもっていたが、朝食後、ただ愛犬ブロンディのために、待避壕の近くの、犬の散歩のために予約された一角をひとまわりした。そこでこの雌のシェパード犬は芸を披露する。飼い主はブロンディを私の知っている限りでは一番のみこみが早くて器用な犬になるまでにしつけた。ブロンディが数センチ高く飛べたとか、数分長く細いバーの上でバランスをとれたなどということで、ヒトラーはたいへんな喜びようだった。犬と遊ぶことが一番の息抜きだと言っていた。

実際ブロンディの能力には感心させられた。タイヤの輪をくぐり抜け、二メートルもの高さの板塀を軽く飛び越え、はしごを上り、頂上の小さなプラットホームの上で上手に「敬礼」をした。主人と飼い犬がどんなに嬉しそうにこの練習を続けるかを眺めるのはなかなか楽しいことだった。

敷地のまわりにはこの遊びを見物する数人の観客がいた。私にとっても最初の数週間には、これが総統と接する唯一の機会だった。私を見つけると彼は親しげに握手で挨拶し、ご機嫌いかがですかときいてきた。

口述タイプのために呼ばれることもなかった。最初の四週間の主要な仕事は常時待機していること、毎朝仕事がないかどうか問い合わせること、そしていつも当番の従卒か電話センターに居場所を知らせておくことだった。

私はヒトラーの身のまわりの人たちと慣れ親しむためにときを過ごした。まずそこには彼の従卒のハインツ・リンゲとハンス・ユンゲ[10]がいて、彼らは一日おきに交替で勤務していた。この二人は親衛隊から選ばれて、この多忙で責任の重いポストに就いていた。

「従卒」という呼び方は本当は不充分だと思う。彼らはむしろ管理人であり、旅の随伴員であり、執事であり、とにかく何でもこなさなければならなかった。

従卒はまず朝ヒトラーを起こす。彼の寝室のドアをノックして、正確な時刻を告げ、朝のニュースを伝える。そしてメニューを決め、食事の時間をセットし、台所への注文を連絡し、食事のときには総統に給仕をする。また、ヒトラーの衣服を管理し掃除やインテリアを担当する、伝令官のスタッフを指揮し、歯医者や床屋を手配し、犬の世話にも目を光らせる。

リンゲはずばぬけて気の利く、とても器用な人で、彼ほどボスの個人的な特質や習癖、雰囲気や機嫌をわかっている人はいなかった。それにいつでも必要なだけの冷静さを保っていて、取り乱すようなことがなく、かつ健康な程度のユーモアを持ち合わせていて、それによって気まずい場面を救うこともよくあった。トップクラスの人たちも、ヒトラーの側近たちでさえも、悪いニュースをヒトラーに伝えて良いものかどうかまずリンゲに相談したがったのも当然だろう。この従卒はときおり、ヒトラーが昼寝で充分休養をとって機嫌を直すのを待ったほうがいいとアドバイスした。

私たち秘書は必要に迫られて従卒たちと親しくしていた。彼らがいつも私たちの出番を取り次いだからだ。彼らとの付き合いの中で私たちはヒトラーの習癖のあれこれを知った。そうしたことを私が彼自身との実際の交流を通じて個人的に知るようになったのはずっと後のことになる。

総統の待避壕には従卒たち以外の唯一の住人として、ヒトラー付の主任副官で上級集団指揮官であるユリウス・シャウブ[11]がいた。彼のことを報告しても歴史研究にとっては何の価値もないだろう。それでも、国家元首ともあろう者がどうしてこんなおかしな人物を長年はべらせておいて、そんなに信用度の高いポストに引き上げたのか、ときかれることが今でもよくある。私自身も本当はよくわからなかったのだけど、なんとか説明を試みてみたい。

おめでたいユリウスは自分のことをとてつもなく重要な、偉大な人物だと思っていたみたいだ。〔…〕次のような彼についての話を聞かされたとき、私はまだこの人のことを全然知らなかった。それが百パーセント本当かどうかはわからないけれど、いかにも彼らしいという気がするので、お話ししようと思う。シャウブは党設立当時の厳しい時期にもう入党していたので、とても若い党員ナンバーを持っていた。当時、彼に今ナチスを動かしているのはいったい誰か、と質問した人がいたらしい。その頃ヒトラーの軍靴を磨いていたユリウス・シャウブが答えていわく、「そりゃ俺とヒトラーさ」。そしてちょっと迷った後、「それとヴェーバー！」とつけ加えたのだそうだ。(12)

［…］

シャウブは第一次世界大戦で両足に障害を負い、後にナチス党に加入、ヒトラーの登場するところならどこにでも松葉杖を引きずってやってくる、疲れを知らない観客としてヒトラーの目に止まった。シャウブが党員であるために職を失ったことを知ると、ヒトラーは彼を従卒として引きとった。その忠誠心、信頼性、ボスへの心服度のために彼はすぐになくてはならない存在となった。そして徐々に副官への道をつけ、遂には主任副官に昇りつめた。というのも彼が唯一人の古い親衛隊出身者で、厳しい時代を共にし、ヒトラーとたくさんの体験を共有したからだ。自分の個人的な秘密をよく知っている腹心だったから、ヒトラーにとって彼を手放すことはとうていできなくなってしまった。

そんなわけで、シャウブは私たち秘書の上司のような存在だった。私たちは彼の郵便物を片づけたり、ヒトラーの知り合い関係からしょっちゅうシャウブ宛てに来た、ボスに見せるための願書などを書き写したり、総統付副官の宛名で着いたか届けられたかした手紙を処理しなければならなかった。

もちろん彼が口述するのをそのまま手紙として筆記できたわけはなく、ほとんどはまずバイエルン方言から標準ドイツ語に翻訳しなければならなかった。ユリウス・シャウブはいつもわりと温厚な感じだったが、同時に好奇心が強い男だった。朝食のときに総統を楽しませることができるように、いろいろな新しい情報を集めていた。朝、キャンプ地の床屋で誰かが言った冗談などを拾ってきては、オチを台なしにしたかたちで主人に伝えていた。

総統への忠誠のためにとっくの昔に禁煙していた彼は、酒を唯一の道楽に残していた。これに関する彼の能力は並みたいていじゃなかった。夜遅くまで彼の部屋には明かりがついていた。そうでなければ食堂とか、数人の男性が重要な仕事の話をしながら一本のびんを囲んでいる他の待避壕から、シャウブの声がした。それでも朝八時にはさっぱりと顔を洗って床屋のところへやってくるのだから驚きだ。その後でキャンプを見回り、早起きたちをおのかせ、朝寝坊たちを叱った。朝の散歩の後、キャンプ全体に「シャウブさんはもう起きているぞ」と認めさせたら、彼は大満足でベッドに入り昼まで眠ったのだが、それに私が気づいたのはずっと後のことだった。

ヒトラーは以前いつも側近や司令官たちと一緒に食堂で昼食をとっていた。でも決まった食事時間に縛られたくないとか、この環境の中では食事時間にも職務的な会話から離れられなかったこともあって、数カ月前から自分の待避壕で一人で食事をしていた。ヒムラーやゲーリング、ゲッベルスといったハイクラスの側近たちがいたときだけ、客と一緒に自分の部屋で食事をした。私たちのもとには、腕はいいが、実にかたよった料理をする野営コックがいた。彼はベルリン出身だったので、バイエルン料理を作るときには良いアドバイスと想像力に頼るほかなかった。彼はギュンターという名だったが、本名を知っている人はもうあまりいなかった。ヒトラー自身さえ彼をあだ名の〝くず〟と呼んでいた。[13] 台所のドアの上に「パンくずを粗末にする人にケーキはおあずけ！」という大きなポスターがでかでかと貼られていたからだ。小男の〝くず〟はこの封鎖区域全体の人員のために食事を作った。約二百人の人員を彼は毎日巨大な鍋で養ったのだ。こんな長年兵士たちだけのために料理してきた大衆向きコックが、一人の菜食主義者のエキセントリックなご機嫌に付き合いきれなかったのも無理はない。彼は肉嫌いの者たちを心底憎んでいた、というか、軽蔑していた。でも幸か不幸か自分が総統のために料理をしなければならないのだから、――あたりには他のコックもいないし、ヒトラーが主要人物なので――けなげに菜食メニューを開拓してゆく努力をした。

私が後にベルクホーフでの食事で確認したように、この点でヒトラーはけっこう満足していたようだった。彼は食に関しては要求が少なく、質素だった。ごくたまに自分の食事は退屈だと嘆くことはあった。肉抜きの付け合わせだけをもらうのだから、何かが足りないに決まっている。〝くず〟は、人は肉なしには生きてゆけないという持論を持っていたから、ほとんどのスープと料理に、少なくとも一滴の肉ブイヨンか、豚の脂をちょっぴり入れていた。たいてい総統はそのペテンを見抜いて怒り、胃の調子がおかしくなったと、ここぞとばかりに訴えた。そうして結局彼は〝くず〟に粥スープかジャガイモ粥と、動物性のものが一切使われていないさまざまな料理を作らせた。それによってこのコックのレシピがもっと魅力的でバラエティーに富んだものにはならなかったのはいうまでもない。

私はこういういろいろな知識を、食堂での食事のとき、またはキャンプ地の中を散歩するときなどに、リンゲとの会話の中でだんだんに集めていった。

四週間がたった一九四三年一月三十日、私はようやくまたヒトラーのところへ口述タイプに行った。食堂で食事をしていたら、突然伝令官が私のテーブルに来て総統のところに行くようにと告げた。そのときはじめてのときと同じくらい興奮してしまったことを白状してしまおう。口述タイプには考えられないような時間帯、真っ昼間のことだった。私は食事をそのままにして向かいにある総統の待避壕に飛んでいった。そこでその日の当番だったユンゲが、総統は政権掌握十周年記念日の演説を口述するつもりだと言った。どうしよう！ そんなこととはまるで予期していなかった！ それはヒトラーが必ず演説する行事の一つだったというのに。今回彼は国民の前で話すのではなく、ラジオを通して読み上げ、報道機関に公表させるつもりだった。

数分後に私はもう執務室に通されていた。このときはじめて部屋をよく眺める余裕ができた。

大きな扉を抜け、天井の低いライト付きの狭い待避壕室を通って、執務室に使われている小部屋に入ると、とっても良い心地がした。従卒が私が来たことを告げ、私は総統に挨拶をした。

彼はかの有名な黒いズボンを履き、灰緑色のダブルの上着に真っ白なシャツを着て、黒いネクタイを締めていた。この他の服装の彼を私は見たことがなかった。上着はごくシンプルで、銀ボタンが付いていた以外にはモールも飾りもなかった。ただ左胸に金色の党章、鉄十字と傷痍《しょうい》軍人記章が刺してあった。

ヒトラーがまだ従卒に次の作戦会議についての指図をしている間、私は部屋をつぶさに観察した。農家風の派手な模様のカーテンが付いた五つの大きな窓から日光が部屋じゅうに燦々《さんさん》と降り注いでいた。窓際は一台の長く幅の広いテーブルで占められていて、その上にいくつかの電話、電気スタンドや鉛筆があった。ここに作戦会議のための地図が何枚か広げられていた。いくつかの小さな木製スツールが腰掛けの役割を果たしていた。ドアの向かい側、部屋の一番奥にヒトラーのデスクが斜めの角度で置かれていた。これはどこのモダンな事務所にもあるような普通のオーク材の事務机だった。机の上には時計があったが、ヒトラーが自分で時計を見ることはなく、いつもお供の誰かに時刻を告げさせていた。彼がズボンのポケットに金の跳ね蓋付き懐中時計を持っているときでもそうだった。窓の向かいの壁には幅の広い暖炉が建て付けられていて、その前には大きな丸テーブルがあり、まわりには八個ほどの座り心地の良い、座る部分と背もたれに編込みのある、肘掛け付きソファがあった。この調度は、この部屋のもう一つの狭い突き当たり、デスクの向かい側に作り付けられたレコード棚といくつかの目立たない作り付けのオーク材の棚とセットになっていた。あたりを眺めまわしながら、私はタイプライターを整備し、紙を用意した。その間に従卒は下がっていた。

ヒトラーは私のほうにやってきて、「君、寒くはないですか？　ここは冷えますよ」ときいた。軽々しくも「いいえ」と答えてしまったことを、私はほんのわずかの時間のうちに痛切に後悔した。口述タイプが進むにつれ、ひどく冷え込んできたのだ。

ヒトラーは背中で手を組み、頭を垂れ、大股で部屋の中を行ったり来たりしながら演説を始めた。はじめのうち私は彼の言うことを理解するために、いつかのように必死で集中しようとした。今度もヒトラーは流れるような調子で、演説のときとほとんど同じ速さで、原稿なしで話した。もっとも彼は政権掌握というテーマについて新しい話題を多くは持ちあわせなかった。ただ終盤、最終勝利を飾らねばならない厳しい戦いのくだりにきたときに、声を張り上げたので、彼が私に背を向けても、部屋のまったく反対側に行っても、演説を理解するための努力はいらなくなった。約一時間後、口述筆記は終わり、彼に紙を渡して、「私、よく理解できなかったかもしれません」と告げた。ヒトラーは優しく笑って手を差し伸べ、「大丈夫、きっとうまくできてますよ」と言った。

私は氷のように冷たい足と熱く火照った頭で彼のもとを辞した。外に出てから従卒に、なぜ執務室はあんなに寒いのかときいた。温度計をちらりと見たら十一度しかなかった。国家元首たるもの、暖房をきかせることくらい簡単な筈だ。実際ここにある施設はどれもセントラルヒーティングで、他はどこもかしこも暖かい。そこで私が教えられたのは、ヒトラーがちょうどこの温度を心地よく感じていて、これ以上暖かく暖房させることがないということだった。これでなぜ幕僚たちや司令官たちがいつも赤い鼻と青く凍えた手で、ときには何時間もかかる作戦会議から出てきて、すぐさま従卒部屋や食堂で温かいシナップスを喉に流し込むのかがわかった。ヨードル司令官(14)はヒトラーとの会談のせいで慢性のリューマチにかかってしまったと訴えていたほどだ。

私はだんだんに重要人物たちやキャンプの設備に詳しくなってきた。まず、そこには映画館として建てられた小屋があった。こんなに大勢の兵士たちが森の中に閉じこめられているのだから、彼らが馬鹿な考えを起こさないように、いくらかの気分転換ができるように配慮が必要だった。そのために毎晩八時から映画が上映されていた。ほぼ全員がこうした娯楽を熱烈に歓迎したから、この建物はすぐに建て増しされた。映画はそれくらい絶大な人気があった。

ただヒトラーだけがいつもそこにはいなかった。彼は自分一人のためにニュース映画を上映させて検閲をしていたけれど、映画会のときは、ドイツ映画の封切りであっても来ることはなかった[15]。でも私は映画鑑賞のとき、私に直接には関わりのない、ヒトラーに一番近い何人かの人たちと知り合った。まず医師たちでは、モレル教授[16]と、彼ほど頻繁ではなかったが、ブラント教授[17]が来ていた。一人は内科医で総統の侍医、もう一人は外科医で総統の随伴医で、後に保健制度の帝国委員となった人だ。

この二人の紳士たちは想像を絶するくらい正反対の人物で、彼らの性格を描写するためには一つの独立した章を確保しなければならないくらいだ。その他映画にはよく報道機関の人たちが来ていた。まるで鼠のようにまったく無害そうで、目立たず、パッとしない印象の帝国報道局長ディートリヒ[18]と、その仲間の、生まれながらの新聞屋で、機知に富み、魅力的で才気にあふれたハインツ・ローレンツ[19]の二人はたいてい私服で来ていた。司令官たちは、普通この時間帯に作戦会議があったのであまり来なかった。でもときどきマルティン・ボルマンの太くよく響く笑い声が聞こえた。彼の名はキャンプの組織と指導に関わるすべての命令や指令書の末尾に載っているけれど、彼本人に出くわすことは滅多になかった。このずんぐりとした猪首の男は帝国中で一番恐れられ名の知れた人物の一人だったが、ほとんどいつも自分の待避壕で机の前に座って、総統の命令を遂行するために、朝から晩まで歯を食いしばって働いていたのだ。

本当に感じのいい人といったら、ヴァルター・ヘーヴェル大使だった。心から楽しげに笑ってその座全体を陽気にしてくれるこの人は、最初の映画鑑賞のときから私の目を引いた。後に私はヒトラーの社交の場で彼としょっちゅう会い、近くから彼を描写する機会を持つことになる。私たちはある日『母の愛』というやけにお涙ちょうだい的なドイツ映画を観た。それはあまりに大げさで、涙腺よりも笑いの筋肉のほうを刺激してしまったほどだった。

でも映画が終わると、すっかり泣きはらした二人の年配の紳士たちがいるのにびっくりした。彼らの強そうな外見がそんなに柔らかい感受性を想像させないからだ。私は隣りにいたリンゲに、あの感じやすい司令官たちはいったい誰なのかと尋ねると、(20)秘密情報機関のトップである親衛隊上級指揮官ラッテンフーバーと犯罪評議員のホーゲル(21)だという。この人たちの任務は総統とキャンプの安全を守ることだったけれど、感動的な話で彼らの心をゆるがすのはたやすいだろうという印象を受けた。ともあれ映画鑑賞で私は多くの新しい知り合いを見つけ、おかげでその後食堂での食事や午後のコーヒーのとき、同じテーブルでおしゃべりする相手にはこと欠かなかった。こうした人たちとの会話の中で不思議だったのは、誰も政治や、それに関するドイツと世界を動かすような事柄を話さないことだった。戦争が話題になったときには勝利の確信とか、総統への絶対の信頼とかいった用心深い言葉を聞くだけだった。こんな会話の裏にはそれぞれの人たちが自分自身の確信として持っているものが隠されていた。本当はこれこそがヒトラーの影響そのものだったのだけれど。

あまりにも無邪気に、先入観なしにこの環境に入っていった私は、まるで赤ん坊が母乳を飲むようにここの雰囲気を肯定的に受け入れていった。戦争が終わってから、当時このような人々の中にいながら、どうして何の迷いもなく楽しく感じられたのかと考えると頭が痛い。けれども、遮断機や有刺鉄線がすべての疑惑、噂、そして他の政治的方向などをも締め出していたことを思うと、私には比較する可能性も葛藤も持ちえなかったことがわかる。仕事始めの最初の口述筆記のすぐ後、ユリウス・シャウブに、自分の仕事については誰とも話してはいけないと言われた。そのとき、この指示は伝令官から元帥にいたるすべてのスタッフに対する厳命なのだと、私にはわかった。

二カ月が過ぎ、私はすっかり住み慣れて、数人の人たちと打ち解けた付き合いをした。日々は穏やかに、変わりなく過ぎていった。ある日、朝のうちからすでに異常な騒ぎに気づいたそのときまでは。

伝令官は総統壕から出たり入ったりし、車がキャンプ中を走りまわり、遂には私もユリウス・シャウブのもとへ呼び出された。行ってみると、彼はとても秘密めいたそぶりをした。

そして私に一通の旅行計画の原稿を手渡し、総統が東部戦線に飛ばなければならないことと、それが極秘事項であることを説明した。もし私がそのページを読まずにタイプできたらどんなに良いかと思っているかのようだった。私はすぐさまシャウブのもとを退き、トラック部隊と飛行機操縦士への指令や随行するべき人員全員の名前が載っている重要な書類をタイプした。(22)

こうして私はヒトラーが東部戦線に飛び、そこに駐在する陸軍部隊を訪ねる計画を立てていることを知った。彼に随行したのはほんの一握りの人たちだった。従卒一人、伝令官二人、侍医と国防三軍の副官たち、あとの数人が誰だったかは忘れてしまった。私の名前はリストになかった。

午後の総統壕はもぬけの殻だった。キャンプ地全体が奇妙なくらいにしんと静まりかえった。まるで運転のモーターが止まってしまったかのようだ。［…］ヒトラーという人物がここにいる人間たち皆にとって、どんなに大きな原動力となっていたかを私はこのときはじめて実感した。マリオネットの糸をすべて手の中に収めた人形遣いが、急に糸を離してしまったのだ。

手から離れた糸がまたもとの手に収まることができたのは、不思議な運命のいたずらだったことを今日の私は知っている。ヒトラーが東部戦線からの帰りに乗った飛行機には時限爆弾が仕掛けられていたのだ。これがもし爆発していたら、飛行機はこっぱ微塵に砕け散っていただろう。

けれども三日後、朝起きてみるとチーム全員がまた元の位置についていた。このフライトのときに自分の命がどんなに細い糸にぶらさがっていたかをヒトラーは知らずに終わった。

狼の巣《ヴォルフスシャンツェ》での生活がいつものように過ぎていったのは数日間だけだった。その後私はまた旅行計画書を書かされた。今回は私と同僚たちの名前もリストに載っていた。というのは、スタッフ全員がベルヒテスガーデンかオーバーザルツベルクに引っ越さなければならないからだった。ヒトラーはその土地にあるベルクホーフ山荘で休息しながら重要な国賓を迎えるつもりだった。

というわけで一九四三年三月末、私は巨大な機構の旅立ちと移動を経験した。滞在は数週間の予定だった。準備はびっくりするほどスムーズで冷静にあっというまに済んでしまった。

私たち秘書は自分たちの持ち物を旅行鞄に詰めた以外に、旅行用事務用具も持たなければならなかった。総統が旅行中に何か書き留めたいことを思いつくかもしれなかった。そうなれば列車の中ででもそれができなければならない。シレンタ・タイプライター二台と、演説用タイプライター（演説原稿が読み上げやすいように約一センチメートル大の文字の打てるタイプライター）の大文字用二台と普通型一台を専用に誂《あつら》えられた箱に入れた。ベルクホーフにはタイプライターがなかった。大きな棚型のトランクにはたくさんの小さな引き出しや仕切りが付いていて、中には便箋などの必携の事務用品が入っていた。

全種類の便箋を入れたかどうかよく確かめた。忘れたものがちょうど必要とされるかもしれなかったから。例えばヒトラーが国家元首としての立場で個人的な手紙を書くときに使う便箋があった。白い紙で左上に国章（鷲と鉄十字）が付いていて、その下に「総統」と金で印刷されていた。プライベートな種類の手紙には、よく似た便箋だが、国章の下に「アドルフ・ヒトラー」と大文字で書かれたべつのものを使っていた。党関係の手紙のための浮き出し印刷の便箋は絶対必要だったし、軍事的な通達用の普通の黒字印刷の便箋も持った。この二件の職務について私たちが口述タイプをすることはなかった。これらに関してはヒトラーはボルマンかカイテル(23)、あるいは他の軍司令官に指示と命令を伝えた。でも旅行中には私たちに回ってくることも考えられる。どっちにしても、各々がその仕事に必要なもの、書類、荷物を規則どおりに持参するよう気をつけなければならなかった。

一番忙しかったのは親衛隊副官のフリッツ・ダルゲス[24]とオットー・ギュンシェ[25]だ。旅行の総指揮をし、乗り物の準備をし、全参加者に同行の了解をとり、列車の時刻表と運転時間を決め、留守番の人たちに指示を与える。そしてひっきりなしに電話をかけた。ベルクホーフの管理人に私たちが行くことが連絡され、ミュンヘンの総統邸ではヒトラーの出迎えが準備され、ヒトラーのいるところ近くにいつでも出発できるよう用意されている特別列車も、たくさんの乗客を乗せる、いつもより長い旅に備えて装備される。

出発時刻は二十一時三十分と決められた。時刻どおりに全乗務員は位置についた。皆が前もって車両とコンパートメントの番号をもらっていた。従卒と随行員と犬を乗せたヒトラーの車が到着し、総統が乗り込んだとたんに列車は動き出した。ひそやかに静かに蒸気を上げて列車が出発し、すぐに晴れがましく雪の降る森を後にしたのは、透き通った空気の、穏やかな冬の夜のことだった。私はコンパートメントの暗い窓辺に立ち、広く平和な風景を眺めていた。少しだけ別れの感傷のようなものと新しい経験を前にした不安を感じた。またもや未知のものが私を待ち構えているのだ。

通路に出てみた。列車は、走っていることを感じさせないくらいとても静かに穏やかに走る。旅行中だという感覚は全然ない。大本営はその雰囲気ごと、そっくりそのまま引っ越しをするのだ。

以前ヒトラーとの面談を待ちながら客用車両の小さなコンパートメントにいたとき、私は自分が停まっている列車の中にいることを忘れはしなかった。でも今ではその小さなキャビンが他と変わらない一つの小部屋となった。それもたいていの部屋よりもずっと豪華な部屋に！

ベッドは昼間の間素晴らしく座り心地の良いクッション入りのモダンなソファになった。カバーはシルクで、コンパートメントごとに色が違う。私のは明るいベージュ地に色とりどりの花模様だった。壁は美しく磨き込んだ木材でできていて、洗面台には一日じゅういつでも水と湯が出た。

窓辺の小さなテーブルの上には真ちゅう製のスタンドランプがあり、ベッドの枕あたりには壁掛け型の電話があって、他のコンパートメントと連絡がとれるようになっていた。便利な読書用ランプも付いていた。全車両の床にはビロードの絨毯が敷き詰められていた。

二両の客用車両の間には将校たちの食堂のかわりの食堂車があった。その後ろには随伴員、無線通信士、テレタイピスト、護衛、伝令官など、総統の使用人たちに割り当てられた車両が数台続いた。その後ろに会議室のようにしつらえられたサロン車両があった。その中の高価な木材でできたテーブルの上で作戦会議が行なわれた。椅子は赤い革張りのクッション付きで、どこにいても精妙にできた照明器のスイッチが入れられるようになっていた。総統はよくこの車両で客も迎えた。外国使節の訪問を受けたときなど、この車両を特別な見どころとして案内した。ここにはレコードプレーヤーやラジオもあったが、私がヒトラーのもとで勤務していた間には一度も使われたことがなかった。

その後ろがヒトラー個人のコンパートメントだった。列車はいくつかのシャワー室と、座って入れる風呂のあるバス付き車両も装備していた。ヒトラーには自分専用の風呂がどうしても必要だった。総統用の二つのコンパートメントに私は入ったこともないし、覗いてみたこともない。

以前待ち時間をつぶすためにした偵察のときにも、食堂車と社交所に接したヒトラーのコンパートメントまでは行かなかった。私の信じうる範囲の記憶によれば、彼の部屋と機関車の間には数台の車両があり、そこには機関士たちと高射砲車両の乗組員が乗っていた。列車は数基の軽装備の高射砲で低空飛行による空襲に対する武装をしていたのだった。私の知る範囲では、訓練のときを除いて、これらの筒から弾が発射されたことはなかった。

今私たちは列車の旅に期待できる限りの快適さを満喫しつつ、夜を駆け抜け、ドイツを横断する。すると、この同じ時間に、食べ物も心地良い席もない人々を乗せてドイツの風景の中を走ってゆく、寒く明かりもない他の列車はどんなだろうか、ということを考えずにはいられなかった。そして突然後ろめたい気持ちに襲われた[26]。自分の身に直接その影響を感じないならば、戦争をするのは簡単なことだ。これまで私自身は、一番恵まれていたときでも、こんな贅沢を楽しんだり、見たりしたことはなかった。政府や幕僚本部のお歴々たち、そしてヒトラーの取り巻きの紳士たちがタバコを吸い、酒を飲みながら一緒に座ったり、立ったり、ご機嫌で自分の人生に満足しているのを観察しながら、この人たちの仕事や努力が戦争をできるだけ早く終わらせるという目的を遂げてくれますようにと、それだけを私は願っていた。そして民族の危機に直面した今、その誠実な努力が、彼らが良心をもってその人生を生きていることの唯一の証しなのだと思っていた。私のコンパートメントのドアがノックされたとき、私はまだこんな考えに支配されていた。総統壕の伝令官が顔を覗かせ、総統が私を食事に呼んでいると言う。

それまで健康な空腹感を感じていた私も急に食欲を失った。飛び上がるように立ち上がり、はじめてヴォルフ嬢のところへと駆けつけ、彼女も招待されているかどうかきいた。彼女はそうよと答え、総統は旅行中たいていい数人の男女と食事を共にするのだと言った。私はもちろん着るものの心配もし、「いったいこんなときには何を着たらいいのでしょう」と尋ねた。セーターとかスーツとか、スポーティーなものしか持っていなかった。「そのままで、今のあなたの格好で大丈夫、全然心配はいらないのよ、たいしたことじゃないんだから」と言って彼女は私を落ち着かせた。

私は自分のキャビンに戻り、手を洗い、大急ぎで鼻をパフで叩き、神経質そうな顔の青白さが目立たぬようにルージュさえ引いた。そして二人の同僚、ヴォルフ嬢とシュレーダー嬢と一緒に、急ぎ足で総統の車両に向かった。［…］当時無邪気ではにかみ屋だった私が、がくがく震える膝で特別列車の通路を、はじめての〝国家的会食〟に向かって進んでいったのも無理もないことだった。

総統の車両の中には六人分の小さな食卓が準備されていた。ヒトラー自身はまだ来ていなかった。私は食器を見て、慣れないものは何も発見せず、ホッとした。知らない食器は一つもない。ヒトラーが菜食主義者だということは知っていた。でも他の者も肉のない食事をしなければならないのだろうか。シュレーダー嬢にそれを尋ねようとしたときに他の客たちが入ってきた。敷居をまたごうとしたときモレル教授はちょっとした困難に陥ってしまった。列車のドアは総統の特別車であっても、標準体型用にできている。今ここを通ろうとしている人はたいへんに恰幅の良い人でドアの枠も張り裂けんばかりなのだ。私はヒトラーの侍医をそれまでにときどき遠くから見かけたが、これほど太っているとは思わなかった。

後に続いたヴァルター・ヘーヴェル大使も痩せているとは言えなかったが、そのぶん長身で均整がとれていたので格好よく見えた。ヘーヴェルの落ち着いた登場の仕方に私は気遅れがした。彼はいくつかのライン地方の逸話を話し、食事に何が出てくるかよく見るためにと言って、電気を明るくした。しまいにはヒトラーがすぐに来て食事を始めないなら、自分は持参したサンドイッチを食べるなどという冗談まで飛ばした。

このとき私たちはテーブルで塞がっていない狭いスペースに立っていた。座るとひどく窮屈で、従卒たちは椅子の後ろを押し合いへし合いしながら通り抜けなければならなかった。ちょうど私が伝令官にいったいどこに座ったらいいのかときこうとしたときに、ヒトラーがシャウブと党官房長ボルマンと一緒に現われた。総統は男性たちにはもうその前に会っていたので、私たち女性たちにだけ握手で挨拶をした。そして私たちに腰掛けるよう勧めた。彼はテーブルの突き当たりに座り、右にはヴォルフ嬢、左にはシュレーダー嬢、その次にヘーヴェル、ボルマンの両氏、彼らの間には私が座り、モレルがやっとのことでテーブルのもう一方の端、シャウブの向かい側に陣どった。

何もかもが自然で単純だった。すぐに伝令官とリンゲがボウルや皿がたくさんのったお盆を持ってきた。リンゲは総統に目玉焼き付きのマッシュポテトを給仕し、ファヒング社製のミネラルウォーターの注がれたグラスをその脇に置いた。それにヒトラーはクネッケパンをとった。

伝令官たちが私たちに何を運んできたかは今はもう覚えていない。観察することと注意を払うことで精一杯だった。どっちみちたくさんは食べられなかった。一方、モレル教授はその恰幅にふさわしい食欲を発揮し、それは目にも明らかだっただけでなく、耳にも届くほどだった。

食事の間、一般的な、たわいのない会話が交わされたが、それでも私は、直接質問をされない限りそれに参加する勇気を持たなかった。ヒトラーは女性に対してとても感じの良い優しいホストだった。私たちに自分で好きなものをとるようにと勧め、何か希望はないかと尋ね、以前この列車でした旅や犬の話を若干のユーモアをこめて話し、自分のスタッフについて冗談を言ったりもした。

私には会話の自然さがとても意外だった。特にボルマンは優しそうで愛想がよく、噂で聞いていたような恐ろしい権力者という印象はまるでなかった。総統は静かにひそひそと話し、食事の後に天井の明かりを消すように要求した。目が敏感なので穏やかな明かりを好んでいた。その後は卓上ランプだけが灯り、列車は同じリズムで揺れ続け、モレル教授は誰にも気づかれずにうとうとと居眠りする。これには本当に呆れてしまった。かなり遅くなってからコーヒーとクッキーが出た。ヒトラーはとてもおいしいと自ら吹聴するキャラウェー茶を飲む。ご親切にもシュレーダー嬢に味見するよう勧めたが、彼女は応じない。その後もしばらく私たちは一緒にときを過ごした。私はヒトラーの言う一言一言をそれは注意深く聞いていた筈だが、どんな内容の会話をしていたのか、今日ではもう思い出せない。それ以来私は数えきれないほど多くの会話の場に居合わせ、ヒトラーと何度も一緒に食事をしたので、細かいことはもう覚えていないのだ。この最初の夕食はもの珍しさだけで一つの特別な出来事となった。ヒトラーが何を言ったかではなく、彼がどんなふうに話したか、彼という存在がどのように表に現われたかが私にとっては重要だった。

列車はときどきどこかの駅でしばらく停車した。すると情報士官が一心に仕事を始め、電話線をつないで、重要な連絡を取り交わした。それが終わると従卒か国防軍の副官が報告に来た。総統はブロンディを外に出すことも忘れず、犬を次の駅で外につれてゆくよう、リンゲに指示した。ヒトラーは自分のスタッフのことを称号抜きで、単に名前で呼んでいた。例えば「リンゲ、ブロンディを外に出してくれ」というふうにだ。少したって、「ボルマン、今何時だね?」ときいた。一時半だった。彼はもう一度シャウブに、明日ミュンヘンには何時に着くかを尋ね、従卒を呼ぶための呼び鈴を鳴らした。会話は終わり、出発が近づいた。リンゲは空襲の知らせがないかどうかを問い合わせなければならなかった。ないという報告が入ると、ヒトラーは立ち上がり、皆と握手をしてから自分の場所へ戻った。

私は急に疲れを忘れた。コーヒーで目が覚めてしまったらしい。自分のコンパートメントに戻る前に、急いでタバコを一服吸うために食堂車に寄った。そこで私はヘーヴェルとローレンツともうしばらく一緒だった。その後私はベッドにつき、通路を早足で行き来する足音に起こされるまでぐっすり眠った。ブラインドを開けると雪の積もった木立に陽が降り注いでいた。昼の十二時にはミュンヘンに着く筈だった。

もう九時だった。私は素早く服を着て朝食に出向いた。皆はベルクホーフとエーファ・ブラウンのことを話していた。彼女はミュンヘンで列車に乗り込んでベルヒテスガーデンまで同乗するのだという。もちろん私は彼女と彼女のヒトラーに対する立場について興味津々だった。ユンゲとはとても気が合ったので、よく同席したのだが、彼の説明によると、彼女はベルクホーフの女主人であり、客は皆暗黙のうちにそれを認めることになるという。そこでは総統のプライベートな家政が営まれていること、私たちは自分たちを客と思わなければならないこと、全員が彼と一緒に食事することなどについて心の準備をしなければならなかった。しかしこれは小さなグループだけにあてはまることだった。他のスタッフたち全員は近くの建物やベルクホーフの周辺に宿泊した。総統官邸と国防軍司令部の出先機関はベルヒテスガーデンに設営された。

さしあたり私たちはミュンヘンに一日滞在することになった。もう黙って座ってなんていられない。目的地が近づいてくると、家族に会える喜びで胸が一杯になった。半年間家に帰っていなかった。列車がようやくミュンヘン中央駅のホームに乗り入れると、ゴトリとも言わずに、走っていたときと同じ滑らかさで停まった。大勢の残りのスタッフ全員を乗せて、私たちより三十分ほど先に東プロイセンの大本営を出た前の列車が、空っぽのままで隣りのレールに停車していた。乗客たちが旅客用車両から降りて改札口を通ると、総統がいた跡などもうどこにもなかった。彼は一番先に列車を離れ、すぐに自分の車に乗り、出発したのだった。

もうここには遮断機もなく、見張り兵も群衆もいない。ヒトラーはプリンツレゲンテン広場にある私邸へと向かい、私は自分の体験を直接報告するべく、母のもとに急いだ。でも彼女は全然感激なんてしてくれなかった。母にしてみれば、私がミュンヘンでそんな興奮や素晴らしいことなど何もないささやかな仕事を続けていたほうがずっとよかったのだろう。彼女の母親としての本能が、私にとっての道義的な、また命に関わるような類のたくさんの危険を見抜いていた。それなのに私はわけもわからずに竜巻に巻き込まれ、深く考えることもせず、事務員としての平凡な人生から脱出できたことを幸運と思っていたし、いろいろな経験に飢えていた。

日はあっというまに傾き、夕方には駅に戻らなければならなかった。闇が訪れると私たちはまるで音もなく出発した。ザルツブルク近くの小さな町、リーフェリングに着くまで私は総統を一度も見かけなかった。そこまで来てやっと黒いメルセデスのライトが目に入った。その車がオーバーザルツベルクをめざして出発し、その後ろには同僚たちと私を乗せた長い車の隊列が続いた。山頂の輪郭に向かって走ってゆくとすぐに、深く雪の積もった蛇行道路がくねくねと上に向かって伸びるところに出た。スポットライトの長い列が千メートルもの上を這って進んだ。遂にベルクホーフが見えた。大きな建物が黒く横たわり、ただホールの窓ガラスだけが雪に照らし出されて鈍く輝いていた。

【原注】

10　ハンス・ヘルマン・ユンゲ　一九一四年二月十一日ホルシュタイン州ヴィルスター生まれ、一九四四年八月十三日ノルマンディー地方ドルーで死去。元会社員。一九三三年親衛隊に入隊、三四年「親衛隊アドルフ・ヒトラー連隊」に志願、三六年親衛隊護衛指令「総統」に参加する。一九四〇年ヒトラー直属の従卒、伝令官として赴任し、四三年六月十九日トラウデル・ユンゲと結婚。一九四三年七月十四日武装親衛隊に配属され、同年十二月一日ヒトラー・ユーゲント第十二親衛隊戦車部隊に参加し、前線に赴く。

11　ユリウス・グレゴル・シャウブ　一八九八年八月二十日ミュンヘン生まれ、一九六七年十二月二十七日ミュンヘンで死去。元薬局店員。親衛隊員ナンバー七番、ナチス党員ナンバー八十一番を持つ。親衛隊上級集団指揮官とヒトラー付副官を兼任する。一九三六年帝国議会議員に選ばれ、ヒトラーのおかかえ運転手も始める。一九四五年ミュンヘンとベルヒテスガーデンでヒトラーの機密文書を処分。一九四九年まで数カ所の収容所に収監されていた。

12　クリスチアン・ヴェーバーのこと。一八八三年八月二十五日ポルジンゲン生まれ、一九四五年ミュンヘンで死去。飲食店経営者、競馬のノミ屋から転じて政治家となる。「ヒトラー特別攻撃班」の初代の隊員の一人。一九二六年から三四年までミュンヘン・ナチス党市議会議員を務め、三五年市参事会員、親衛隊乗馬学校監督官などさまざまな要職を歴任する。一九四五年バイエルン地方の抵抗運動家によって殺害される。

13　コックのオットー・ギュンターのこと。彼はもともと「ミトローパ」の社員で、一九三七年ヒトラーの特別列車配属となり、その後総統大本営「狼の巣」に移った。

14　アルフレート・ヨードル　一八九〇年五月十日ヴュルツブルク生まれ、一九四六年十月十六日ニュールンベルクで死去（処刑）。一九三九年国防軍統合幕僚本部長に就任、四〇年国防軍統合幕僚となったヒトラーがもっとも信頼した軍事アドバイザー。一九四五年五月七日ドイツの無条件降伏文書に署名した。一九四六年十月一日死刑の宣告を受ける。

15　ヒトラーはもともと熱心な映画・演劇ファンだったが、開戦以来この種の娯楽は控えた。

16　テオドル・モレル　一八八六年六月二十二日トライス・ミュンツェンベルク生まれ、一九四八年五月二十六日テーゲルンゼーで死去。一九一三年博士号を取得し、一四年船舶医師となり、同年志願して従軍する。一九一八年ベルリンで開業。一九三三年ナチス党に入党し、三六年から四五年までヒトラーの侍医を務める。一九四五年四月二十三日ベルリンを去りベルクホーフに向かう。一九四五年から死ぬまで収容所と病院を転々とする。
17 カール・ブラント 一九〇四年一月八日エルザス地方ミュールハウゼン生まれ、一九四八年六月二日ランズベルクで死去（処刑）。一九三二年ナチス党に入党し、三四年ヒトラーの随伴医となる。一九三七年ベルリン外科病院に第一医師として就任。一九四四年まで総統官邸幹部の一員としてヒトラーの身近に仕え、総統大本営やベルクホーフ山荘で総統のごく内輪の社交にも参加する。一九四四年七月二十日のヒトラー暗殺未遂事件後、随伴医としての全職務を解かれる。一九四五年四月十六日ヒトラーの命令により親衛隊に逮捕される。理由は最終勝利への信頼の欠如。一九四七年アメリカ軍によって死刑の判決を受ける。
18 オットー・ディートリヒ 一八九七年八月三十一日エッセン生まれ、一九五二年十一月二十二日デュッセルドルフで死去。哲学と国家学を学び、新聞編集者となる。一九二九年ナチス党に入党、三二年親衛隊に入隊する。一九三〇年、三一年と『ナツィオナル・ツァイトゥング』紙編集次長を務め、三一年党報道主任に就任、三三年帝国報道局長に任命される。一九四九年に七年間の実刑判決を受けるが五〇年に釈放される。
19 ハインツ・ローレンツ 一九一三年八月七日シュヴェリーン生まれ。法律、国民学を学び、一九三二年ドイツ電報局に報道速記者として赴任、三六年帝国報道局長ディートリヒの下で外交政策についての報道に従事する。一九四二年末ドイツ報道局主任記者となり、四五年四月二十九日まで総統大本営に勤務。一九四七年までイギリス軍の収容所に収監される。
20 ヨハン・ラッテンフーバー 一八九七年四月三十日ミュンヘン近郊オーバーハヒング生まれ、一九五七年六月三十日ミュンヘンで死去。一九二〇年バイロイト治安警察に入署、三三年ヒムラー警察本部長付の副官に就任、三三年ベルリンにおけるヒトラーの「特別任務命令」を遂行する依頼を受ける。一九三五年独立した部署となった「帝国保安部」の部長に就任、同部の出先機関を組織し、四五年までその指導にあたる。一九四五年五月二日ソ連軍の捕虜となり、五一年十一月十六日までソ連の収容所に抑留される。

21　ペーター・ホーゲル　一八九七年八月十九日ディンゴルフィング郡ポクサウ生まれ、一九四五年五月二日ベルリンで死去（死因は頭部への銃撃）。元製粉業者。一九一九年ミュンヘン警察学校に入学、二〇年警察官として赴任、三二年犯罪警察官に転属し、三三年には「総統護衛」に配属される。一九三四年親衛隊上級中隊指揮官となり、三五年帝国保安部第一課主任、四四年帝国保安部犯罪部長に任命される。一九四五年ヒトラー自殺の証人となった。

22　トラウデル・ユンゲの職務は特に移動スケジュールと被害状況報告をタイプで清書することと、アドルフ・ヒトラーの公開演説と挨拶を口述タイプすることだった。軍事命令はそれぞれの担当部署の秘書がタイプした。

23　ヴィルヘルム・カイテル　一八八二年九月二十二日ハルツ地方ヘルムシェローデ生まれ、一九四六年十月十六日ニュールンベルクで死去（処刑）。陸軍元帥。一九三五年国防省軍務局長、三八年二月四日には国防軍最高司令官に任命される。一九四五年五月八日ドイツ無条件降伏文書に署名、戦犯として死刑宣告を受ける。

24　フリードリヒ（通称〝フリッツ〟）・ダルゲス　一九一三年二月八日デュルゼベルク生まれ。一九三三年親衛隊に入隊。一九三四年親衛隊連隊士官、三五年親衛隊下級中隊指揮官に任命される。一九三七年マルティン・ボルマン付副官として赴任、四〇年から四二年までヒトラー付伝令将校を務める。軍務を経て、四三年ヒトラー付伝令官として総統大本営で勤務するが、四四年ヒトラーとの口論の末、前線に赴く。一九四五年五月八日アメリカ軍捕虜となり、四八年釈放される。

25　オットー・ギュンシェ　一九一七年九月二十四日イエナ生まれ。一九三四年「親衛隊アドルフ・ヒトラー連隊」に入隊、四一年から四二年にかけてバード・テルツの親衛隊士官学校に通う。兵役の後、一九四三年一月から八月までヴォルフスシャンツェでヒトラー付副官を務める。前線勤務を経て、一九四四年二月から再び総統付副官となり、四四年親衛隊大隊指揮官に任命される。一九四五年五月二日ソ連軍捕虜となり、ソ連の労働収容所に抑留される。一九五六年五月東ドイツ・バウツェンの刑務所から出所する。

26　ここでトラウデル・ユンゲが描写しているのはドイツ国内を走る普通の旅客列車のことである。今日の読者は、著者がユダヤ人囚人を非人間的な条件の下で東方へと護送した護送列車のことを言っているのかと思うかもしれない。しかし一九四七年にこの原稿を書いたとき、著者はそうした連想はしなかった。

第3章　夜ごとの集い

ヒトラーは私たちの少し前に到着し、すでに自分の部屋に消えていた。フロアの洋服掛けにコートと縁なし帽がかかっている。ベルクホーフ山荘の家政婦の、ミットルシュトラッサー夫人(27)が私たちを迎えてくれた。彼女はきれいな顔だちの、小柄な、けれどきっぱりとしたミュンヘン子で、噂どおりの働き者だ。さっそく彼女は新参の客たちをそれぞれの部屋に導いていく。シュレーダー嬢と私も、広々とゆったりした廊下を通り抜けて、狭い階段を上がり、各々の部屋へと案内された。私たちは、最上階の屋根裏部屋で、旧ヴァッヘンフェルト館の小さな二部屋に宿泊することになった。その家はヒトラーの妹(28)のものだったが、後に、これをもとにして山荘が建てられたのだ。今では全館近代化され、改装されている。目の前には、鏡台、小型文机、豪華なベッドなどの備わった、明るいブルーと白の魅惑的な婦人用小部屋があった。隣りはシュレーダー嬢の部屋で、少し大きめで赤い色調だ。向かいは共同の風呂場で、その隣りに、メイドの部屋がある。これがその晩にわかった部屋の間取りだった。

山を間近から眺められるのが、私にしてみれば心から嬉しい。私はミュンヘンの出身だったけれど、これまで山に行く機会がまるっきりなかったからだ。次の朝起きるとまず、あれほど褒めそやされているこのあたりの景色を観賞すべく、カーテンを開けた。と、そこには分厚い霧と雲の壁が見えるだけで、山の影も形もない！　惜しくも、こうした自然現象がこの土地の主な特徴の一つなのだということを、この滞在中に限っても、長期にわたって経験させられたのだ。

だが、当分は山荘の内部の様子を頭に入れるだけで精一杯だった。この家のどこかで朝食をとることができる筈だ。でも、どこでどんなふうに朝食が出るのか、誰も教えてくれなかった。そこで、昨晩なんの気なしに上がってしまった階段を気をつけながら下りていった。階段の中ほどに、もう一つドアが見える。ドアの背後から国防軍副官長シュムント[29]の声が響いてくる。階段は最後に一回りして、一階のフロアに出た。左にガラス戸があり、右に中庭へ出る脇戸がある。ガラス戸を開けると、そこは緑色のタイル張りの大きなストーブが据え付けられた農家風の居間だった。朝食みたいなものは何もないと見てとると、私は再び戸を閉めた。人っ子一人いない。なんだか居心地もよくない。突然ヒトラーの執務室かなんかに出てしまうかもしれないではないか。フロアは先で狭まって、廊下に続いている。廊下の窓からは朝の光が射し込んでいた。角を曲がると、また広いフロアに出た。左側にずいぶん大きな半円の両開きの扉がある。位置からいって、絵葉書で見たことのある、名だたるホールの扉にちがいなかった。広い廊下を通って大理石の階段を過ぎると、すぐにもう一つの両開き戸がある。ここまで来てやっと人の声を聞いた。ここに私がはじめて来たなんて誰も思っていない。だから食堂へ行く道を自力で探さねばならず、やっと今辿り着いたという始末なのだ。

入口のすぐ左の、奥行きの深い広間に入る。この広間は左ウイングの大部分を占めている。ここはベルクホーフ山荘全体が政府代表部の館に改築されたときに建て増しされたものだ。広間の側面全体がほぼ部屋の高さほどの窓になっている。そこから遥かにザルツブルクのあたりまで見渡すことができた。広間のまん中に長い食卓と肘掛け椅子が置いてある。ほぼ二十四人分の席があるようだ。前方の隅で、部屋が横へ半円形に張り出している。そこにどっしりした丸テーブルが置いてあって、朝食が用意されている。食堂の唯一の装飾はシモフリマツの美しい木目なのだ。部屋壁も家具もテーブルの上部に下がっている木製シャンデリアや壁ランプでさえもその木目が装飾となっている。窓の向かい側の大壁面にはガラス戸棚が取り付けられている。いくつかの高価な花瓶が、うこん色に統一された部屋の色調に、色彩上のニュアンスをもたらしている。

朝食は小ぢんまりした集いだった。同僚のシュレーダー嬢は、すでに自分の席に座っていて、私、朝食はもう終わったのよ、といくらか非難めいた口調で私に言う。どうも私は起きるのが遅すぎたらしい。でも、べつに誰も起こしてくれなかったんだし、この家のしきたりのことだって教えてもらわなかった……。他に客は、シュムントや海軍副官(31)のフォン・プットカマー艦長(30)、それに総統大本営の報道写真家ヴァルター・フレンツらがいた。その外には、まだ誰もいなかった。お茶、コーヒー、ココア、それに、お望みならジュースもある。クネッケパンとかライ麦パンとかありきたりの黒パンなど各種のパンが取り揃えてある。だが、白パンは胃病持ちのためのものだ。一人につき、バターの小片十グラムの割り当てで、各自の皿の上にもう小分けされてある。他にジャムもある。総統の来る部屋はどこも禁煙だったから、一同は、例のごとく食後の葉巻きやタバコをふかすために、さっと席を離れた。続いて、私も近辺事情や新しい環境を早くのみこまなければと、シュレーダー嬢やオットー・ギュンシェと共に腰を上げた。

はじめに、私たちは広い階段から二階へ上がった。総統はどのあたりに暮らしているのだろうか。だだっぴろい廊下がまるでホールみたいだ。大きな窓のためばかりじゃなくて、何よりも、壁に飾ってある貴重な絵のためだ。高価な名画、美しい彫刻、エキゾチックな花瓶、外国の元首たちの贈り物などが、あたかも美術館にでもいるような印象を呼び起こす。何もかも素晴らしい。でも、よそよそしく非個人的だ。もし分厚い絨毯が足音を和らげてくれるのでなかったら、自然に爪先立って歩いたことだろう。あたりは死の静けさだ。ヒトラーはまだ寝ているのだ。

階段の左脇すぐのドアを開けると、二間の風呂付き小アパートになる。ここに当直の従卒と運転手が泊まる。向かいの廊下の右側にはエーファ・ブラウンの小間使いたちの小さなアイロン部屋がある。その次のドアの前の左右に、二匹の黒いスコッチテリアがブロンズで鋳造されたみたいに座っている。女主人のドア番なのだ。女主人が起きてきて、シュタジとネグスが挨拶しても良いときまでは、自分たちの場所にじっと動かず番をしている。その次の部屋がヒトラーの寝室だ。その中間に大きな浴室があるのだが、外側からの入口はない。これだけで長い廊下が塞がっている。廊下の横面にある両開きの戸を開けるとヒトラーの執務室になる。そのときは、私はその部屋に入らず、爪先でそっと通り過ぎただけだった。

エーファ・ブラウンの部屋の向かいの段を何段か［…］上がると旧ヴァッヘンフェルト館から山荘本館への渡り廊下に出る。この渡り廊下の向こう端まで行ってから、また階段を下りると、すでに今朝ほんの少し見学した居間にまた出るのだ。

何かの任務を終えた二、三人の伝令を除けば、誰にも会うことはなかった。家全体が、まるで人が住んでない空家のようだ。今、私はヒトラーが前に使っていた居間にいるらしい。その部屋には中産階級風の家具調度が置かれてあって、裕福な市民の家の客間となんら変わるところはない。とはいっても、一種の心地よさを醸し出している部屋というのは、この部屋だけだ。緑色のタイル張りストーブの周囲にぐるりと腰掛け台が置かれてあり、好もしい休憩の間となっているようだ。大きな窓辺のはしっこに四角い机と木の椅子も置いてある。テーブルクロスはカーテンや腰掛け台のクッションと同じ色模様の田舎リンネル布で作ってある。

窓の向こう側には大きな本箱が立っている。ここにも目ぼしい本は見当たらなかった。多数の百科事典、世界文学の重要な作品で、読まれた形跡がまるっきり見られないものが数冊、ヴィルヘルム・ブッシュのアルバム、旅行記シリーズ、それに、もちろん革張りの『わが闘争』もあった。ところで、この書棚の本は借り出し自由で、この中に禁書はなかった。

窓の右向かいに掛かった重そうなビロードのカーテンが居間とホールを仕切っている。ちらっと覗いてみると、中はカラー絵葉書で見た印象と同じものだった。それは総統が建てたすべての建築物と同様に広々と、大規模で壮大だった。けれど、分厚い絨毯や豪華なゴブラン織物や壁と家具を飾る数々の貴重品にもかかわらず、冷やかだった。後に、ろうそくの明かりの下、暖炉の傍で過ごしたあまたの夜でさえ、この感じがすっかり消えてしまったわけではなかった。部屋が大きすぎて、この部屋を完全に満たすには、ここに暮らしていた人間たちが小さすぎたのだろう。

けれども居間からテラスに出るとき通らなければならない屋内庭園は私の好みの部屋だった。色とりどりの花々が飾られ、明るい色で低めのふんわりした肘掛け椅子やソファなどが置いてあって、その脇には小さな丸いテーブルも添えてある。部屋全体はせいぜい三メートル×三メートルぐらいで、壁は二面がガラス張りだった。

だが、なんといっても山荘じゅうで一番素晴らしい場所はテラスだ。ゾルンホーファー敷石を敷きつめた大きな正方形の床に、石の囲いが取り付けてある。霧のもやが晴れると、遥かザルツブルクの山のなだらかな斜面に太陽の光が燦々と降り注ぐのが見える。反対側には、ヴァッツマン峠やゴル高原やシュタイナーネス・メーア山などに囲まれて、ベルヒテスガーデンが下方に見える。真正面にはウンタースベルク山がそびえ立っている。晴れた日は、頂上の十字架が肉眼で見られた。テラスは屋内庭園に沿っていて、それが居間の窓の前で舗装された小さな中庭につながる。その中庭は建物の裏全体にわたっていて、切り立つ岩壁が自然の塀となっている。

山荘の裏口かテラスから副官の事務所へ行くことができる。本館のすぐ西隣りに、可愛らしい二階建ての田舎家が岩壁に密着して建っている。一階には報道局の関係者とかヘーヴェル公使たちの小ぢんまりした職務室があった。上の階の瀟洒《しょうしゃ》なカントリー風アパートには、ボルマン集団指揮官やシャウブ上級集団指揮官ら当直の主任副官たちが寝泊まりした。そのアパートは居間と寝室と風呂場から成っている。二階へ通じる古い木の屋外階段は、いかにも絵画的だったが、雨や雪の日はひょっとするとこのうえなく危険だった。この家には、木造建ての長い、低い建物が隣接していて、そこにはさまざまな作業室があった。まず私たちの事務室もここにあった。それは、ほんのわずかな家具しか置いてない、恐ろしく無味乾燥な醜い部屋だった。

　どうして、よりによってこの部屋がこんなにまま子扱いを受けたのかさっぱりわからない。もしかしたら、ヒトラー自身がここに足を踏み入れたことがなかったせいかもしれない。それに、部屋の中もかなり薄暗かった。この建物の前面に沿って、板で覆われた屋外廊下が通っていたからだ。その柱とさまざまな植木鉢の花は眺めとしてはきれいだったのだが、室内には一条の光線も射し込まなかった。事務室の隣りは歯科室だ。要望があればベルリンからブラシュケ教授[32]が助手と医局のインターンの女性を引きつれてやってきて、治療にあたった。小さな部屋には最新の歯科医療器具が備え付けられている。ヒトラーはたいてい山の逗留を歯の治療にもあてていたからだ。また床屋もこの建物に自分の居場所を持っていたけれど、彼はほんの間に合わせの道具で満足しなければならなかった。それから警備隊員たちの大きな寝室が続き、その次はもう庭の塀で、迎賓館へ行く戸が取り付けられてあった。ここに歩哨が立っていて、出入りのたびに情け容赦なく証明書を要求してきた。

山荘のすぐふもとに、谷から曲がりくねってきた、広い車道が通っていて、それは〝トルコ人の店〟(33)、プラッターホーフ館(34)、ボルマンの家、そして兵舎へと続いていく。道の向こうのなだらかな丘に素晴らしい地形が広がっている。いかなる庭師も自然がここにもたらしたものより美しい場所を造ることはできなかっただろう。

野原、森、そして野放しの池が自然の庭園を形造っている。ただ、よく整備された歩道やそこを通る細い車道が、人間の手が入っていることを示していた。ここは、取り巻き連中が名づけたように言うなら、総統の〝運動場〟だった。木々の後ろに隠れて、山荘からは見透せないところに、ヒトラーがほとんど毎日通った小さなティーハウスがある。［…］

こんな心を打つ美しさにもよらず、私は山荘の雰囲気を心地よく感じることができなかった。私たちは客扱いを受けていたけれど、自由意志で来たわけではなく、つまるところは職員なのだ。ただ、家族同伴か、少なくとも妻をベルヒテスガーデンあるいはその付近に住まわせておけた男たちだけが、この南ドイツの地に大本営が移されることを心から喜んだのだ。けれど彼らの幸せにも一抹の翳りがあった。家族がすぐ手の届くところにいることがわかっていても、私人として完全な休みをとることなど滅多にできなかったからだ。決まった勤務時間を持ち、総統のスケジュールから離れられる者だけが山荘での時間をたっぷりと楽しんだ。他の人たちは、不規則でしんどいけれど、それにしてはひどく単調なヒトラーのスケジュールに拘束されていた。

午前中、家の中は森閑としていて、寂しかった。ただ食堂と副官の建物にいくぶん活気があるだけだ。昼頃になってようやく動き出す。車がビュンビュン音をたてて、将軍や将校を作戦会議へと運んでくる。葉巻きやタバコを止める意志のない軍服姿の男たちは戸外を好み、静かなテラスに集まる。小さな室内庭園には名刺と書類鞄を抱えた伝令将校たちが待っており、電話がしきりに鳴り続けている。総統が現われると、やっと男たちは家の中に移動してきた。巨大な窓の付いた大ホールは、もともと和やかな集まりやウイットに富んだ会話のために造られたような部屋だったが、激しい論争や冷静な計算や生死に関する決定の現場となっている。

いつのまにか、軍事情勢の会議とは何の関わりもない人たちが一人、二人と集まってきて、そろそろ昼食にありつけるんじゃないか、と待っている。ディートリヒ博士とローレンツ氏も迎賓館から下りてきた。[35] モレル、ブラント両医師や総統の二人目の付き添い医師フォン・ハッセルバッハ博士も姿を見せた。数日後には、こんな情景も、大勢の婦人たちによってもっと賑やかなものになった。ブラント夫人、空軍副官の妻フォン・ベロウ夫人、エーファ・ブラウンの女友だち、シュナイダー夫人、[36] それにエーファの妹のグレートル・ブラウンなどが常連の客だった。

とはいえ、作戦会議の間は、誰も居間やホールに入ることは許されなかった。だから呼ばれるまでは、どこか外をぶらつくか、自分の部屋にいるしかない。ところが、ヒトラー自身は困ったことに空腹感というものをまったく知らないようだった。そして、ときには昼食を待ちあぐねて、グーグー鳴るお腹をしずめようとヴェルモットを何杯も飲んでいる客たちのことを完全に忘れてしまうこともあった。やっとヒトラーの傍から最後の軍服姿が離れ、最後の車が出ていくと、もう午後三時か四時になっていることだって、一度や二度ではなかった。

それから、ヒトラーはホールを出て階段を上がり、お腹を空かした一同が集まっている居間へ入ってくる。するとたいていの場合、この瞬間を見計らったかのように二匹の黒いお伴のキャンキャン声の後ろから、エーファ・ブラウンが姿を現わす。ヒトラーは彼女のもとへ歩み寄って、手に口づけし、それから会議で会わなかった人たちと握手をしてまわる。私はそのときはじめてエーファ・ブラウンに出会い、紹介された。彼女はとても身なりがよく、きちんと装っていた。またその自然さや気取りのなさが私の目を引いた。彼女はべつにドイツ女子青年同盟のポスターや婦人団体の雑誌の写真に見るようなドイツ娘の理想像ではなかった。手入れのゆきとどいた髪の毛はブロンドに染めてあった。目鼻立ちのととのった顔は、化粧がつましいというわけでは決してなかったけれど、上品に仕上げてあった。エーファ・ブラウンは背が高くはなかった。が、またとなく美しいプロポーションをしていて、品がよく、のびのびしていた。自分に合うスタイルに装うことを実によく知っていた。飾り過ぎに見えたことは一度もない。それどころか高価な装飾品を身につけていても、いつもバランスがとれた、感じの良い着こなしだった。

　はじめて会ったとき、彼女はずっしりとしたウール地で作られたナイル緑のワンピースを着ていた。その釣鐘型スカートは巾広の豹の毛の縁どりがしてあったが、胴の部分は身体にフィットしたデザインだった。彼女の優雅な足どりでスカートが柔らかにヒラヒラと揺れた。ワンピースは袖がピッタリとして長く、ハート型の襟あきは、二個の金色のクリップでとめてあった。それが本物の金で作られたものかどうかは知らない。男性は彼女を「グネーディゲス・フロイライン〔お嬢さん〕」と呼びかけ、女性は「フロイライン・ブラウン〔ブラウン嬢〕」と呼んだ。彼女はブラント夫人とフォン・ベロウ夫人とずいぶん仲がよさそうだった。なぜなら、彼女はこの二人とすぐ子供のことや流行、犬、個人的な出来事などについて、ごく女っぽい、たわいない話を始めたからだ。

　エーファからヘルタと呼ばれていたシュナイダー夫人は彼女の学校時代からの古い女友だちで、ほとんどいつも、ミュンヘンにいるときでさえも彼女と一緒にいた。エーファ・ブラウンの子だと思っている人も少なからずいるくらい、しょっちゅう一緒の写真に映っている二人の小さな女の子たちも、実はその女性の子供だ。

食事が出るまでは、気のおけない会話で時間をつぶす。ヒトラーがエーファとおしゃべりしている。彼は二頭の犬のことで彼女をからかい、あれは掃除ブラシだと言う。それに対してエーファは、ブロンディだって子牛よ、あれは犬じゃないわ、と応酬する。ついさっき作戦会議から戻ってきたばかりの人間が、居間とホールを二分している重い垂れ幕の向こうに、まじめな職務上の考えをそのまますっかり置いてきてしまったのを見て、私は不思議な気がした。彼の顔は、田舎の別荘で客をもてなす上機嫌で実直な主人のそれだ。

やっとリンゲがやってきてブラント夫人のところへ行き、こう伝える。「奥様、総統が食卓までお伴なさいます」。もう一人の伝令が他の客たちにテーブルの席次を説明する。するとリンゲが総統の前に進み出て伝える。「総統、食事の用意ができました」

誰に腕をあずけるかを前もって同じく知らされていたヒトラーが、ブラント夫人のもとへ赴く。エーファ・ブラウンはボルマン党指導者の腕をとる。この席次は決して変わることがなかった。その後ろに残りのペアが続いて、大きな廊下を渡り、角を曲がって食堂に入る。

総統が窓に向かって、まん中の席に着いた。続いて、左にエーファ・ブラウンとマルティン・ボルマン党指導者が席をとる。ヒトラーとエーファ・ブラウンの向かい側には、賓客か最高官位の者がそれぞれ連れのご婦人と座る。

私の隣りは帝国報道局長だった。彼は私服を着ている。紺の背広姿は、軍服のときよりさらにパッとしない。私は彼が最高に知的な会話をするのだろうと覚悟した。「あなたはこの上のオーバーザルツベルクに行かれたことがありますか」と彼がきく。「私はミュンヘン出身ですけど、山を全然知らないんです」。私のこの答えは、まるで私が月からやってきたとでも言ったかのような深いショックを彼に与えた。それから彼はこの周辺の美しさを私にさんざん講釈したあげく、散歩できる場所をいろいろ教えてくれた。が、私ときたら彼が名をあげた場所も道も何一つ知らなかったものだから、まったくのわからずじまいに終わった。でも、少なくとも、このあまり刺激的だとは言えない会話の合間に、私は食事の儀式を観察する機会が持てた。

長い食卓のまん中に美しい花を入れた花瓶が置いてある。総統大本営では総統は花とか枝とか類似の物を部屋に置いたことがない。けれどこの山荘では一人の婦人が家や庭をとりしきっている。だから女性の手が感じられた。食卓には手描きの花模様がほどこされた白磁ローゼンタールの食器が並べられている。テーブルの両端にそれぞれ酢、オイル、塩、胡椒それから楊子のセットなどが置いてある。めいめいの食器の横には、名前が付いた紙入れの中に、ナプキンを入れて置いてある。

一同が食卓に着いてナプキンを広げるや、もう家事室の開き戸が開いて伝令が次々と入ってきた。そのうちの二人がそれぞれ一山の皿をかかえ、他の者が食卓の上に揃えてあった皿を取り上げて、温めた皿と取り替えていく。まもなく料理も運ばれてきた。ユンゲが総統の料理を載せたお盆を持ってくる。テーブルの両側に各二人ずつの伝令が各種のサラダの入った大きなボウルを持ち、まん中から両端へと給仕を始める。べつの二人の給仕が飲み物の注文をとる。サラダは一種の前菜らしい。皆すぐに食べ始めたからだ。ところがもう次のコースが出てきた。酢漬け肉のローストにマッシュポテトのさやいんげん添え。ベルクホーフ山荘でのはじめてのこのメニューは私の記憶に残った。なにしろ、私たちが総統の療養食をとらなくてもいいことにすごくほっとしたからだ。どれくらいの重い病気だったら、自分からすすんでオートミールの重湯や亜麻種スープやミュースリ〔ひき割りオート麦、ナッツ、干しぶどうなどのミックスされたもの。ミルクをかけて食す〕や野菜ジュースをとらなければいけないのだろうか？　私には見当がつかなかった。

食事の席でヒトラー自身が、菜食主義者としてまともな料理にありつくことの難しさについて、よくこぼしていた。彼は胃病持ちだった。けれど、後に私は、その病苦の大部分は神経的あるいは妄想的なたちのものだという見解に至ったのだ。ここオーバーザルツベルクでは、ヒトラーはツァーベル保養所の食餌療法の料理を食べていた。ツァーベル教授はベルヒテスガーデンにかなり名の通った保養所を持っていて、スイスのビルヒャー・ベンナー教授と似たような食事を出していた。ヒトラーがオーバーザルツベルクに逗留しているときは、ヒトラーのために料理を作ってくれる女性調理師が保養所から呼ばれてきた。ヒトラーは搾りたての亜麻仁油に妙な情熱を持っていた。例えばローストポテトの凝乳添えが彼の大好物だったが、それにも上から亜麻仁油をかけた。

エーファ・ブラウンはこの食事に軽蔑の入り混じった同情を抱いていた。彼女はどんなことがあろうとも、総統の料理などに心を動かされることだけはなかっただろう。ただし、彼女自身も胃が弱いと言っていた。だから消化のいい、脂っけのない食べ物をほんの少量食べるだけだった。ときには、食後に健胃ドリンクを飲んでいた。彼女ともっとよく知り合ってから、私は、彼女がとりわけ自分のすらりとした体型のために少食にしているのだと思うようになった。彼女は太った女が嫌いだった。そして自分が華奢でほっそりしているのがとてもご自慢だった。そのために総統は彼女をこう言ってからかった。「君と知り合った頃、君はかなりふっくらしていたけど、今じゃ、まったくのガリガリだ。女たちは、つね日ごろ男のためにきれいになりたいと言っている。それなのに、男の好みに逆らうためにあらゆることをやっているんだ。男に気に入られるためにいろんなことを犠牲にしていますと言ったりもする。そう言いながら、ただ単に流行の奴隷になっている。女にとっては、流行だけが最強で唯一の権力であり、同性だけがその権威ある観客なんだ。女はみんな、女友だちの嫉妬心をかき立てたいだけなんだよ」。エーファはそれに対してさかんに抗議したが、でも、どんなことがあっても太りたくないということだけは認めた。

食卓での会話は、概してうわっ調子で陽気だった。ヒトラーは学校や党の「闘争時代」に自分がやらかしたいたずらなんかの話をした。また、何かにつけ自分のスタッフをからかった。その当時の外務省公使のヴァルター・ヘーヴェルは、いいカモだった。ヘーヴェルは、その職務上の地位にしてはまだわりと若くて未婚だった。四十歳ぐらいだったろうか。彼は、その愛すべきライン地方出身者特有の魅力で、人気があった。彼は長年インドに住んでいたから、面白い話をたくさん知っていた。ヒトラーが彼にこんな質問をしたことがある。「君はいつになったら『探検家の山刀から外交官の短刀へ』てな本を書くんだね？　あ、でも君は外交官じゃないよ！　君はむしろ外交官風巨人カウボーイだよ！」長身で恰幅のいいヘーヴェルは、それに対して、ただカラカラと笑った。それからこう言った。「私が外交官でなければ、総統とリッベントロップ氏の間を取り持つことはできませんよ」。この返答をヒトラーも認めないわけにはいかなかった。外務大臣がいかに気難しい人間であるかを彼もよく知っていたから。だが、ヘーヴェルがいまだに結婚しないことは、日々、冷やかしの対象となった。「君は木に抱き付くインドのサルにでもなりたいのかな」などとヒトラーはからかった。総統は自分のお気に入りの外交官にお似合いの女性を真剣に探していた。ヘーヴェルをエーファの妹グレートル・ブラウンの夫にしたいのではないかというのが、一時期、取り巻き連中の意見だった。けれども、この提案はどうもヘーヴェルのお気に召さなかったようだ。後に、彼は亡き軍需相[37]の娘イルゼビル・トットのことも暗にほのめかされた。ヒトラーが、イルゼビルは絵のように美しい娘だと褒めそやしたのだけれど、その褒め言葉もヘーヴェルを動かすには足りず、ヒトラーは気落ちしていたようだ。

　ついでに話すなら、総統は食事中わざと肉食者たちの食欲を失わせるようなことを言った。誰かが菜食主義者に宗旨替えをすることをべつだん望んだわけではなかったが、屠畜場がどんなにおぞましいところかということをいきなり話し始めたりする。「大本営がウクライナに駐屯したとき、部下たちに土地で一番大きくて近代的な屠畜場を見学するようにと申し渡したことがあったっけ。あれは、豚からソーセージまで、骨と剛毛と毛皮の加工も含めて、完全にオートメ化された工場でのことだった。何もかも、とことん清潔できちんとしていた。そして、そこにきれいな娘たちがゴム長をはいて、ふくらはぎまでの高さの新鮮な血の海の中に立っていたそうだ。肉食の男たちは気分が悪くなり、見学が全部終わりもしないうちに、外に飛び出していった者も大勢いたらしい。私にはそうしたことは起こりえないんですね。私はどのようにしてニンジンやジャガイモを土の中から掘り出すのか、卵を鳥小屋からとってくるのか、牛の乳を搾るのか、いくらでも眺めていることができるんでね」

しかし、おおかたの者はこの種の話にもう慣れていて、誰の食欲も減退することはなかった。だがヒトラーは常に誰か一人は犠牲者を見つけていた。繊細な神経の持ち主の帝国報道局長が青い顔をしてナイフとフォークを脇へ置いて、もうお腹が一杯になりました、と静かにつつましく言う。ときにはこのような話の後に、いかに人間は卑怯者かという小哲学的考察が続いた。人間には、自らできることとなんてあんまりありはしない。ただ傍で眺めることさえできない人間だっているほどだ。それなのに、自分は手を下さず他人にさせておきながらも、利益だけは平気で得ているのだ、と。

昼食はだいたい一時間ぐらいで終わった。それから総統は散歩の支度のために席を立つ。彼は敷地内の小さなティーハウスをとりわけ好んだが、途中の散歩はさほど好きでもなかった。徒歩でたった二十分ぐらいのところだったが、それでも天気の悪い日は、フォルクスワーゲンに乗っていくほうがよかったのだ。従卒と伝令が散歩に参加するかどうかと客に尋ねてまわる。言い訳をして、その時間を好きなように使うこともできた。だが、女性はいつも同行を望まれた。はじめの頃はまだ女性客が多くなかったからだ。男性は、儀礼上も、ちゃんとした集いが成り立つぐらいの人数が同伴しなければならなかった。ボルマン党指導者はもっぱら緊急の用事をたてにとっていた。この仕事の鬼にとっては、そのような時間はプライベートな娯楽の時間なのであり、その間は仕事の話ができないので、無駄な時間なのだ。

ところでエーファ・ブラウンは猛烈な運動好きで、散歩好きだった。彼女は食後すぐに着替えをして、二頭の犬と女友だちのヘルタをつれ、敷地じゅうあちこち遠回りしてから、ずっと遅れて、すでにコーヒーテーブルに付いている一行に合流する。

総統は柔らかなひさし帽子――鍋をかぶったみたいに垂直にはならない、たった一つの帽子――をかぶって、軍服の上から長めの黒い雨合羽かトレンチコートを着て、杖と犬の綱を持ち、男性客のうちの一人と出発する。残りの連中が思い思いにあとを追う。たいていの場合、総統はゆっくり歩くので、あとから続く人の一部が彼を追いこした。ブロンディは、哀れにも綱につながれている。このあたりは野生動物の天国だからだ。鹿や兎やリスはとても人懐こかった。彼らは草原で草を食べていて、歩行者にあんまり関心がない。見たところ、彼らは射撃に邪魔されるなんてことはなく、人間に保護されていて、冬はえさまで与えられるという経験をしているらしい。エーファ・ブラウンの黒犬どもがときおり耳をたれて、ぼうぼうと伸びた草の間をキャンキャンと声をあげて駆けめぐる。そして、折しも枝を下に引っ張っていた鹿が憐れむようにそれを眺める。そして追跡者が間近まで来てから、二、三歩飛び跳ねる。

ティーハウスは岸壁上の小さな岩だなに建っていた。北側は急斜面の崖になっている。それは自然が作った展望台だった。深い谷底をアッハ川があちこち鋭く曲がりくねって流れていく。岸辺に家並みが小さなマッチ箱のように並んでいる。ここからも、ザルツブルクへ続く山々を見晴らすことができた。ただ左手だけがシュタイナーネス・メーア山によって展望をさえぎられている。けれど巨大岩もまた名所の一つだ。天気がよければ、早く着いた人は、全員が集まるまで、戸外の木のベンチに腰かけて待つ。

たいていは、エーファが写真機か八ミリカメラで、総統をレンズにおさめようと試みる。ただ一人彼女だけが撮りたいときに総統を撮ることを許されていた。が、良いスナップ写真を撮るのはそんなに簡単なことではない。総統は控えめに、ありのままに写されることを望んだ。空が晴れて、太陽が照っているときはいつも、総統は顔が陰になるように帽子をかぶる。ギラギラ照りつける日射しをまぶしがって、それをとろうとはしない。それどころかサングラスまでかけたりする。けれどエーファは写真への情熱のためには、それこそ頻繁にトリックを用いたし、また忍耐強くもあったから、良い写真ができあがることが珍しくなかった。彼女の元師匠で雇い主のハインリヒ・ホフマン㊳よりうまかった。

ティーハウスは石造りの円形建物で、外見はぶざまだった。どちらかといえばサイロか発電所のようだ。内部は、台所と警備隊員の詰め所と必要不可欠な控えの間、および次の間の他には、大きな丸天井部屋がたった一つあるだけだ。その部屋へは外からじかに入ることもできたし、家事室から小ぎれいなフロアを通って入ることもできた。フロアには小さなテーブルと座り心地のよさそうな、色とりどりの花模様の肘掛け椅子がいくつか置いてある。そこには電話もあった。

この大きな円形の部屋は建築学上の傑作だった。天井はゆるやかなアーチ形で、壁は大理石で金が入れてある。壁の半分に大きな窓が六つ付いていて、美しい景色を一望できた。西側には大きな暖炉と出口が配置されてある。その部屋は、大きな低めの丸いテーブルだけでかなり塞がっていた。そのまわりに低い肘掛け椅子約二十脚が、ベージュのとテラコッタ色のと、かわるがわるに並べてある。暖炉の傍に高い肘掛け付きの大きな安楽椅子が四つ、総統と賓客用に置かれている。使用人たちは総統の到着以前に知らされていて、もうコーヒーの匂いが家じゅうにあふれていた。テーブルの用意は整っていて、私たちが部屋に入るが早いか、もう給仕が始まった。ヒトラーは暖炉のすぐ前に席をとった。エーファ・ブラウンがその左横に座る。その他に席順はここでは決まっていなかった。ヒトラーがシュナイダー夫人を自分の右隣りに招いた。他の人たちはテーブルのまわりに好きなように座った。通常、多くの席は空いたままだった。

ほとんどの人は散歩の後の一杯のコーヒーを喜んだ。が、紅茶を飲む人もいた。ヒトラー自身は、りんご皮茶や、たまにはウイキョウ茶を飲むこともあったが、その他のものを飲むことは決してなかった。それに焼きたてのりんごケーキを食べた。他に、クッキーなんかを二、三枚食べることもあった。私たち他の者はベルヒテスガーデンで買ってきた菓子パンをもらった。その中には古いのや堅くなったものが混じっていることもあった。

みんなで会話を進めるのがここでは難しかった。どんな会話も全員がわかるように大声で話すか、さもなければ、いくつかのグループかカップルごとに集まって話すしかなかった。すると、テーブルの向かいの人はひっそりしてしまったが。

エーファ・ブラウンは気晴らしになるような、くつろいだ話を始めようと試みる。そして映画や演劇界の出来事を話して聞かせるのだった。ときには、ヒトラーに特に良い映画を一、二本上映してもらえないかと、ねだったりした。「ほら、あなた、ホールでなら立派に上映できるんじゃない？　それにあの映画は芸術よ。喜劇なんかじゃ全然なくて、すごくまじめな映画だわ。それに、あなただってレコードをかけてもらうじゃないの。ドイツ国民は総統がたまに映画を一本ぐらい見たって、きっと反対しないと思うわ。国民は、あなたの取り巻きたちがボス専用車を乗りまわしたり、酒をあびたりするより、映画にでも行くほうが、きっといいと思うにちがいないわ」。

ヒトラーはそのたびにこう答えた。「この戦争中、国民はおびただしい犠牲を出さなければならず、私も非常に難しい決定を下さねばならない。こんなときに、私は映画なんぞ一本だって眺めていることはできん。それに、私は地図や前線からの情報を読むためにも、この過敏な目を労わってやらねばならんのだ」

エーファはこの話は諦めた。そして急にこんなことを言い出した。私、向こうのロビーに惚れぼれするようなスコットランド格子の素晴らしい毛布が置いてあるのを見たわ、それで素敵な婦人オーバーが作れるかもしれないと思うの。私のデザイナーは、そんなオーバーにまたとない型紙を持ってるわ。ヒトラーが、「毛布なんかはボルマンのものだよ。私の自由にはならないね」とかわした。このオーバーザルツベルクでもボルマンは全能の男、いわば邪悪な山の精リューベツァールなのだ。彼はプラッターホーフとベルクホーフ山荘の全領地の管理を司っていた。彼は技術装置一切、それに建築作業と防空設備上の責任を負っていた。山荘の近辺に、豚と馬の飼育場や大菜園、りんごジュース工場の付属する模範農園も作った。そして彼はすごく陽気でお人好しにだってなれたのに、ここでも好かれていなかったばかりか、恐れられていた。エーファ・ブラウンはオーバーのための毛布を譲ってもらわなかった。

ヒトラーは、つね日ごろ、自分はものすごく寝つきが悪く、完全に静かじゃなければ睡眠なんて考えることさえできないくらいだ、と言っていた。ところがケーキを最後の一口食べて、お茶を最後の一杯飲んだとたん、寡黙になって目を閉じた。窓ガラスの反射で目がまぶしい、と言い訳しながら。たいていの場合、しばらくするとスーッと眠ってしまう。

それを気にかける者は誰もいなかった。雑談は小声で進む。エーファが皆のほうか、あるいは左隣りの男性のほうに向きを変える。若い副官が、緊急の電話があると言い訳をしながら外にあわてて出ていく。その頑強な抵抗力のある身体をニコチンで害するためだ。葉巻きなしの姿を誰も見たことがないと言われているフォン・プットカマーは、もうさっきから台所の従業員の傍らで深い煙雲に包まれていた。

しばらくすると、ヒトラーは誰にも気づかれずにまた目を覚ました。目を開けるとすぐ目下進行中の話に加わった。さも深い瞑想に耽って目を閉じていたかのようだ。その幻想を取り上げようとする者は一人としてない。すると彼が尋ねた。「シャウブ、今何時かね」。シャウブは時計を見る必要などまったくなかった。彼は帰りの時間になるまで秒読みしているのだ。「ちょうど六時です、総統。車を呼んでまいりましょうか」。それから、命令を遂行するために、不自由な足で思いもよらないほどせわしなく、足を引きずりながら出て行った。

ヒトラーは山荘の領地をフォルクスワーゲンで走った。それはカブリオレで、革のクッションが付いた黒のエナメル塗りの特別仕立てだ。総統と運転手の他は、ブロンディをつれた従卒だけが乗った。他の客たちにも車が用意されていたが、おおかたは歩いて帰った。一九四三年の三月末の日々は心を奪われるほど美しかった。長い間座った後では、澄みきった空気の中での運動が心地よかった。

散歩に出かけた者たちがやっとベルクホーフまで上がってくると、すでにヒトラーは〝夕刻〟まで仮眠をとるため引っ込んでいた。客たちの気ままに使える二、三時間だ。私もたいがい自分の部屋に閉じこもって手紙を書いたり、縫い物や洗濯のようなプライベートな仕事を終えた。ときどきベルヒテスガーデンまで下りてゆき、下に駐在していて、ベルクホーフまで登ってこられない友だちを訪ねることもあった。

エーファ・ブラウンはヒトラーが眠っている時間は、八ミリ映写機で撮ってきたフィルムを自分の部屋で上映したりすることに費やした。この映写会には、ヒトラーのスタッフの女性や男性たち全員が招かれた。当初、私はそれに誘われなかった。けれど彼女はよく地下のボーリング場で一般の映画も上映させた。それには山荘の全従業員が見にいくことができた。その中には一般公開を許可されなかった外国映画があった。総統大本営の事務所はフィルムを宣伝省から直接受け取っていた。また、私たちは検閲前に見ることができたけれど、その後一般公開されなかったドイツ映画も何本もあった。

どの客にも、夕食の時間が何時になったかが電話で知らされる。だいたい、八時頃と思っていてよかった。そして昼食と同じ儀式がまた始まるのだ。居間が客でだんだん一杯になってくる。男性はほとんど私服を、女性は最高のおめかしをしていた。このファッションショーに参加するのは私にはとても負担だった。ロングの夜会服を着るわけではなかったけれど、エーファ・ブラウンはそれでも優雅なドレスの純ファッションショーをやっていたからだ。

祝宴とか晴れがましい席に出ることなんて戦前は私にはごく稀なことだったから、私はまったくカジュアルな格好で決めていた。だから、ここでは私の服装はかなり型破りになってしまった。エーファが、同じドレスを二度着ることなど絶対と言っていいくらいない。何週間もオーバーザルツベルクに滞在していても、昼食やお茶のときと同じ服で夕食に現われたことは一回もなかった。彼女の趣味のよさと自分の長所を生かす才能には感服させられるばかりだった。ふだんから、彼女は黒っぽい色が好みだった。一番好んで着た色は黒だ。ヒトラーのお気に入りの服は黒のずっしりしたシルクドレスだった。そのスカートは広がりのある釣鐘型で、胴はきっちりしていて袖なしだった。ただ二本の巾広で、ストレートの古ローズ色肩紐が付いていて、それによって生じた深い四角の襟あきに同色のバラ二個が留めてあった。そのドレスには、長袖の、丈の短いボレロジャケットが付いていた。

それで思い出したのだけれど、ヒトラーは婦人のモードに対して妙な考え方を持っていた。エーファは愛情と情熱のすべてを衣装と外見に注いでいた。自分の洋服ダンスにしょっちゅう新調のドレスが掛かっていなければ、彼女は耐えられなかったことだろう。ヒトラーは彼女の楽しみをそっとしておいた。でも、こんなことを言っていた。「なぜあなたがた女性は、年がら年じゅう服を変えなきゃならないのか、私にはさっぱりわからん。私の特に好きなドレスを、その持ち主がいつも着てくれるのが、私には一番なのだがね。そして、どの服も同じ布地と同じ型で作らせればいいのにと思う。ところが、やっときれいなドレスに慣れたなと思ったとたん、まだ全然見飽きてもいないのに、もう次の新しいのがくるんだ」

また、エーファは髪型を変えてもいけなかった。いつか彼女はちょっと黒めに染めた髪で現われた。また、あるときは髪の毛を上に梳《と》かし上げた。ヒトラーは途方に暮れた様子だった。「君は全然知らない人みたいだ。すっかり変わってしまったよ。君はまったく別の女だ！」彼はいささかも納得しようとしなかった。エーファ・ブラウンはあわててもとの状態に戻した。また彼は他の女性たちのどんな外見上の変化にも気づいた。そして感心したり批判したりした。ある日シュナイダー夫人もまた髪をアップにして現われて、ヒトラーの心からの喝采をあびた。このときは、その変貌ぶりを自分の目を喜ばす新しい絵として歓迎した。

夕食は昼食と同じやり方で進んだ。たいていコールドミートのサラダ添えか、ジャガイモのソテーに卵と肉の盛合わせ「ホッペルポッペル」かトマトソースとチーズのヌードルだった。ヒトラーはよく目玉焼き二個にマッシュポテトとサラダをとった。新鮮な野菜と果物は、マルティン・ボルマンの温室付きの模範農園から一年じゅう供給された。彼は総統大本営にも農園の収穫物を配達した。こういった食料は飛行機でバイエルンから東プロイセンまでの長い道のりを辿ったのだ。ヒトラーは本当に新鮮な食べ物だけしか消化できないと信じていた。そのくせ、見知らぬ菜園からの配達は嫌がった。もちろんオーバーザルツベルクから送られてくる野菜はヒトラーの個人的な需要しか満たせなかった。けれども、この山荘では、皆が三月にはもう初なりのきゅうり、二十日大根、マッシュルーム、トマト、新サラダ菜などを堪能できた。

ヒトラーは食べ方が速く、かなりの大食いだった。一度ヒトラーの向かい側に座ったとき、彼が私の料理の盛り方をじっと観察しているのに気がついた。「おや、ほんとに少食だね。とにかくあなたは痩せすぎだ！」エーファ・ブラウンはさげすむような目で私を見た。彼女とくらべたら、私はバヴァリア像そのものだったから。ヒトラーは会話がもう一度〝細めの流行〟に戻るよう、このチャンスをうまく利用した。「女の人たちが少年のように痩せ細っていることのどこがそんなに美しいのか、私にはさっぱりわからん。われわれは、まさに建築学上の違いがあるからこそ、女性を愛するわけだからね。昔はまるっきり違ってたよ。そのころはバレエはまだ一つの快楽だった。美しくふっくらした身体を見ることができたし。今じゃ、たくさんの骨とあばら骨が舞台の上をピョンピョン飛び跳ねてるだけだからね。ゲッベルスはむかし私をたびたびバレエの催しに引っぱって行こうとしたもんだ。だが私は二、三回一緒に行ったきりだ。すごくがっかりしたよ。総統になってからは、少なくとも料金を払う必要だけはなくなったけれど。招待券をもらうのでね」。もちろんヒトラーはそういう話のときは戯画的だったし、大げさだったけれど、それでも華奢な体形より際立って女っぽいほうが彼の好みだという事実は残った。

ヒトラーは小人数の食事どきの軽いおしゃべりには、もっぱらうわすべりな、政治とまったく関係のない話題を好んだ。彼は自分の青春時代のことを実に巧みに、面白おかしく話すことができた。が、一番得意だったのは女性との揶揄《やゆ》をこめたやりとりだった。エーファのナプキンに口紅の赤い跡が付いたのを見て、彼はこの化粧品の成分について話し出した。「君たち、いったい口紅が何からできているのか知ってますか」。私たちは、それはきっとアブラムシじゃないでしょうか、と応じた。シュペーア夫人[39]は、いつかそんなことを聞いたことがあります、と付け足した。エーファ・ブラウンは、私、フランス製の口紅を使っているのよ、だからきっと高級な原料でできているにちがいないわ、と言った。ヒトラーは憐れみのこもった笑みを浮かべて返事を返した。「パリの口紅こそが、下水に浮かぶ脂で作られているのだと知ったら、きっともう君たちは唇を塗りたくったりしなくなるだろうねえ！」でも私たちは平然と、うすら笑いを浮かべただけだ。マルティン・ボルマン夫人を除いた他の女たちは、みんな念入りに口紅をつけて、総統のところへ来る。

食事はそろそろ終わりに近づこうとしていた。副官が作戦会議にやってくる男たちを迎えるために立ち上がった。会話もだんだん静まってきている。外から車の近づく音がする。ロビーからはタイルの上を軍靴がカッカッと鳴らす音が聞こえてくる。するとギュンシェが現われ、全員が席に揃ったことを総統に告げる。ヒトラーが腰を上げる。「皆さん、ともかくこのまま座っていてください。長くはかからないでしょうから」と言って部屋を出ていく。肩をちょっと前にかがめてうつむき、だが、しっかりとした足どりで。彼は、自分の客が、とりわけ女性が将校とばったり鉢合わせするのを望まなかった。ここ山荘ではかつてないほどの二重生活が営まれていた。彼は、一方では別荘に休養のためにやってきた、愛想のいい家長でホストだったが、他方、ここでも彼はすべての前線の戦争を率いる国家元首で軍の最高指揮官だったのだ。ここベルクホーフ山荘でこの二つの対照を調和させることが、ただ単に空間上難しいことがよくあった。この建物は私的部分と公的部分とに分かれていない。ヒトラーの執務室はエーファ・ブラウンの寝室と同じ廊下に面している。それで、重要な会議の邪魔にならないように、客人たちにそれぞれの部屋に戻るべき時間を了解してもらわなければならなかったりした。

夕食後、しばらくは自分たちの気ままな時間になった。ヒトラーは食堂を出るとき、よくこんなことを言った。「このまま私を待っていてください。今日の情勢相談はそんなに長くならないでしょうから」。帝国陸軍元帥も最高司令官も報告に来ていないことでもあるし、この言葉は、ドイツの戦略の状況がどうやらすべて申し分がないという証拠なのだ、と私たちは結論づけた。シュレーダー嬢と私の二人はまだ勤務時間中で、ふりかかってくる事務仕事の処理のため副官室の事務所へ行った。ほとんどは、テレタイプでドイツじゅうから入ってくる敵機の襲来に関する報告だった。それを総統のためにはっきりと読みやすいように清書しなければならない。その他に三月の末頃になるともう総統の誕生祝いのカードと贈り物が舞い込んでくる。その大部分はベルリンのほうへ届くとはいえ、ベルクホーフに送られてくるものもあったし、ベルリンの副官室へ転送されるものもあった。

もしティーハウス訪問と夕食の間の時間が短すぎるときは、エーファ・ブラウンは夕食後に在庫のフィルムリストを取り寄せて、他の女性や作戦会議から締め出された男性たちと一緒にボーリング場で上映するための映画を選んだ。「会議が終わったら教えてくださいね」と彼女は伝令たちにお願いする。それから、この八人から十人ぐらいのグループは、ひどく批判的でうるさがたの観客として映画を鑑賞するため、地下室へ引き下がるのだ。台所の従業員やお手伝いさん、それに兵士たちも合流した。運がよければ、映画が最後まで見られる。が、途中で電話がけたたましく鳴り響くことも稀ではなかった。「会議が終わりました。総統がホールで皆様をお待ちです」と、従卒が伝えてくる。すると上映は惜しくも中断される。エーファ・ブラウンが化粧直しに自分の部屋に駆けていく。妹のグレートルは、邪魔されずにタバコを一服できそうな一隅を素早く見つけた。その後で彼女はペパーミントを一粒さっと口に入れる。

そうこうしてから、一同はやっとまた居間に集まった。四角形のテーブルの上に、低く吊るされた、ちょっと古めかしいけれど感じの良いランプが灯っている。シュペーア、ボルマン、ブラントの各ご夫人方が隅の腰掛けに座って、子供たちの発育状況について相談しあっている。大ホールへのカーテンはまだ閉まっている。というのは、作戦会議が正式に終了した後も、決まって誰かが頼みごとを素早く持ち出すか、公けの場には適さない問題を説明しようと、ヒトラーを引き止めるからだ。

ようやくヒトラーが居間に入ってくる頃は、もうたいてい真夜中になっている。それでもまだ、ブラウン姉妹を待たなければならなかった。それから総統は一同を階下のホールへ導いていき、暖炉の前の夜のおしゃべり会が始まるのだ。いつのまにか、暖炉が点火されている。ゆったりしたソファと深々とした安楽椅子などが大きな半円の形に引き寄せられて、大きな丸テーブルのまわりに置かれてあり、他にも小テーブルがいくつか隅に置いてある。ずっと後ろの一角にスタンドが一つぽつんと灯り、マントルピースの上やテーブルのまん中で、ろうそくの炎がちらちらと揺らめいている。座っている人たちの姿はぼうっとして定かではない。

ヒトラー自身は右手奥の薄暗がりの中に座った。その右隣りの暖炉の間近にエーファ・ブラウンが低い椅子に深々とうずくまって、両足を上にあげている。他の人たちは、皆思い思いに自分の場所を見つけた。暖炉の前のテーブルの下に、ネグスとシュタジの二匹のスコッチテリアが黒の毛糸玉のように寝そべっている。ブロンディは一座から締め出されていた。女主人の犬に優先権があったからだ。でもときには、ヒトラーがためらいがちにこうきくことがあった。「ブロンディをちょっとだけつれてきてもいいかな?」するとエーファ・ブラウンは自分のペットを外に出して、ブロンディを入れてやるのだった。

このときもヒトラーはお茶を飲んだ。けれど他の人たちは、めいめい好きな飲み物が飲めた。ここでは禁酒令は下されていなかった。ゼクトもワインもコニャックもきついシナップスも飲まれていた。それと、焼きパンなどがあって、ヒトラーのためにはここでも好物のりんごケーキがあった。こんなに遅くなってから甘い物を食べるよりも、オープンサンドイッチをちょっと食べるほうがずっといいわ、というエーファ・ブラウンの説得に総統が従うこともたまにはあった。この彼女の言葉はここに集まった人たちみんなの気持ちを代弁したもので、ヒトラーはそれに従ったわけだ。

このような大きな座では、皆が一同に会話を進めるのが難しかった。柔らかな明かりやどんな大きい足音も吸い込んでしまう分厚い絨毯、そして暖炉の中の燃えさかる薪のパチパチという音などが沈黙を誘った。しかしヒトラーはいつまでも自分の思いに耽っていたくない。憂さ晴らしがしたいのだ。ボルマン夫人など隣りの女性と小声で会話を楽しんだ。でも、彼女はどんなことをヒトラーに話せただろう？　夫が持ち込む心配ごとや悩みごとを総統に言うべきではなかった。だから彼女が党指導者との結婚生活の間にもうけた十人の子供について手短にサラッと話しただけだ。彼女は口数の少ない女だ。そして毎年春私たちがオーバーザルツベルクに移動してくるたびに、彼女は大きなお腹を辛抱強く、諦めきったように抱えていた。青ざめて、目立つこともなく、太い三つ編みの髪を頭にぐるっと巻き、総統の隣りの椅子に座って、優雅で悩みのない女性たちの輪から抜け出せるまでの時間を数えている。

六十代の紳士ブラシュケ教授は学者タイプの人だ。太い眉毛と手入れのよくゆき届いた口ひげが、黒い梁みたいに細面の青白い顔を際立たせていたけれど、びんの毛は灰色だった。彼自体は打ち解けない無口な男だ。が、この暖炉の時間には、ともすればヒトラーとの会話に引き込まれる。そのときは、たとえ総統と意見が違っていても、彼はきっぱりと自分の見解を述べる少数派の一人だった。ブラシュケ教授も菜食主義者だったけれど、他の理由からだ。彼は、人間の歯は植物性食品のためのものなので、菜食が人間の身体には一番適しているのだ、と主張していた。この点ではヒトラーと意見がかなり一致していた。ただし彼は始終肉料理で自分の身体を〝害して〟いたし、鳥肉はだいたいにして〝肉〟の範疇に入れていなかったのだけれど。

ヒトラーは、喫煙は有害な悪習の一つで、何よりもまず歯にひどい悪影響を与えるのだということをブラシュケ教授に確認したかったのだが、がんとした反対にぶつかってしまった。ブラシュケ自身が熱狂的な喫煙者で、たぶんそのために、医者としての立場でそうあるべき以上にずっと寛大だったのだ。喫煙こそまさしく有益なんですよ、それは口腔を消毒したり、血行を促進したりするからです、普通の範囲ならタバコはまったく害になりませんよ、などと自説を述べたてた。ところがヒトラーは少しも同意しようとしなかった。「タバコは危険な嗜好の一つであり、またあり続けるだろう。私個人が葉巻きやタバコの匂いを嫌だと思うことはべつとしても、尊敬する人や愛する人にタバコや葉巻きを勧めるなんぞ、私はしませんね。ひどい仕打ちをすることになっちゃいますからね。非喫煙者のほうが喫煙者よりも長生きだし、病気のときもずっと抵抗力があることが、異論の余地なく証明されていますしね」

もしタバコが吸えないくらいなら、私、長生きなんてちっともしたくないわ、一生の楽しみが半減しちゃうもの、それに何年も前からタバコを吸ってるけど、すごく健康よ、とグレートル・ブラウンが言い放った。「そうか、グレートル。でも、もしタバコを吸わなければ、もっともっと健康なんじゃないだろうか。それに、いつか結婚したって、子供が生まれない恐れもある。だいたいにして、タバコの匂いは、女性にふさわしい甘美な香水とは違う。私はウィーンで一度、芸術家のパーティーに行ったことがあるんだが、私の隣りにマリア・ホルスト（ウィーンの女優）が座ったんだよ。本当に絵のように美しい女性だった。彼女は素晴らしい栗色の髪の毛をしていた。ところが私が彼女の前に頭を下げたとたん、その髪の毛からニコチンのひどいもやが、舞い上がってきたんだよ。彼女に言ってやったんだ。どうしてそんなものを吸うんですか。あなたの美しさを維持しなきゃいけませんよ。タバコはおやめなさい、とね」

ヒトラーがアルコールはニコチンほど害はないとまで言い始めると、タバコを吸う人たちが——彼のまわりには少なからずいた——一致団結してそれに反論した。私も、「総統様、アルコールで別れることになる夫婦もいますし、交通事故の原因にもなりますし、犯罪も起きます。でもニコチンはせいぜい自分の健康を少々害するだけでしょう」と意見を述べた。ところが彼は私たちの意見に納得しない。事実、「親衛隊アドルフ・ヒトラー連隊」に彼の名前で配られるクリスマスプレゼントには、タバコではなく、チョコレートやシナップスが包まれた。きっと兵士たちはすぐチョコレートをタバコなんかと交換してしまいますよ、と私たちはヒトラーに忠告してみたけれど、とんと耳を貸さない。そこでヒムラーはタバコのプレゼントを部隊に配った。さもなければ、親衛隊の士気がきっとそがれたことだろう。

ヒトラーは夜ごとのお茶の集まりを子供のように楽しみにしていた。「私にはまったく休暇というものがない。どこかへ行って休養するなんてことはできないんだ。だから自分の休暇を時間に小分けして、ここでお客と一緒に暖炉の前で過ごすってわけさ」と言っていた。

彼は見事な絵の掛かっている大ホールがお気に入りだった。「ナナは素晴らしいじゃないか。何度でも彼女が見たくなる。暖炉の上のこの場所は彼女にうってつけだ。彼女の手は生きているみたいに輝いてる」と言って、フォイエルバッハの絵を心ゆくまで眺める。「私が死んだら、これらの絵はリンツの新美術館へ贈ればいい。リンツを美しい町にしようじゃないか。だから、名所になるようなギャラリーを贈ることにしよう。ここに掛かっている絵は、私の生活を美しく飾ってくれる借用品と思っているんだ。私の死後はドイツ国民みんなのものだ」。彼は他の人にというよりも自分自身に話していた。また、誰もこれに対して何か言うことなどできなかっただろう。

モレル教授はポートワインを一杯飲むと、うつらうつらし始めた。立派な腹の上に組まれた毛むくじゃらの手が、眠りと戦っている。彼は目を下から上へ閉じるという変わった癖があった。分厚いレンズの後ろのありさまに私はゾッとした。そんなわけで彼は良き話し相手とはならなかった。ときどきフォン・ベロウ大佐[40]が彼を軽くつついた。するとすぐ目を覚ましてニッと笑う。ヒトラーが何か冗談を言ったと思ったのだ。「モレル、眠いんですか」とヒトラーが尋ねる。「いいえ違います、総統。ただ考えごとをしていただけなんですよ」とモレルはあわてて打ち消した。それからすぐにアフリカで船医をしていた頃の、もうみんな知っている体験談をまた話すのだった。[…]

　エーファ・ブラウンが総統に面白い話を聞かせようと気を遣っている。彼女は報道写真家ヴァルター・フレンツと彼女の女友だちヘルタを新しい映画の話に引き込もうとした。ヒトラーが軽く口笛を吹き始める。エーファ・ブラウンが「あなたの吹き方は間違ってるわ。こんなふうにやるのよ」と自分で口笛を吹いてみせる。「そうじゃないよ。私のほうが正しいよ」と総統は言い張る。「私のほうが正しいって賭けてもいいわ」と彼女が応じる。「君、知ってるじゃないか。君とは賭けはしないって。どっちみち私が払うことになるんだから。ねえ、皆さん、私が勝ったら、私は寛大じゃなければいけないんですよ。だから、儲けは諦めなきゃならん。彼女が勝てば、私は払わなきゃいけないんです」と総統が説明する。「じゃあ、レコードをかけてみましょうよ。そうしたら、おわかりでしょうから」と彼女が提案した。弟のほうのボルマンが当直の副官だった。彼は立ち上がって問題のレコードを――何のレコードだったかもう覚えていない――かけた。一座は聞き洩らすまいと、かたずをのんで聞く。そしてエーファ・ブラウンが正しいことがわかった。彼女が歓呼の声を上げる。「そう、君は正しいよ。でも作曲家が間違って作曲したのさ。もしこの作曲家が私と同じくらい音楽の才能があったら、彼も私のメロディを作曲しただろうねえ」。みんな大笑いした。が、ヒトラーはこれを本気で言ったのだと私は思う。

彼は絶対音感を持っていると心底から確信していた。ハインツ・ローレンツは、「総統、本当はコンサートホールで音楽会を開くべきですよ。総統ならギーゼキングやケンプ、フルトベングラーなどドイツの一流音楽家を招くことがおできになるじゃありませんか。総統はオペラや劇場へはもういらっしゃらない。けれど音楽ならお聞きになれますよ。目も疲れませんしね」と勧める。ヒトラーは、それを断ってこう言った。「いや、私個人のために芸術家を頼んだりはしませんよ。ところで、レコードを二、三枚かけてみてもいいんじゃないかね」。総統のすべてのレコードを登録した分厚い本があった。きっと何百枚もあったにちがいない。壁の板張りが、実は目立たないように取り付けてある蓄音機のキャビネットなのだ。番号の付いた黒い円盤がいくつもの長い列に揃えてあった。ボルマンが機械の操作をする。

ヒトラーが聞くレパートリーはほとんどいつも同じものだ。レハールのオペレッタ、リヒャルト・シュトラウス、フーゴー・ヴォルフ、リヒャルト・ワーグナーなどの歌。唯一の流行歌として、『ドンキー・セレナーデ』のレコードをかけさせる。これが、たいていコンサートの終幕を飾った。

ヒトラーのスタッフたちは暖炉の語らいよりも、レコードの夕べのほうをもっと嫌った。一人、二人とホールから逃げ出す。居間のほうから大笑い、クスクス笑い、話し声などが聞こえてくる。彼らのボスが、うたた寝のモレル、忠実なエーファ、当直の副官たち、そしてフォン・ベロウやブラントのご夫人方と寂しく取り残されている一方で、居間には脱走者たちが集まって話に花を咲かせているのだ。私もときには輪の中からこっそり抜け出したことを白状しなければならない。だが従卒がやってきて、「総統が、皆様がいないので寂しがっていらっしゃいますよ。それに騒ぎ声がホールまで響いてきます」と伝えると、臣下たちはしぶしぶ、また〝勤務〟のため地下へ下りてゆく。

「うーん、私のスタッフたちはあまり音楽が好きじゃないらしい」とヒトラーは諦めきって言った。「まだ公式の記念公演のオペラに行っていた頃なんだけど、たいていの場合、同伴の者たちが居眠りをしないように、私はいつも特別に注意を払っていなければならなかったよ。ホフマンは（報道局の写真家ハインリヒ・ホフマンのことを指している）一度『トリスタンとイゾルデ』のとき舞台脇の特別席の手すりから転げ落ちそうになったんだよ。それで私はシャウブを起こさなければいけなかった[41]。彼は向こうへ行って、今度はホフマンをゆり起こしたんだ。ブリュックナーが私の後ろに座って、グーグーいびきをかいていた。ひどいもんだったよ。『陽気な女房たち』のときは誰も居眠りしてなかったけど。バレエも見られたんでね」

　私はヒトラーに、どうしていつも『マイスタージンガー』とか他のワーグナーのオペラばかりを観に行かれるんですか、ときいてみた。「これが好きだ、あれが気に入ったと言えないのは、私に運がないんだね。もし言えば、結局その音楽ばかり聞いたり、そのオペラばかり観なきゃならないはめになる。私はいつか『マイスタージンガー』は、実にリヒャルト・ワーグナーのもっとも素晴らしいオペラの一つです、と言ったことがあるんだが、それからというものは、それが私のお気に入りのオペラだということになって、他のものは観る機会がなくなってしまったというわけさ。『バーデンワイラーの行進曲』のことも同じ成り行きだったんだ。一度ライ夫人⑫のところに招待されたことがあるんだが、彼女はスコッチテリアの雌犬を飼っていて、それには七匹の子犬がいてね。それを彼女はすごく自慢していた。私は儀礼上、実に可愛らしい犬ですね、と褒めたんだよ。本当は、このどぶねずみどもが嫌だったんだけどね。次の日、彼女はそのうちの一匹をプレゼントとして私に送ってよこしたんだ。それがエーファの母親ブラウン夫人のところの犬なのさ。私はこんな犬と一緒に写真なんか絶対撮ってほしくないね。ところが、こいつが今ではどんなに私に懐いていることか、まったくいじらしくなるよ」

時間が過ぎていった。ヒトラーが呼び鈴を鳴らして従卒を呼び、敵機来襲の報告が入っているかどうか尋ねたときには、もう朝の四時か五時をまわっていた。彼は毎晩寝る前にこの質問をくりかえす。そして、帝国領内に敵機見当たらず、という報告を受けないうちに引きこもってしまうことはなかった。単独の航空機や撹乱《かくらん》編隊などはときによってはまったく報告されなかった。そうでなければ、その日がいつまでも終わらなかったからだ。ようやく彼は腰を上げ、手を順ぐりに差し出してお休みなさいの挨拶をする。それから上の部屋へ引き上げていった。

まもなく、その部屋はもうもうとタバコの煙が充満する。眠気などどこへやら、いっぺんに気分が盛り上がり陽気になった。もしこれがヒトラーの面前のことだったら、彼はどれほど喜んだことだろう。

強いコーヒーのおかげで夜中じゅうずっと目が覚めていたのだけれど、そのため、すぐ眠れるわけがなかった。ようやく客もスタッフも引き上げ始めた。こうしてやっと山荘は翌日の昼まで深い眠りにつく。

はじめの頃、ふだんの昼と夜はこんな経過で過ぎていった。けれど、だんだん客が増えてくる。エッサー大臣[43]と夫人が何日かの予定で招かれた。モレル夫人、ディートリヒ夫人、バルドゥル・フォン・シーラハ夫妻[44]、ハインリヒ・ホフマンとエーファ・ブラウンの女友だちマリオン・シェーンマン夫人[45]などが常連の客だった。ヒトラーの常勤スタッフたちは、総統の話相手をしてくれる客なら誰でも歓迎した。そのときだけは、いつもの散歩やお茶の会のお供をする必要がなかったからだ。

ヒトラーは私服姿の客をうらやんでいた。「けっこうなご身分だねえ」と、あるカンカン照りの日に革の半ズボンで現われたブラントを冷やかして言った。「昔は私もいつもそんな格好で歩きまわったもんだった」「総統、今だっておできになるんじゃありませんか。ここでは総統も私人でしょう」「いや、戦争が終わらないうちは軍服を脱がないよ。それに私の膝は真っ白なんで、半ズボンじゃみっともないんだ」と言う。「だが、戦争が終わったら、軍服を脱いで、ここに引っ込むよ。政府の仕事は誰か他の者が引き継げばいいさ。そうしたら、私は先輩としてメモワールでも書こう。機知に富んだ賢い人間だけに囲まれてね。将校はもう一人も迎えないつもりだよ。みんな役立たずのうすのろさ。偏狭で頑固でね。年増の秘書二人には残ってもらって、筆記をやってもらうことにしよう。若いのは結局みんな結婚して出て行ってしまうからね。私が年をとっても、年増なら私のテンポに付いていけるだろうしね」。私はもう自制できなかった。「総統様、いったい戦争はいつ終わるんですか?」「それはわからんね。とにかくわれわれが勝ったらだね」というのが彼の答えだった。すると、親しみのある、愛想の良いにこにこ顔がブロンズの総統胸像でおなじみの、あの狂信的な堅い表情に変わるのだ。

ふだん、ヒトラーは、戦争のことや政治について話すことなんか滅多になかった。「この戦争にわれわれは勝つだろう。なぜならわれわれは理念のために戦っているんであって、ユダヤ系資本主義のために戦っているんじゃないからね。結局これが敵側の兵士を駆りたてているわけだけどね。ただロシアだけは危険だよ。ロシアはその世界観のために、われわれと同じくらい熱狂的に戦っているのでね。だが、善が勝者になる。他になりようがない」。周囲のどこからも反論は出ない。軍人はその場にいなかったし、他の者たちはただ信じたいという理由から、聞いたことを信じた。

ヒトラーは、男も女もその威力から逃れきることのできない、ある種のカリスマ性を発していた。人間としては控えめだし愛嬌もあったが、総統としては誇大妄想狂で無慈悲なヒトラーは、彼の〝使命〟に生きていた。その使命のために、自分は際限のない犠牲を払わされているんだ、と主張することもたびたびだった。「どんなに私が通りを一人歩きしてみたいか、君たち、わかるかね。こっそりとお付きなしでね！デパートに行って、クリスマスプレゼントを自分で選んで買ったり、喫茶店に座って、人々を眺めたりしたいものだよ。でもそれができないんだ」。「昔の皇帝や王様たちも民衆の中に入っていきましたよ。黒眼鏡や私服、それなら誰も総統だなんてわかりませんよ」と私たちが言うと、「仮装は嫌いだ。それに、いくらそんなことやってみたところで、バレちゃうさ。私は知られ過ぎているし、声で見破られてしまうよ」と弱音を吐く。「私はテロを恐れたことなど一度もない。たとえ乗ってる車が民衆の間を縫っていってもだ。せいぜい車が子供をひいたりしないかだけが心配だ」と常々言っていたのにだ。どこかに一人でいるところを見つかってしまうような危険はやっぱり冒したくないのだ。国民の歓呼が私の楽しみをめちゃめちゃにしてしまうんだ、と彼は言っていたけれど。

ヒトラーは国民の熱狂に身を晒すことを、もう長いこと避けていた。大本営の場所はただ軍事機密保持という理由からだけでも、もちろん国民には正式に知らされていなかった。それればかりか、総統のベルリン滞在までも極秘だった。以前は、鉤十字の旗が総統官邸に掲げられたり、また車の激しい出入りなどから、総統が首都に滞在していることがベルリンの住民に知れわたった。ところが二、三年前からは、正門前の歩哨の人数が倍に増えれば、それはヒトラーの滞在を意味するのだということを知っているのは、消息通ぐらいなものだ。特別列車の走行中でさえ、国民がヒトラーに気づくようなことは一切避けている。列車の窓は、真っ昼間でもカンカン照りでも暗くする。防空壕と同様に車中でも人工の明かりをつけて過ごす。むかし山荘では、ベルクホーフ通りに面した、一番向こう端の門あたりは、詰めかけた群衆で、いつも黒山の人だかりがしていたものだけれど、今では人影すら見当たらない。

戦前は、門の扉は毎日一回ヒトラーが散歩に出かけるとき開いた。すると、人がどっと押し寄せて人垣ができてしまう。ヒステリー女たちがヒトラーの足がふれた石を拾っていく。かなり理性的な人たちでも、気が狂ったようになった。一度なんか、トラックで山荘に運ばれてきたレンガが、数人の頭の狂った女たちに略奪されたことがある。総統の手にも足にもふれていないこのレンガは、貴重な記念品として民家の居間の戸棚にまで渡っていったのだった。

そんな女たちからラブレターも届いた。それは総統官邸に送られてくる郵便物のかなりの部分を占めた。

一九四三年は、山荘での時間をヒトラーはただ友だちと側近に囲まれて過ごした。ヒトラーはアルベルト・シュペーア(46)を特にひいきにしていた。「彼は芸術家で、私と同類の人間だ」と言って、ヒトラーは話を続ける。「彼とはまたとないほど暖かい人間的な関係にあるんだ。なにしろ、私には彼のことが実によくわかる。私と同じく建築屋だし、インテリで慎しみ深く、ゴチゴチの軍人あたまなんかではない。自分に課せられた大きな仕事をあれほど巧くこなすとは思ってもみなかったよ。それに組織を動かす能力もある。仕事と共に成長したんだな」。実際、シュペーアは心から好感の持てる、楽しい人だった。派閥人間では断じてないし、成り上がり者でもない。本当に能力があり、自分を〝イエスマン〟におとしめない男だった。不思議にも、彼はヒトラーが反論を気にかけない少数の人間のうちの一人だったらしい。ヒトラー自身があるときこう説明した。「もしシュペーアと一つのプロジェクトを計画して彼にある任務を与えるとすると、彼はしばらく考えて、それから私にこう言うだろうね。『そうですね、総統、これならやれると思います』。でなければ、こうも返答を返してくるだろうね。『だめです。そんなふうにはできませんよ』。それからの彼の反証は確かなもんだ」

シュペーアも軍服を着てはいたけれど、それは官職を持っていたからで、だいたいにして軍服のない官職なんてあるだろうか。ところがその軍服がいつもどこかにヌケがある。兵士らしさがそこにはまったく認められないのだ。その頭髪といったら、とっくの昔に切るべきなのに、と思わせることが稀ではなかった。妻がそれを注意するまで彼は気がつかないのだ。酔っぱらった彼を見たことも私はない。そもそも彼はヒトラーの取り巻き連中のパーティーに参加することなど決してなかった。ついでに言うなら、彼が党や国防軍の連中の誰かと仲よくするのを見かけるなんてこともなかったけれど。

それに反して、ハインリヒ・ホフマンは別のタイプの人間だった。彼も頻繁にやってくる大切な総統のお客様だ。彼は「闘争時代」を経てきた古参で、ヒトラーが現われるところはどこでも写真機を持ってその場にいたものだ。「昔はホフマンは素晴らしい奴だったよ。まだ当時はほっそりとして、身のこなしがしなやかだった。やっかいな古ものの〝メカ〟で、疲れを知らないみたいに仕事してたよ。あの頃はまだ黒布の下にすべり込んでね、いい写真を撮るには重い機械で、命がけの冒険をやらなきゃならなかったもんだ。彼はほんとに忠実な道連れだよ」とヒトラーは言う。結局このパッとしない男ハインリヒ・ホフマンはその実直な勤務ぶりのおかげで、教授に任命された。でも、これはいったい何の教授称号なのだろう？　もしかしたら営業手腕に対する称号だろうか。それとも鼻がよく利くことに対する勲章なのだろうか。これは、三十ものさまざまな党の中から、よりによってナチス党の写真を担当したときにすでに彼が持っていたものだ。とはいうものの、彼は実際にとてもうまい写真を撮ったし、図案家としても素晴らしい才能を持っていた。ユーモアも充分あったし、機知に富んでいることだってけっこうあった。ただ、ひどく感じが悪い人だったけれど。どっちにしても、みんなは彼のことを「帝国飲んだくれ」と呼んでいた。とにかく私がはじめて会った頃は、これが彼にふさわしい〝地位〟だった。

他の「闘争時代」からの古い仲間に対してと同じく、ヒトラーはホフマンに対しても多大な愛着と寛容をあからさまに表わしていた。側近や将軍が異議をとなえたり、中傷したりすれば、眉一つ動かさずにその首を切ったり、左遷したりする一方で、この長年の同志の持つ多くの欠点、例えば個人的あるいは性格上の弱さは許した。これは、党の問題やナチスの理念に及ぼすその影響を考えると、正当な反論よりもずっと有害だった。

ホフマンがこれほど酒に耽り、女たらしの評判をとっていることが、ヒトラーにしてもひどく不愉快ではあった。それでも、ウィーン、ミュンヘン、そしてアルトッティングの私有農園などでの、この教授の乱痴気騒ぎのこととか、それについて民衆が感じている義憤といったことまでは、ヒトラーは知らなかった。誰がヒトラーに言うべきだったのだろう？　誰がヒトラーの友人に立ち向かう勇気があっただろう？

それに対して何かやってみようとした唯一の人間がエーファ・ブラウンだった。彼女はヒトラーを諫めて言った。「あなた、なんとかしなくてはいけないわ。ホフマンの振る舞いは、そりゃあひどいものよ。いつも酔っぱらってるし、食べる物も充分にない人がいるという時代なのに、大宴会をやってるのよ」。するとヒトラーは憤慨して、ホフマンに忠告するよう指示するのだが、しばらくの間しか効果がなかった。「最初の奥さんの死がホフマンにひどい打撃を与えたんだよ。それをすぐ乗り越えることができなくて、酒を飲み始めたんだ。昔はあいつも善良で堅実な夫だったよ」。こんなふうにヒトラーはホフマンをかばうのだ。

ところがこの良き同志は、その堅実な時代にもワインを軽視したことはなかったようなのだ。どうしてかといえば、ヒトラー自身、ホフマンがかつて禁酒主義者だったことはなかったということを証明する笑い話をいくつか披露したからだ。あるときヒトラーは、ホフマンと二〇年代にやったドライブの話で食卓の一座を笑わせた。「ホフマンが新車を買ったことがある。フォードだ。試運転のとき私にどうしても乗れという。私は、『ホフマン、だめだ、君とは乗らないよ』と言ってやった。ところが私を放っておいてくれない。結局私は根負けしてしまった。で、シェリング通りでわれわれ二人は車に乗り込んだ。もう夕方になっていた。雨まで降っていたよ。ホフマンは車をあちこち狂ったみたいに走らせるんだ。もう少しで、どこかの家の角にぶつかるところだったよ。それに交差点にも全然注意しないんだ。私は大声を出した。『ホフマン、気をつけてくれ。まるで気狂い運転だ！　命が危いよ』『いやいや、総統、しらふだからそういう気がするだけですよ。総統も私のように赤ワインをお飲みなら、まったくなんにも気になりませんよ』。それで私は下車した。そのとき以来、もう彼の車には絶対に乗らないんだ」

戦争が始まってからはホフマンはヒトラーと会うチャンスがあまりなかった。大本営には何の用件もなかったからだ。山荘だけがヒトラーがホフマンと会えるたった一つの場所だった。総統もはじめのうちは忠実な子分に何カ月ぶりかで再会できたことに大喜びする。ところが、じきにイライラしだすのだ。「ホフマン、君の鼻は腐ったカボチャみたいだ。君の吐く息の下にマッチをつければ、君は爆発して、君の血管からは血のかわりにすぐ赤ワインが吹き出ると思うよ」と、総統は嫌みを言ったことがある。ホフマンが食事に現われて、飲み過ぎたことを総統にも隠し通すことができなかったときのことだった。少なくとも昔はこんなこと、一度もなかった。ヒトラーの面前ではいつもしらふだった。ヒトラーは自分の古い友だちで、腹心の者が、こんなに成り行きまかせで生きていることにショックを受け、そして諦めた。

遂にヒトラーは副官のシャウブとボルマンに命じた。「ホフマン教授がしらふで面会に来るよう注意してくれ。私は彼と話がしたいから呼んでいるんであって、彼がガブ飲みするためじゃないんだから」。それからというもの、善良なホフマンは飲み仲間を探すのにずいぶん苦労した。ヒトラーの取り巻きの中で、ホフマンのために酒を一びん調達できる者が、一夜にして一人もいなくなってしまったのだ。あろうことか、彼のワインに付き合う暇のある者すら見つからなくなってしまった。後に、客人ホフマンは自分の飲み分を持参した。ところがこれがヒトラーの逆鱗にふれて、彼はもうあまり呼ばれなくなった。

それでもしばらくの間、ホフマンは総統と食卓の一同を笑い話や思い出話で楽しませていた。あるとき、こんなジョークを披露したことがある。「総統、こんななぞなぞがあるんですがね。総統とヒムラーとゲーリングが一つ傘に入って、道のまん中につっ立ってる。濡れるのは、三人のうち誰か？」誰にもわからない。するとホフマンが言った。「誰も濡れないんですよ、総統。雨は全然降ってなかったんです」。ヒトラーが頭を横に振りながら言った。「ああ、ホフマン、君も年とってきたねえ！」みんなが爆笑する。「ですが、総統、この笑い話を教えてくれた人間は、今ダッハウ〔強制収容所の所在地〕にいるんですよ！」「そんな筈はないよ、ホフマン。それにしてはあまりに冗談がくだらなすぎる」と、総統。「いや、そうなんですよ、総統。ほんとにダッハウにいるんです。なぜかと言えば、その男はそこに住んでるんです」と、ホフマンは得意げに言い、ヒトラーは笑いころげた。「君はグラーフ・ボビー〔往時のコメディアン〕よりひどいねえ」

それから夜になると、暖炉の前で、画廊主とかホフマンの構成による「ドイツ芸術の家」の展覧会などの話題で、延々と話が続いた。みんなにとって、そんな話はやたら退屈だったけれど、ヒトラーは美術が好きだったし、ホフマンは彼の趣味を知っていたのだ。また、何にもまして巨匠の作品の物質的価値を知っていた。

一度ホフマンの娘バルドゥル・フォン・シーラハ夫人(47)が訪ねてきたことがある。彼女は愛想のいい、気取らぬウィーン子(48)で、愛嬌のあるしゃべり方をする女性だった。ところが、彼女はその訪問をかなり早めに切り上げずにはいられなくなった。お茶の時間にひどく気まずい事態を引き起こすようなことを言ってしまったのだ。私は直接その場面を見聞きしたわけではないけれど、ハンス・ユンゲが後で状況を話してくれた。「ヒトラーが客人たちと暖炉の前に座っていると、彼女が突拍子もなく始めたんだよ。『総統様、私、この間アムステルダムでユダヤ人の移送列車を見たんです。ぞっとしたわ。あの気の毒な人たちがどんな様子だったか、あの人たちはきっとものすごくひどい扱いを受けているのよ。ご存じなんですか。あんなことお許しになるんですか？』それから後の気まずい沈黙といったら！　まもなく総統は立ち上がって挨拶すると、部屋に引っ込んでしまったんだ。次の日フォン・シーラハ夫人は早々とウィーンに帰っていったよ」。以後、この出来事が話題にのぼることは一度もなかった。どうやら彼女は客としての権利を超えてしまい、ヒトラーを楽しませる義務を忘れたようだ。

四月のはじめの頃、ヒトラーは充分に休養し、生気を取り戻したからか、盛大な国賓接待の準備にとりかかった。リッベントロップがほぼ毎日相談に姿を見せ、昼食どきも留まった。ヘーヴェルは猫の手も借りたいほど忙しかった。同盟国の指導者を全員招待しようというのだから。ザルツブルクの近くにドイツ帝国の迎賓館があった。それはバロック様式の華麗な城だった。フィッシャー・フォン・エルラッハによって建てられ、ヒトラーによって贅を凝らした内装がほどこされてあった。このクレスハイム城でヒトラーは盛大な国賓接待を執り行なった。山荘はそれにはあまり適していなかったからだ。

最初のもっとも重要な訪問客はムッソリーニだった。その訪問の前日、ヒトラーは上機嫌だった。「あのドゥーチェ〔統帥、ムッソリーニ〕は傑出した政治家だ。彼は自国民のメンタリティをよく知っているよ。わずかな間に、その怠惰な国民の国イタリアを作り変えたのは実に驚くべきことだよ。しかし彼の立場は単純なものじゃないぞ。教会と王室の間に挟まれてるんだから。といっても、王はまぬけさ。ただし信奉者がたくさんいる。ヴィットーリオ・エマヌエーレは私が知っている中でももっとも背の低い王だな。一九三八年に特別列車でローマに行ったとき、駅に入る少し前に、私は随員たちにこんな到着の心構えを言い渡したんだ。もしプラットホームに金メダルをたくさん付けた軍服の男がひざまずいていても、笑ったりするな。この紳士こそイタリア王で、背丈がそれ以上大きくならなかっただけなんだから、とね。当然ながら、うちののっぽの奴らは、なおさらニヤニヤするんだ。前もって何も言うべきじゃなかったよ。頭二つぶん高い王妃の隣りで王が食卓につくと、そりゃ滑稽な見ものなんだ。座っているかぎりではそれほど変わらないんだけど、立ち上がったとたん、王はずり下がってしまい、王妃が大きくなっちゃうんだ。それにしても、ローマは素晴らしかったなあ。イタリアは魅惑的な国だが、国民はさっぱりあてにならんよ」

それから、ドゥーチェがこの賓客のために敬意を表して用意した壮大な祝典や贅沢な家具調度について、ヒトラーは夢中になって話した。ファシズム下の国民はひどく情熱的に、また途方もなく熱狂して、友好国の国家元首にいつまでも拍手を送った。後になってヒトラーは、あの熱狂は、ただの藁に燃えついた火であり、イタリア人は無節操な連中だと言った。彼はそのとき、ムッソリーニとオペラ大劇場にも行き、出演者に対する聴衆の無作法な態度に胆をつぶした。「歌手が最高の芸を披露しているっていうのに、奴らは正装姿でボックスや一等席に座って、個人的なおしゃべりに花を咲かせてる。われわれが到着したときは、すでに第二幕の真っ最中だったんだ。ところが自分の耳を疑ったね。上演のさなかなのに、なんの前ぶれもなしに中断されたんだ。イタリア国歌にドイツ国歌、それとホルスト・ヴェッセルの曲〔ナチスの行進曲〕を演奏するためにね。まったく恥ずかしかったよ。それに歌手たちにもほんとに済まない気持ちだったし」

ヒトラーは個人的にもドゥーチェに対して厚い友情を抱いていたようだ。彼はムッソリーニの来訪を心から喜んでいるように私には感じられた。とはいうものの、自分の友からの物質的な援助や支持を期待していたから、あんなに機嫌がよかったのかもしれない。どっちにしろ彼は人間の感情を強調して見せるやり方を見事なほどよく知っていた。ムッソリーニはベルクホーフにも迎えられて、ヒトラーと食事を一緒にすることになった。台所は、賓客の美食に慣れた舌を満足させようと、てんやわんやだった。

接待の当日は、その先もその後もしばしばそうだったように、またまた本物の〝プロパガンダ天気〟になった。太陽、雪、真っ青な空などが非常に祝宴にふさわしく、きらびやかなクレスハイム城の素晴らしい縁どりとなった。ムッソリーニの訪問自体については、私は何も報告すべきことがない。私は他の何人かとがらんとした山荘に取り残され、たまにはせかせかせずに自分の仕事をこなそうと事務所に座っていたのだから。一山もの敵機来襲情報がラインラント地方や北ドイツからまた入ってきた。エーファ・ブラウンは昼食の前にヘルタ・シュナイダーやブラント夫人やフォン・ベロウ夫人たちとケーニヒ湖へ散歩に出かけていて、午後遅くなってから戻るつもりにしている。彼女はこの自由になった日を利用して、思うぞんぶん歩こうというわけだ。ふだんは昼食の場に同席しなければいけなかったし、それに、夜中の暖炉の集いの結果として、彼女は長時間寝なければならなかった。

シュレーダー嬢は身体の調子が悪くてベッドに横になっていた。仕事をしているのは、私一人だけだった。事務の仕事を終えると、ひどく退屈だった。素晴らしい天気のため、私もまた散歩の誘惑にかられた。が、電話から離れるわけにはいかない。本を手にテラスに座って山々を眺めていると、なんだか黄金の鳥かごの中にいるような気がしてきた。その頃、私は一人でいるとき、奇妙な不安を心のうちに感じた。それは何とも説明のつかない嫌な感じだった。私の気持ちを圧迫していたのは山ではない。それは私の入ってきた、そして千本の手で私をつかまえて離さない巨大な組織だった。

やっと電話が鳴った。「総統がたった今クレスハイム城をお発ちになりました。お客様がたをティーハウスへおつれしたい、とのことです」。私はあわてて着替えた。山荘が再び活気づく。スコッチテリアのキャンキャン声で女主人が戻ったことを知る。二十分後、車が突進してくる音が上まで聞こえてきた。家じゅうが急に軍服姿であふれる。それからしばらくして、総統は小人数の客をつれてティーハウスまで歩いていった。

こんな日は、当然、気の張る大事な話し合いが付いてまわるので、総統はくたびれて早めに寝室に引き上げるだろうと私は思っていた。が、その逆なのだ。総統は興奮冷めやらず、のべつ幕なしにしゃべるので、お茶の会はきりもなく続くのだった。

それから、ルーマニアからアントネスク元帥やハンガリーからは摂政のホルティが、それにスロヴァキアのティソとユーゴスラヴィア〔実際にはブルガリア王〕のボリス王などもやってきた。何日もの間、夕方になってやっとヒトラーを見かけたものだ。ボリス王だけは山荘でももてなした。台所であれこれやっているとき、王様がちょうど正門前に乗りつけるのが見えた。気づかれないように、そっと自分の部屋に戻ろうとして、裏庭を素早く駆け抜け、裏の戸口から中に入ったときだ。よりによってそこで、いかめしい行進の列とハチ合わせしてしまったのだ。総統がちょうど王様を居間からホールへと案内しているところだった。私は右手にかじりかけのりんごを、もう一つの手にはテニスのラケットを二本持ち、おまけにりんごをほおばっていたので、まるっきりものも言えず、どうにもしようがなかった。ヒトラーとその客は、目の玉が飛び出るほどびっくりして私を見つめていた。けれど、不愉快な様子ではなかった。私はきまりが悪くて、急いで自分の部屋に駆け込んだ。夕食の前に総統から挨拶を受けたとき、私は詫びた。彼はいかにも優しく「君、ちっともかまわないんですよ。王もただの人間です」と言った。

国賓歓迎行事は終わったけれど、次の祝日が迫っていた。つまり四月二十日の総統の誕生日だ。何週間も前から、洗濯かごに一杯のバースデーカードが次々と運び込まれてくる。箱や荷物、小包みなどがボルマンの部屋とか副官室の事務所にいくつも積み重ねられていく。それでも、これはほんの一部で、大多数のプレゼントはベルリンに送られてくるのだ。会社、協会、党の管理事務所、団体組織、子供の家、学校、クラブ、個人なんかがお祝いの言葉とか寄付金を送ってくる。歯ブラシから赤ちゃん用具一式、そしてエレガントな婦人用下着や高価な陶磁器、美術品まで何でもある。プレゼントの多くはヒトラーの個人的用途に考えられたものではなく、彼が特定の貧困者への分配に用立てるためのものだ。

また、素朴でけなげな下層の人たちからの贈り物も届く。あるおばあさんはスリッパを作った。その飾り付けとして、沈む太陽のまん中に鉤十字を配置した刺繡が、なんとも悪趣味に、でも面倒をいとわずにほどこしてあった。手づくりのハンカチを送ってきた婦人もいる。四隅に、それぞれヒトラー、ヒンデンブルク、ビスマルク、フリッツじいさん〔プロイセンのフリードリヒ大王の愛称〕の特徴のある顔が刺繡してある。鼻をかむには、なんと調和のとれた同盟ではないか！

ケーキやらタルトやらクッキーやら菓子、果物なども愛情をこめて念入りに包装されて、ドイツじゅういたるところから送られてくる。副官室の事務所はこの時期、まるでデパートのようだ。ヒトラーの個人的な知り合いからのプレゼントや手紙は封を切らずに書斎に持ち込まれる。

四月十九日の晩は珍しく全員がそろって暖炉の前の椅子に座った。けれど話は相変わらずだ。ヒトラーがペットのブロンディについて長々としゃべっている。ブロンディはこの集まりに参加を許されている。愛犬家の私としては、その賢さには本当に感心するばかりだ。ヒトラーがブロンディに芸をいろいろやらせる。ちんちんとか、女生徒（ちんちんをしたままお行儀の良い女生徒みたいに、前足をヒトラーの椅子の背にかけるもの）とかをしてみせる。最高の芸は歌だ。ヒトラーはブロンディにひとしお優しく甘ったるい声で、「ブロンディ、歌って！」と言い、自分から吠え声を長々続かせて調子をとる。ブロンディが高音でそれに合わせる。ヒトラーが褒めれば褒めるだけ、歌声が激しくなる。たまに高すぎるトーンになると、ヒトラーが言う。「ブロンディ、ツァラ・レアンダー〔一九〇七～八一。スウェーデンの女優、歌手。ドイツ、オーストリアなどで活躍した〕みたいに低い声で歌って！」するとブロンディは、狼――きっと昔はブロンディの祖先だったにちがいない――のように声を長く引き延ばして低音で吠えた。毎晩ブロンディは小さなケーキを三個もらうのだが、ヒトラーが指を三本立てると、また晩のご馳走がもらえるのだということをすぐ理解した。

話は、ほとんど一晩じゅう犬のことで持ちきりだ。まるで今日は犬が誕生日みたいだ。「こいつは私の知ってる中でも、本当に一番利口な犬だな。執務室でときどきボール遊びをするんだが」とヒトラーは話を続ける。「ブロンディはボールを戸棚の下にころがすことがままある。そんなとき私は暖炉まで火かき棒を取りにいって、それでボールを取り出さなければならないんだ。この間もこいつが私の部屋にいたんだが、私が机に向かってると、あちこち駆けまわってて、なかなか落ち着かないんだ。あげくの果て、暖炉の前に止まって、クンクン鳴いている。私が立ち上がるまでずっと。それから戸棚のところまで走り、次に暖炉まで走っていくんだね。とうとう、私は火かき棒をつかんでいって、戸棚の下からボールを取り出してやったよ。私はこの遊びをもうずっと忘れてたんだけど、ブロンディはあの頃、私がどんなふうに手を貸してやったかちゃんと覚えていたんだね。こいつがちっちゃな足でつるつるの木細工床を傷つけるんじゃないかと心配なんだ。で、もうこの遊びは止めてるんだが」

時計の長針がやっと十二時に近づく。十二時きっかりに扉が開き、従卒や伝令が列になってグラスやシャンパンがたくさんのったお盆を持って進んできた。皆それぞれグラス一杯のゼクトを受けとる。が、ヒトラーはグラスにやたらと甘い白ワインをもらった。時計の最後のボンという音と同時に、お互いにグラスを鳴らし合った。みんなが口々に、「総統、いついつまでもお健やかに！」とか「総統、おめでとうございます！」とか言う。中には、総統が何よりもまず健康を維持して、総統の威力が末永くドイツ国民の間に保たれますようになどと、長いスピーチをする者もいた。

これで誕生日の公式の部は私にとっては終わりだった。一座はまた腰を下ろした。歓談が再び始まる。後から他の祝い客も大勢やってきた。例えば従卒全員、守衛、運転手、台所と家事の使用人全員、内輪や他の知人の子供たちなどだ。台所やガレージ、守衛室や通信室や伝令の詰め所など、あちこちでパーティーがある。今日はベルクホーフでもアルコールは飲み放題だ。私はこのパーティーを抜け出して、いつもより早めに床に引き上げた。今日は話相手も充分いるし、仕事に呼ばれることもない。

四月二十日の朝ヒトラーはふだんより早く下りてきた。にこにこと、ときにうなずきながら、事務室に入れてある贈り物のテーブルとその山を眺めている。小さなプレゼントをいくつか選り分けて手にとった。少女の美しい彫像や十四歳の少年がろくろ細工したきれいな木箱、それからエーファに見せるつもりの子供の絵が数枚だ。他の物はみんな病院や子供の家、老人ホームそして福祉協会などに配分されることになる。食べ物は毒入りの恐れがあるので、本当なら処分することになっている。私はこの〝処分活動〟に十二分に協力したのだ。これらの素晴らしい食べ物の本来の目的に沿って。

昼食には、ヒムラー、ゼップ・ディートリヒ[49]、ゲッベルス、エッサー、リッベントロップ、それにヴェルリン総監[50]が賓客として出席した。食卓は満席で、広間の張り出しに置かれた丸テーブルさえ空席は一つもないほどだった。私はヒムラーと隣り合わせで座った。この権勢を誇る、恐ろしげな男とはじめて知り合いになった。その外見は、はっきり言えば感じが悪い。いかにもプチブルで、官僚的かつ偽善的に見えたからで、残忍そうだったからではない。ところが、その人となりには、びっくり仰天してしまった！　手にするキスの挨拶、軽いバイエルン訛りのもの静かな話声、目と口もとにはたえまのない微笑、そして丁寧で真心のこもったとさえ言えるほどの礼儀正しさ！　彼がたわいもない逸話をどんなふうに話し、どんなに好もしくチャーミングにおしゃべりするかを知っていたら、誰がそれと平行して銃殺やら強制収容所やら、そういった種類のことを想像できたろう！

彼は非常にずる賢かったのだと思う。彼は強制収容所がいかに素晴らしく組織されていることか、と言ってのけた。「うちの収容者たちに、私は個人個人に合わせて仕事を振り分けました。このやり方によって、完璧な保安はもとより、良い成果、平穏、規律なんかも収容所にもたらされたんです。例えば度しがたい放火犯人を倉庫の火災監視員として配置したんですね。彼は火事が絶対に起きないよう、責任を負っています。火事が起きたらすぐ、おまえが疑われるのだよと、伝えさせました。一度ご覧くださいよ、総統。この男がいかに信頼でき、注意深いことか」。こう言いながら満足げに笑った。私たちは、彼が人道的な〝心理学者〟として、強制収容所の人たちをただ監禁しっぱなしにしておくのではなく、教育もすれば、訓練もしているのだという印象を持たざるをえなかった。ヒトラーはヒムラーの解説に賛同してうなずいた。他に、このテーマに関して自分の取るべき態度をこの場ではっきりさせようという者は一人もいなかった。

リッベントロップはかなり変わった男だった。ぼんやりした、いくらかもの思いに耽っているような印象を私は持った。彼が外務大臣だということを知らなかったら、まったくアウトサイダー的に生きる、偏屈な変わり者とでも私は思ったにちがいない。会話の中途で、どうして総統はゼクトを飲まれないのですかなどと、なんの脈絡もなく質問したりする。「実にさわやかな気分になりますよ、総統。それに非常に身体にいい飲み物です」。ヒトラーが呆気にとられて彼を見つめる。それから、シャンパンは耐えられないんだよ、ときっぱり言った。「私にはちょっと酸っぱすぎる。どうせ炭酸のヒリヒリするものを飲むんなら、ファヒンガーとかアポリナリスにするよ。そのほうがきっと身体にもいいだろうし」。たぶん外務大臣は、ゼクト製造業者の身分を外交官の身分と取り換えたことをつかのま忘れてしまったのだろう。何はともあれ、風采だけは悪くなかった。でも、戴冠式の出席のためロンドンを訪問したとき、英国の王に向かって腕を上げ、「ハイル、ヒトラー!」と挨拶したことを思うと、彼にあんまり好感が持てなくなった。

ゲッベルスは会話に活気とユーモアをもたらした。彼はちっともハンサムなんかじゃない。けれど、総統官邸の女の子たちがヒトラーのことはこれといって特に気にも留めないのに、どうしてこの宣伝大臣が宣伝省から出てくるところを見ようと、窓に駆け寄るのか、私にはわかる気がする。「ああ、あなたもご存じならね、ゲッベルスがどんな目つきをするかとか、どんなにチャーミングに笑うかとか」。彼女たちは、私がまるでポカンとつっ立っていると、あこがれをこめてそう言うのだった。また、ベルクホーフのご婦人がたも堂々とこのヒトラーの閣僚に色目を使っていた。実際、彼はほれぼれするほど機知に富んだたちで、その冗談の多くは他人をネタにしたものだったが、図星を指していた。食卓の座での彼の鋭い舌には誰も太刀打ちできなかった。一番苦手だったのが帝国報道局長だ。よりによってこの人が、最高のアイデアが浮かぶのは湯船の中さ、となんだか場違いなことを言った。もちろん素早く反応したのはゲッベルスだ。「では、ディートリヒ博士、もっと頻繁に風呂にお入りになるべきです！」帝国報道局長は真っ青になり、沈黙した。

こんなふうに食卓は、ああだこうだと言い合いで賑わった。ゲッベルスの鋭い矢は犠牲者を出しはしたけれど、その矢が戻ってくることはなかったのだ。どういうわけかヒムラーとゲッベルスはお互いをまるで無視し合っていた（特に人目に立つというほどではない。とはいってもこの二人の関係が本当に薄っぺらで、うわっつらだけの儀礼的な付き合いでしかないことが人に知られなかったわけでもない）。ただ、二人が出会うことは滅多になかった。お互いにあまり関係がないのだ。

主人の綱に一緒につながれて、にらみ合ってるボルマン兄弟とは事情が違う。ボルマン兄弟の敵対関係は相当に激しく、習慣になってしまっていて、一方が他方のことを少しも念頭に置かずに横にぴったり立っていることができた。もしヒトラーが、ボルマン党指導者宛ての手紙とか指令などを弟のボルマンに託すとすると、弟は部屋を出ていって伝令を呼ぶ。するとこの伝令が同じ部屋にいる兄ボルマンにその用命を取り継ぐのだ。逆の場合も事は同様に運ぶ。また、もしボルマン兄弟のうち一人が食卓で笑い話をすれば、その場にいる人たちは残らずどっと笑う。ところがもう一方のボルマンは、まるでシラッとして、まじめくさった顔のままだ。ヒトラーがいかにこの状況に慣れていたかと、驚嘆せずにはいられない。彼はべつだん気にもかけていなかったからだ。二人の敵対心の理由がいったいなんだったのか、残念ながらとうとう聞けずじまいだ。ある女性をめぐる恋のさやあてが原因だったのかもしれない。おそらく、けんかの当事者たち自身、とうの昔に忘れてしまったのではないだろうか？

　ところで、ヒトラーの誕生日に、午後のお茶の時間が大ホールで開かれた。ここにもまた、ヨードル、カイテル、シュムントら軍関係の要人たちが出席した。ゲーリングは作戦会議にだけ姿を見せ、そのおりに誕生祝いの言葉を述べた。ただし、午後には彼の妻「皇太后」[51]が大きな矢車菊色の青いケープをはおって、エダちゃんをつれてお祝いに姿を見せた。私たちは、ヒトラーがテラスで彼女と挨拶するのをただ窓越しに見たにすぎない。エダちゃんがヒトラーおじさんにお誕生日の詩を暗唱してあげる場面をカメラに収めようと、エーファが二階に駆け上がってきた。ヒトラーはこのときに限って、帽子をかぶらずにテラスに出ていた。エーファはこの絶好の機会を逃さなかった。

　その後で、ヒトラーはプラッターホーフの陸軍病院に慣例の訪問をした。毎年、誕生日に傷病兵を見舞うのだ。

　この誕生日は私に興味深い知り合いをもたらすこととなる。ヒトラーがなにかにつけ夢中になって噂する私の前任者と知り合ったのだ。彼女の元の名はダラノフスキーだ。現在は空軍の作戦部長であるクリスチアン大佐と結婚していて、総統直属の仕事を渋々諦めなければならなかった。エーファ・ブラウンはそのことで気を悪くしたりしなかった。なぜなら、総統はこの秘書のことを話すとき、ややもすると熱中しすぎるからだ。事実、彼女は容姿端麗でチャーミングだったし、洗練されていた。黒褐色の髪を持ち、活発で若々しく、生命の化身そのものだった。彼女が目をぱっと開くと抵抗しがたく、またその笑い声といったら、まるで銀の鈴の音だった。その色香で総統の心を迷わせていたことはべつとしても、彼女はまたとない有能な秘書だった。あんなに器用なタイプの打ち方を私は見たことがない。彼女の手はまるでゴムのようにしなやかだった。私たちは後にまた同僚になった(52)。

その頃になると、こんな狭い人間関係では、私がハンス・ユンゲと特別に仲がいいことを隠し通せるものではなかった。私が食事の断りを入れるときは、たいていリンゲが当番だったから、ハンス・ユンゲと私はそろって山まで遠出をすることも、ベルヒテスガーデンやザルツブルクなどへ遠足に出ることもできた。ところがユリウス・シャウブときたら、生まれつき洗濯女のように好奇心が強かったばかりか、朝食の席で総統に話せるようなおしゃべりのネタをたえず探してもいた。軽い恋愛沙汰の最新情報はなかなか面白いものだ、が、「最高位の紳士」の間近では望ましくない。だいたい耳に入ったとしても、ヒトラーはただ誠実でまじめな関係だけしか認めなかった。

ハンス・ユンゲは総統のお気に入りだった。また、彼のほうも責任感にあふれ、献身的に総統に仕えていた。それなのに、彼はヒトラーの身辺から離れたいという強い願望を抱いていた。彼は、ヒトラーの思考の世界にとことん影響を受けてしまい、しまいには何が自分の本質で、何が他人からの精神的感化だったのか、わからなくなってしまうのではないかということに気づいた、数少ない一人だった。ユンゲはもう一度ものごとを客観的に見ようとしたのだ。彼はいくども前線に志願した。これが彼にとってヒトラー直属の勤務をやめられるたった一つの道だった。だが、その都度はねつけられた。彼は、ヒトラーにとって不可欠な人間であり、優秀な兵士はごまんといるが、信頼のおける従卒や副官はなかなかいないという理由からだった。結局、彼は私との婚約に自分のチャンスを見出した。従卒としての彼はともかく、秘書としての私のほうをヒトラーがもっと手放さないことを彼はよく知っていたのだ。そもそも、婚約とはそれほどの堅いつながりを意味するものではない。そうはいっても、一緒にいることとか、お互いを知るといったことは可能になる。それで、私たち二人は、総統に婚約を知らせることにした。同時に、ユンゲはもう一度前線への異動を願い出た。

総統にその旨を伝えてくれるようにシャウブに頼むと、彼は大喜びした。ヒトラーの誕生日のすぐ後で、彼は思いもよらぬホットニュースを持ってボスのところに行った。なにもかも、やたらと気恥ずかしかった。食卓では、ヒトラーのひそやかな笑みのこもった眼差しが私の上に止まっているのを感じた。まわりには、意地悪な顔がなんとたくさん見えたことか。立ち上がって逃げ出せればどんなに嬉しかったことだろう。ほんの三カ月前に、「男なんか、私、ちっとも興味ないわ」と自信たっぷりに大見得を切ったことをかなりやましい気持ちで思い出していた。

晩になると、暖炉の前でヒトラーはこんなことを言い出した。「私はよっぽどスタッフ運がないなあ。まずクリスチアンがダラをさらって結婚してしまった。私から最良の秘書を取り上げたってわけだ。やっと完璧な埋め合わせを見つけたと思ったら、またもやトラウデル・フンプスも去っていく、おまけに最高の従卒もつれていってしまうんだ」。彼は私のほうに向き直った。「ところで当分の間はここにいてくださいよ。ユンゲはどうしても前線に行く気だ。あなたはどっちにしろ一人なんだから、私のところでこのまま働けるでしょう」。さて、私はあわただしく婚約してしまったけれど、新しい身分にちっともふさわしくない気がした。なにしろ私ときたら、結婚に至るまでには、何がいろいろ起きるかわかったもんじゃない、というふうに確信していたのだから。

五月一日の「国民労働祭日」になってやっとヒトラーは長めの口述筆記を私にやらせた。以前は彼は大群衆に向かって生の演説をしたものだ。また祝賀会や大きな式典に自ら参加した。戦時の最後の数年は、ヒトラーは演説をほとんどいつもテープレコーダーに吹き込み、それがラジオで放送された。彼の声明などは往々にして朗読されるか新聞に発表されるだけだった。

とにかく戦争開始以来、ヒトラーが原稿なしの公開演説をすることはもうなかった。「私は思うことを自由に話すのが一番好きだし、得意でもあるのだ」と彼は言う。「だが、この戦争の間は、一語一語の言葉を金の秤にかけてみなければいけない。世間が注意を向けているうえに、耳ざといからね。もし私が自然な気持ちから間違った言葉をいったん口にしてしまったら、非常に面倒なことになるかもしれない」。ただ内輪のおりや大管区指導者の面前で、また将校や実業家などに対してだけ、ヒトラーは原稿なしでスピーチした。もう何日も前から、私はヒトラーに目前に迫った演説のことを思い起こさせたにもかかわらず、彼はやっと四月三十日の夜になってからその気分になり、口述筆記の時間となった。私は夜中じゅうずっとタイプを打った。明け方になって終わり、十時にヒトラーはテープレコーダーに吹き込み、昼の十二時にはドイツじゅうの放送局がこの演説を流した。

それからまもなくヒトラーは少人数のお伴をつれてミュンヘン[53]へ旅立った。「ドイツ芸術の家」で本当は七月に開かれることになっている展覧会を鑑賞できるチャンスを逃したくないのだ。それよりずっと前に、東プロイセンに戻っているつもりにしているからだ。それで彼はハインリヒ・ホフマンとトロースト教授[54]に絵画と彫像の秀作を解説してもらうことになったのだ。

同行者のうち、女は私だけだった。シュレーダー嬢はツァーベル保養所での保養のためベルヒテスガーデンへ行った。帰路、ヴォルフ嬢も二人目の秘書として山荘に一緒に来ることになった。ヒトラーはすぐにプリンツレゲンテン通りの自分のアパートに行った。その間に、私は母をひょっこり訪ねた。再会の喜びは長くは続かなかった。まださほどの時間がたちもしないうちに、ヒトラーのアパートに来るようにとの電話がシャウブからあったのだ。建物は知っていたけれど、これまで一度もヒトラーのプライベートのアパートに入ったことはなかった。

まっ先にびっくりしたことといえば、ヒトラーが一つの階だけにしか住んでいないことだった。一階には守衛室と刑事警察や警備員の勤務室があり、二階にはヒトラーが自由に使える客室がいくつかあった。三階がヒトラーの個人アパートで、それを家事管理人のヴィンター夫妻と分けて使っていた。他の階はどこも一般人が住んでいた。ヒトラーのアパートは恵まれた境遇の堅実な市民の家と少しも変わりがなかった。ゆったりとしたロビーに籐の家具が置いてあり、窓にはさまざまな色の花柄カーテンが取り付けられており、クロークの部屋は、大きな鏡と壁燭台が趣味よく備え付けられていた。足を踏み入れるところはどこも柔らかな絨毯が敷いてあった。広い廊下の左先にドアがあり、そこからヴィンター一家の住居になる。その住居は台所、風呂、居間、家政婦の寝室などから成っていた。政府がミュンヘンに移動した場合、その居間は同時にヒトラーのスタッフの休憩室にもなった。入口のすぐ前にはヒトラーの大きな書斎があり、図書室が付属していた。元は二部屋だったのだろう。壁の一面をこわして、やたら大きな部屋にしたものだ。ヒトラーは広々した部屋が大好きだった。その彼が、低い天井とちっぽけな窓しかない狭い防空壕の檻の中で我慢することが出来たのだから、わからぬものだと時折思った。

　図書室の隣りにいつも閉まっている部屋があった。これがヒトラーがたいそう可愛がっていた姪の部屋だったらしい。彼女はヒトラーが原因で自殺したそうだ。総統はときおり話の途中で自分の姪にふれることがあったし、また、山荘のホールの上座には、彼女を描いた油絵の肖像画も掛けられていた。ヒトラーの運転手エーリヒ・ケンプカ[55]はその頃もう（たぶん一九三五年だったと思うが[56]）ヒトラーに奉公していたのだが、ずっと後になってから、日頃誰にも話さなかったことをすっかり私に話してくれた。ヒトラーはゲリ（姪の名前だった）の後見人だった。それで彼女はヒトラーのもとで暮らしていた。彼女は一人の男を愛したが、ヒトラーはその男を受け入れなかった。ヒトラーがドイツ帝国党大会のためニュールンベルクへ行っていた隙に、その姪は、彼のアパートの中の自室でピストル自殺を遂げたのだ[57]。他方、ピストルの手入れ中の不運な事故が死を招いたのではないかという疑いも完全に晴れたわけではない。真実がどうであれ、ヒトラーはたとえようのない激しい衝撃を受けた。ゲリの死後、誰も彼女の部屋に住むことは許されなかった。

エーファ・ブラウンもヒトラーのアパート内に自由に使える部屋を一つ持っていたが、彼女は滅多に行かなかったし、それにヒトラーがミュンヘンにいる間に行くことは決してなかった。アパートの右の部分にもう一つ客間があって、私が何か筆記しなければいけなくなったとき、そこが私の事務室となった。それから、どこかにヒトラーの寝室もあるにちがいないが、私は一回も入ったことがない。

口述筆記の用があるため、私が呼ばれてきたときのことだった。残念ながら、それが何だったのか私には覚えがない。とにかく長くもなければ、難しくもない内容のものだ。私は書き終わると、ヒトラーの仕事部屋に持っていった。私が部屋に入ったとき彼は机に向かっていた。書かれたものを彼がもう一度読んで訂正している間、私はその横に立っていた。彼は顔も上げずに、やぶからぼうに言った。「あなたはユンゲと婚約しましたね。ならば、すぐにも結婚したらどうですか？　彼が部隊に入る前にでも」

びっくり仰天だ！　その瞬間、私は呆然として彼を眺めた。知り合ってからこんなに短期間のうちに、そんなに固定した関係に入るつもりはさらさらない。納得のいく反論を必死に探そうとしてみた。でも、これといって何も思い浮かばない。結局こんなふうに抗弁したのだ。「ああ、総統様、いったいどうして私たち結婚しなければならないんでしょう？　だって、なんにも変わらないじゃありませんか。自分の夫は前線に行き、私はどっちにしてもこのまま働いていかなければならない。そんなことのためにいったいどんな関わりがあるというのかしら。そしてひそかに思った。総統が私の結婚にいったいどんな必要があるんでしょうか」。そしてひそかに思った。総統が私の結婚どころかまったくプライベートなことじゃないの。だいたいにして、最高権力者のおせっかいの腹立たしいことといったら！

それはともかく、ヒトラーが次のように言うのを聞いたときは、唖然として開いた口が塞がらなかった。「あなたがたは愛し合っているんでしょう！　それなら、すぐ結婚するのが一番ですよ。それにね、もしあなたが結婚していれば、誰かがあなたに近寄りすぎても、そのたびに私が守ってあげられます。でも婚約しているだけじゃ、そんなことできやしない。それに結婚してからも、仕事はどっちみち私のところでしてもらうのだし」。私はあやうく吹き出しそうになった。なんと良き市民ではないか！けれども、そのときの私は、ひどくもどかしい気分だった。愛だけでは、今すぐに結婚する理由として必ずしも充分ではないということを、どうすればきちんとわかってもらえるのだろうか。私はもう何も言わなかった。そんなに重要なことじゃないわ、彼だってそのうちに忘れてしまうでしょうし、などとたかをくくった。

私は総統が提案したことをハンス・ユンゲに話した。すると彼も笑い崩れた。「またまた、例のごとくだね、彼らしいよ。縁結びの可能性をほんのちょっとでも嗅ぎつけると、あらんかぎりの力で推し進めようとするんだ。でも、放っとけよ。総統もそんなに本気で言ったわけじゃないから」

私はいつかヒトラーに仕返ししてやろうと考えた。どうして総統様はとうの昔に幸せな夫にならなかったのでしょうか、と尋ねることにした。なにしろ彼だってエーファ・ブラウンを愛していると言っていたのだから。その当時は、私はまだ内気だったし、そんな話を始めるには若すぎもした。


昼食にヒトラーは小さな料理屋に行った。むかし彼がよく食事したシェリング通りの「オステリア・バヴァリア」だ。ドイテルモイザーという、いかにもバイエルン的な名の店主は、到着の少し前に知らせを受けていて、私たちが着いたときには一番上等の服を着ていた。昼食時間のピークは過ぎていて、あとは店のいくつかのテーブルに客がまばらに座っているだけだ。当然ながら、私は刑事がいないかどうかと注意して見た。いざというとき、ヒトラーの安全がどんなふうに配慮されているのか知りたかったからだ。けれど、そこにいたのは特に頭のいい刑事か、でなければ正真正銘の客だったのだろう。彼らはまったく当たり前に振る舞っていただけでなく、お偉方の訪問を興味津々と眺めていた。先に店を出ていく客さえ何人かいた。

一番奥の角の居心地悪そうなテーブルがヒトラーのいつもの座席だった。私たちは全員で六人だけの小グループだった。ヒトラーに副官が二人、モレル教授、トロースト教授に私だ。トロースト教授は、今は亡き「ドイツ芸術の家」の設計者の妻だ。ヒトラーは彼を高く評価していた。自身もインテリアデザイナーだったトロースト女史は、夫の仕事を一部引き継いだ。彼女は総統の委託でゴブランのデザインとその仕上げ、内装、モザイクなどを仕上げた。彼女はまたゲーリングの帝国元帥任命に際し、貴重な証書および元帥杖をデザインして制作した。彼女は元気のいい、飾り気のない、ウイットに富んだ人だ。食事中の会話は主に彼女が一人占めした。彼女がものすごいスピードと迫力でしゃべりまくるので、ヒトラーはさっぱり口をはさめなかった。で、彼女はヒトラーと彼の食べ物を茶化し、そんなグチャグチャのシロモノをいつまでも食べていて、ちゃんとした肉を食べなければ、きっと長生きしないだろうと説教した。

昼食の時間は長くはなかった。ヒトラーはそこを出ると、お供の者たちと車に乗ってアパートへ戻っていった。午後は政界の指導者たちや大管区指導者たちとの会議のためにケーニヒ広場の総統館へ行った。これに私は同行する必要はなく、家までぶらぶら歩いて帰り、ミュンヘンの滞在もさらに一日延長した。だがボスは随員を伴って夕方ベルヒテスガーデンに帰っていった。ヴォルフ嬢が一緒だった。

翌々日、山荘に戻ってみると、留守の間に、今度はハンス・ユンゲがすぐ結婚してはどうかと直談判を受けていたのだ。彼もまた強く迫るヒトラーをはねのけるだけの適切な理由が見つからなかった。ついでに言うなら、実のところは、彼にとってもけっこう都合がよかったのかもしれない。しまいには、私も結婚してもいいと思うようになった。こうして結婚式の日どりが一九四三年六月の半ばに決まった。もう一回だけ反抗したことがある。山ほどの質問用紙や申請用紙を見たときだ。親衛隊員を夫に望むので、書き込まなければならないのだ。怒りで腹わたが煮えくりかえって、もし自分の結婚がこれに左右されるのであれば、こんなものはみんな屑箱に投げ入れてやると、私は未来の夫に宣言した。

私がその質問条項をいくつか読み上げると、ヒトラーは笑いころげた。例えばこんな質問だ。「花嫁はおしゃれ狂いですか？」なんと馬鹿げたことだ！　一度ヒムラーにこんな下らんことはやめろと言ってやろう、とヒトラー自身も言った。いずれにせよ書類との格闘をしなくてすんだ。あっというまに六月になり、私は「ユンゲ夫人」になった。結婚の幸せはボーデン湖畔での休暇の四週間しか続かなかった。その後、夫は入隊し、私は大本営に戻っていった。

【原注】

27　管理人夫婦ヴィリーとグレートル・ミットルシュトラッサーは第三帝国の崩壊までベルクホーフ山荘の手入れをした。

28　パウラ・ヒトラーのこと。一八九六年一月二十六日オーストリアのハーフェルト生まれ、一九六〇年六月一日ベルヒテスガーデンのシェーナウで死去。商業見習いののち、ウィーンで事務員として働く。一九三〇年本人の弁によると兄が原因で解雇になったという。一九三三年から四五年までアドルフ・ヒトラーに月々恩給をもらう。一九四五年五月二十六日ベルヒテスガーデンのディートリヒ・エッカルト荘にてイギリス軍に見つかり、尋問を受ける。ヒトラーの遺産の自分の相続分を主張して死ぬまで争った。

29　ルドルフ・シュムント　一八九六年八月十三日メッツ生まれ、一九四四年十月一日東プロイセン地方ラステンブルクで死去。一九三八年総統付国防軍副官長に就任と同時に中将に昇格、四四年七月二十日のヒトラー暗殺未遂事件で重傷を負い、ラステンブルクの野戦病院で死去。

30　カール＝イェスコ・フォン・プットカマー　一九〇〇年三月二十四日フランクフルト・オーデル生まれ、一九八一年三月四日ノイリードで死去。一九一七年帝国海軍に入隊、三〇年大尉に昇格、三三年から三五年にかけて海軍とベルリンの陸軍最高司令部との連絡将校を務める。一九三五年からヒトラー付第二副官と海軍連絡将校を兼任、三九年総統大本営詰めの海軍連絡将校となる。一九四五年四月二十一日ザルツブルク経由でベルクホーフへ逃れる。一九四五年五月十日アメリカ軍に逮捕され、四七年釈放される。

31　ヴァルター・フレンツ　一九〇七年八月二十一日ハイルブロン生まれ。ミュンヘンとベルリンで電気工学を学ぶ。ウーファ映画社のカメラマンだったレニ・リーフェンシュタールの撮影監督として働き、一九三九年から総統大本営で映画ニュース制作にあたる。一九四二年空軍少尉となり、ヒトラーの移動にはいつも随行し、各地の総統大本営で映画と写真を撮る。一九四五年四月二十四日ベルリンから逃亡、四五年五月アメリカ軍の捕虜となり、四六年末アメリカ軍収容所から出所する。

32 フーゴ・ブラシュケ 一八八一年十一月十四日ノイシュタット生まれ、一九五九年十二月六日ニュールンベルクで死去。フィラデルフィアとロンドンで歯科医学を学び、一九一一年ベルリンで歯科医院を開業、ヘルマン・ゲーリングの担当歯科医となる。一九三一年ナチス党に入党、三三年末から四五年までヒトラーの担当歯科医を務める。一九四六年収容所に送られ、四八年に釈放される。定年までニュールンベルクで歯科医の仕事を続ける。

33 今日も存続するレストラン「ツム・トゥルケン」のこと。

34 ゲストハウス「プラッターホーフ」には美容院もついていて、エーファ・ブラウンとトラウデル・ユンゲも通っていた。

35 ハンス＝カール・フォン・ハッセルバッハ 一九〇三年十一月二日ベルリン生まれ。医学を学び、一九三六年ミュンヘン大学病院で外科専門教育を担当する。一九三三年ナチス党に入党し、三四年親衛隊に入隊。一九三六年ブラント博士の代理で総統大本営の随伴医としてヒトラーのスタッフに加わる。一九四二年から四四年まで大本営の常任随伴医として勤務する。一九四四年モレル教授をめぐる問題のため解雇される。戦争終結まで西部戦線の野戦病院で主任医師を務める。アメリカ軍に捕えられ、一九四八年に釈放される。

36 ヘルタ・シュナイダー 旧姓オスターマイヤー。一九一三年四月四日ニュールンベルク生まれ。エーファ・ブラウンの学校時代からの親友。一九三三年エーファ・ブラウンを通じてヒトラーと知り合い、一九四五年の四月まで頻繁にベルクホーフ山荘を訪ねる。

37　フリッツ・トット　一八九一年九月四日プフォルツハイム生まれ、一九四二年二月八日ラステンブルクで死去。一九二三年ナチス党に入党、ドイツ道路・高速道路網担当総監に任命され、帝国高速道路と西部防壁建設を指揮、「トット機関」（OT）を設立し、四〇年軍需相に任命された。アルベルト・シュペーアが彼の後継者となる。

38　ハインリヒ・ホフマン　一八八五年九月十二日フェルト生まれ、一九五七年十二月十六日ミュンヘンで死去。父親の経営する写真屋を手伝ったのち、一九〇八年ミュンヘンで写真家として独立する。一九二〇年ナチス党に入党、党員ナンバーは四百二十五番。一九三三年帝国議会議員に選出され、三八年ヒトラーに教授のタイトルを授与される。一九四五年アメリカ軍に捕えられ、五〇年釈放される。

39　「グレーテル」または「マルグレート」と呼ばれたマルガレーテ・シュペーアのこと。一九二八年にアルベルト・シュペーアと結婚した。

40　ニコラウス・フォン・ベロウ　一九〇七年九月二十日ヤルゲリン生まれ、一九八三年七月二十四日デトモルドで死去。一九二九年までドイツ航空学校の飛行訓練生だった。一九三三年少尉となり、三三年から三六年まで帝国航空省勤務、三六年から四五年までヒトラー付空軍副官を務める。夫人とともにベルクホーフ山荘でのヒトラーの内輪の社交に加わる。一九四六年から四八年までイギリス軍収容所に拘留される。

41　ヴィルヘルム・ブリュックナー　一八八四年十二月十一日バーデン・バーデン生まれ、一九五四年八月十八日キーム地方のヘルプストドルフで死去。一九一九年まで自警団「エップ義勇軍」の団員だった。一九二三年ナチス党に入党、ミュンヘンでのヒトラーのクーデターの際、突撃隊連隊長を務める。一九三〇年アドルフ・ヒトラー付副官、突撃隊上級集団指揮官、三六年帝国議会議員となる。一九四〇年副官長の職を解かれ、四一年最高中尉として国防軍に召集される。一九四五年から四八年までアメリカ軍収容所に収監される。

42　一九四二年に自殺したダンサー兼女優のインガ・ライのこと。夫のロベルト・ライは、一八九〇年二月十五日ラインラント州ニーダーブライデンバッハ生まれ、一九四五年十月二十五日ニュールンベルクで死去（自殺）。ミュンスターで化学を専攻する。一九一四年から一八年まで第一次世界大戦で従軍、二三年博士号を取得、最初の就職先はイー＝ゲー＝ファルベン社〔ドイツ最大の化学工業コンツェルン、一九二五年に創設され、第二次世界大戦後に解体〕だった。一九二五年ラインラント管区長、三〇年プロイセン州議会議員、三二年ナチス党組織長に任命される。一九四五年五月十日ザルツブルクで逮捕され、ニュールンベルクの独房で首を吊る。

43　ヘルマン・エッサー　一九〇〇年七月二十九日レールモース生まれ、一九八一年二月七日ディートラムスツェルで死去。一九一九年ドイツ労働者党に入党する。一九二〇年『フォルキッシャー・ベオバハター』紙編集長、二三年ナチス党宣伝部長に就任し、ユダヤ人排斥を宣伝するアジ演説家として名を馳せる。一九三二年バイエルン州議会議員となるが、陰謀めいた政治手法のために失脚する。一九三五年宣伝省観光局長に就任、三九年扇動テキスト『ユダヤ人は世界のペスト菌』を出版する。一九四五年から四七年までアメリカ軍捕虜となり、四九年に五年間の強制労働刑を言い渡されるが、五二年に釈放される。

44　バルドゥル・フォン・シーラハ　一九〇七年五月九日ベルリン生まれ、一九七四年八月八日モーゼル地方クロエフで死去。一九二四年ナチス党に入党、突撃隊に入隊する。一九二七年国家社会主義学生会議議長、三一年「帝国青少年指導者」に任命され、三三年から四〇年まで「ドイツ帝国青少年指導者」、四〇年から四五年まではウィーンの帝国地方長官および管区長を務める。一九四六年ニュールンベルク国際軍事裁判において人道に対する罪のため二十年の実刑判決を言い渡される。

45 マリオン・シェーンマン 旧姓ペツル。一八九九年十二月十九日ウィーン生まれ、一九八一年三月十七日ミュンヘンで死去。ハインリヒ・ホフマンの後妻となるエルナを通じてヒトラーと知り合い、一九三五年から四四年まで頻繁にベルクホーフ山荘を訪れる。

46 アルベルト・シュペーア 一九〇五年三月十九日マンハイム生まれ、一九八一年九月一日ロンドンで死去。カールスルーエで建築学を学び、一九二七年から三二年までベルリンで建築家ハインリヒ・テッセノウの助手を務める。一九三一年ナチス党に入党、三三年メーデー会場を設計し、三六年ヒトラーからベルリン大改造計画を委託される。一九三七年総統幕僚内建設全権委員、ベルリン建設総監、四二年帝国軍需相に任命される。一九四五年五月二十三日フレンスベルクでデーニッツ政府関係者とともに逮捕される。一九四六年ニュールンベルクで二十年の実刑判決を受け、六六年に出所する。

47 ヘンリエッテ・フォン・シーラハ 旧姓ホフマン。一九一三年二月三日ミュンヘン生まれ。一九三〇年ナチス党に入党、三二年バルドゥル・フォン・シーラハと結婚、四五年収容所に送られる。一九八〇年『ヒトラーをめぐる逸話 半世紀の物語』〔邦題『ヒトラーをめぐる女性たち』シュミット村木眞寿美訳、三修社、一九八五年〕を出版。

48 フォン・シーラハ夫人はミュンヘン出身だが、当時ウィーン管区長だった夫とともに〝オーストリア地域〟の首都に住んでいた。

49　ヨーゼフ（通称〝ゼップ〟）・ディートリヒ　一八九二年五月二十五日ハヴァンゲン生まれ、一九六六年四月二十一日ルードヴィヒスブルクで死去。元御者。第一次世界大戦で従軍、一九一九年ミュンヘンで「オーバーラント義勇軍」に参加する。一九二八年ナチス党に入党、親衛隊に入隊する。一九二九年バイエルン親衛隊旅団指揮官、三三年ベルリン親衛隊特殊司令部指揮官に任命され、「親衛隊アドルフ・ヒトラー連隊」を組織、三九年から前線で指揮をとる。一九四五年五月八日オーストリアでアメリカ軍捕虜となる。一九四六年終身刑を宣告されるが、五五年釈放される。

50　ヤコブ・ヴェルリン　一八八六年五月十日グラーツ近郊アンドリッツ生まれ、一九六五年九月二十三日ザルツブルクで死去。元店舗従業員。一九二一年「ベンツ＆ツィエ」社ミュンヘン支店長となり、この職場にいたときに数台の車を買ったヒトラーと知り合い、親しくなる。一九三二年ナチス党に入党、親衛隊に入隊する。一九四二年親衛隊上級集団指揮官、自動車運転部総監に就任。一九四五年から四九年までアメリカ軍収容所に拘留される。

51　ヘルマン・ゲーリングが一九三五年四月十日に結婚した女優エミー・ゾンネマンのこと。ヒトラーが結婚立会人になった。

52　ゲルダ・クリスチアンは一九四三年中頃にアドルフ・ヒトラーの職場に復帰する。

53　「大ドイツ芸術展」のこと。保守的で十九世紀の写実主義を手本とした〝新しいドイツ美術〟を奨励するために、一九三七年から四四年まで毎年一回「ドイツ芸術の家」で開催された美術品の販売展。

54　ゲルハルディーネ（通称〝ゲルディィ〟）・トロースト　旧姓アンデルセン。一九〇四年三月三日シュトゥットガルト生まれ。十九歳のとき父親の木材工作所でパウル・ルードヴィヒ・トローストと知り合い、一九二五年結婚する。一九三二年ナチス党に入党。一九三四年に夫が死んだ後、彼の設計事務所を引き継ぎ、三五年「ドイツ芸術の家」の幹部役員となる。一九三七年ヒトラーから教授のタイトルを授与され、三八年バヴァリア映画芸術有限会社の芸術顧問に就任する。一九四五年以降キーム湖畔シュッツィングに居住。パウル・ルードヴィヒ・トローストは一八七八年八月十七日エルバーフェルト生まれ、一九三四年一月二十一日ミュンヘンで死去。ダルムシュタットで建築学専攻、一九〇二年教授資格を取得、ミュンヘンで建築家として独立する。一九一二年から二九年まで北ドイツ・ロイド商船会社のインテリアデザイナーを務め、一九二九年アドルフ・ヒトラーと知り合う、一九三二年「ドイツ芸術の家」や、党関連施設のあるケーニヒリッヒ広場（今日のケーニヒ広場）などの設計をする。

55　エーリヒ・ケンプカ　一九一〇年九月十六日ラインラント州オーバーハウゼン生まれ、一九七五年一月二十四日フライブルク・ホイティングスハイムで死去。元電気技師、一九三〇年ナチス党に入党、親衛隊に入隊する。エッセン大管区で運転手として働き、一九三二年ミュンヘンでの親衛隊護衛司令の際も運転手として参加する。一九三六年にヒトラーおかかえ運転手、原動機付車両集合所の責任者となる。一九四五年五月一日総統壕から脱出、同年六月二十日アメリカ軍に捕まり、四七年まで収容所を転々とする。

56　トラウデル・ユンゲの情報は間違っている。ヒトラーの姪アンゲラ・マリア・ラウバル（通称〝ゲリ〟）は一九三一年九月十八日ヒトラーとの口論の後に自殺した。

57　アドルフ・ヒトラーは一九三一年ニュールンベルクではなく、選挙関連行事のためにハンブルクに出かける途中だった。けれども実際姪の死の知らせを受けとったのはニュールンベルクの近くだった。

第4章 ㊿ 暗殺未遂事件

そのうちに最高指揮官はまた東プロイセンの狼の巣《ヴォルフスシャンツェ》に引っ越すことになった。森には［…］バラックと待避壕がどんどん増えていった。いわゆる「バラック病」が発生し、トップクラスの人たちの間でたちまち広まった。誰もがバラックに住みたがり、待避壕は寝るためだけに使われた。シュペーアは丸ごと一つの住宅地を設計し、ゲーリングは宮殿のような家を構え、医師や副官たちは夏の別荘を建て、モレルは一人だけ風呂場を造ることを許された。普通のバスタブでは小さすぎたのだということが知れわたると、彼はまたしてもキャンプ中の笑いものとなった。入ることはなんとか入ったらしいが、助けを借りなければ出られなかったのだ。

新婚ホヤホヤの奥さんとしてキャンプにデビューすると、私もやはりしょっちゅう男の人たちの冷やかしの的になった。午前中にヒトラーが散歩に行こうとしたので、私が挨拶に出たときのことだった。「あなたはずいぶん顔色が悪くなって痩せましたね」

と彼は優しく思いやりをこめて言ったのだが、リンゲ、ボルマン、ヘーヴェル、シャウブが顔をくしゃくしゃにして笑うので、私は恥ずかしくて赤面してしまった。ヒトラーはこれ以後私をよく「若い奥さん《ユンゲ・フラウ》」と呼ぶことになる〔「ユンゲ」には「若い」という意味があるので、これは「ユンゲ夫人」（フラウ・ユンゲ）にかけた一種のだじゃれになっている〕。

私たち秘書はたいした仕事はしていなかった。ヴォルフ嬢とシュレーダー嬢はベテラン秘書としてシャウブに仕えていた。毎朝彼女らは返事を出さなければならない手紙を山のように受けとった。シャウブは書く内容の要点を伝えるだけで、それを実際に手紙にまとめるのは女性たちにまかせた。私は若い親衛隊副官のダルゲス、ギュンシェ、プファイファー[59]たちの事務仕事を片づけた。「親衛隊アドルフ・ヒトラー連隊」の人員数の報告、昇進願い、異動命令、賞与の提案などを清書する仕事だった。これはわりと量があった。英雄は日ごとに増えていったので、東部戦線では惜しみなく金銀の十字章やメダルが与えられていた。

でもこんなのはもちろん心の満足を得られる仕事とは言えない。森や湖の美しさを楽しみながらも、まるで監禁されているみたいでなんだか不満だった。特にここでの生活は単調すぎて、とても長くは耐えられないと思った。たぶん私は夫の考えに感化されたのだろう。彼は私たちがいかにヒトラーの理念の中に閉じこめられて暮らしているかということに突然気がついたのだった。以前の私は、すべての糸が結集され、出来事の焦点となっているこの場所からなら一番よく見通しがきき、ずっと遠くまで見渡せると信じていた。でも実際には私たちは舞台裏にいて、舞台の上で何が起こっているのかを知らないでいたのだ。監督だけが芝居の演目を知っていて、俳優たちは各々のパートを覚えたものの、他の人が何を演じているのかは誰もはっきりとは知らなかった。

どんな噂も私たちの耳には届かず、敵の放送も聞けず、立場の違いも対立もなかった。ただ一つの意見と確信があるだけだった。ときどき、ここにいる人たちは皆同じ言葉と同じ表現を使っているのではないかとさえ思えた。

何もかもをはっきりと理解できるようになるのは、あの悲惨な終末を体験し、まともな生活に戻ってからのことだった。当時の私は言い表わすことのできない不満な気持ちと、わけのわからない息苦しさに悩んでいた。毎日のヒトラーとの交流がこんな思いに決まったかたちを与えてくれなかった。

私はヒトラーの外科随伴医であり保健制度の顧問でもあったブラント教授のところでも働いた。そして日記を書き始めた。報道関係の人たちに精神的な刺激や気晴らしを求めたりもした。たくさんの身近な人たちと私の疑念について話をした。多くの人たちが私と同じように感じていた。ヘーヴェル大使とはよく夜に哲学問答をしたものだが、この人からは特に強い緊張感が感じられた。彼も雰囲気の窮屈さや不自然さ、自分たちの環境の中での人間の無力を痛感していたのだ。私たちはこんな気分を「キャンプ性発作」と名づけ、その根元を探さないことにした。

ヒトラーはシュレーダー嬢と食事をするようになった。彼女も食餌療法を続けねばならず、そのために無塩の食物をとるようになったからだ。しばらくして彼は秘書全員にまで招待の枠を広げたので、それからは私たちもヒトラーと一緒に本部で食事をするようになった。でもありがたいことに私とヴォルフ嬢は〝くず〟の作った普通の料理を味わえた。

私はだんだんとヒトラーに対するはにかみや気遅れを忘れ、質問されなくても自分から話しかける勇気も出てきた。食事の間のびのびとくつろげることがどんなにありがたいことかと、彼はこれまでになく強調した。

ある日のこと、食事が終わってから、機会をとらえてヒトラーに仕事が少ないことを訴えてみようと思った。ところがよりによってその日、ヒトラーがこう言うのだ。「ダラ（クリスチアン夫人）がまた私のところに戻ってきます。クリスチアン大佐に、奥さんはお元気かときいたら、彼女は赤十字で働きたいそうだ、と言うんです。でも彼女が働きたいと言うのなら、私のところで働いてくれたっていいじゃないですか」

二人の同僚たちは微笑んではみたものの、目には当惑の色が隠せなかった。彼女らは私のことは競争相手とも思わずライバル視もしなかったが、クリスチアン夫人にはちょっぴり嫉妬していた。それにこの人たちが私と同じように仕事で心が満たされなかったのも当然だし、この職務をさらに四人目の人にも分け与えなければいけないという考えが、私たちにはとにかく気に入らなかった。

そこでヴォルフ嬢と私は、ここではほとんど社交のお相手としての役目しか果たさず、総統のためのタイプ打ちも滅多にしないでいることでどんなに良心が痛むか、という演説を始めた。私たちはベルリンかどこかの他の職場でのほうがずっとお役に立つのではないか、何と言っても戦争の真っ只中に生きていて、同胞たちはたいへんな境遇に苦しんでいるのだし、と。しかし成果は得られなかった。「ご婦人がた、あなたがたの仕事や皆さんが私のもとにいることが役立っているかどうかなんて、ご自分たちで判断できることではありませんよ。皆さんのここでの職務が、どこかの会社で手紙を書いたり、工場でりゅう弾を造ることよりもずっと重要なのだと信じてください。私のためにタイプを打ったり、私に力と安らぎを与えてくださる数時間のうちに、皆さんは民族のために最大限の貢献をしているのですからね」

こうして数週間後にはたくさんの旅行鞄と帽子ケースを抱えたクリスチアン夫人が私たちのもとに戻り、待避壕やバラック中をぺちゃくちゃ、キャッキャッいう声で満たして、多くの孤独な男心をかき乱した。私たちはヒトラーとの食事を二交代制にした。二人の女性たちが彼と昼食を、あとの二人は夕食を共にした。クリスチアン夫人は古い名前を取り戻し、今までどおりダラと呼ばれた。

この人と私がヒトラーと食事をしたときにはよく結婚のことが話題になった。この問題について実際彼がどう思っていたのか、私には今日に至るまでわからずじまいだった。彼は昔の友だちのハンフシュテンゲル(60)の話をした。「ハンフシュテンゲルにはとてもきれいな奥さんがいましたが、彼はちっとも美しくない女性と浮気をして、奥さんを裏切ったのです」。どうやら彼には、良い結婚の基礎となるのは女性の美しさのみではない、ということがわかっていなかったらしい。けれどもその反面、彼を惹き付けたのはエーファ・ブラウンの美しさだけではなかった。

彼はしじゅう私たちにエーファの話をした。一日一回、必ず彼女に電話を入れていた。ミュンヘンに空襲の知らせがあろうものなら、檻の中のライオンのように落ち着きなくうろうろしながら、エーファ・ブラウンと電話がつながるのを待った。でも彼のパニックにはたいてい根拠はないのだった。一度だけ「ブラウン邸」が破損し、近所の数軒の家が燃えたことがあった。彼は一日じゅうエーファの勇気を称えていた。「私がどんなにお願いしても彼女は防空壕に入ってくれない。あの小さな家はいつかトランプの家のように倒れてしまうだろう。私の家に逃げ込んでくれたら絶対に安全なのに、それもしてくれない。何度も説得して、ようやく自宅の庭に専用の小さな防空壕を造らせたのに、彼女は近所の人たちをそこに入れて、自分は屋根に上って焼夷弾が落ちてこないか見張っている。あれは実に誇り高い人なのですよ。私は彼女をもう十年以上知っているけれど、最初ホフマンのところに勤めていたときには、本当にひどく切り詰めなければならなかったからね。何年もたってからようやく私にタクシー代を払わせてくれるようになりました。家に電話を引いてなかったから、私の電話を受けられるように、何日も事務所のベンチで寝ていたこともありました。やっとのことで一年前にボーゲンハウゼンの小さな家を受けとってもらったんですよ」

というわけで、ヒトラーがエーファ・ブラウンに夢中になった第一の理由は彼女の人間的な長所ということだった。私たちがまた夫婦生活や結婚について話したとき、一度きいてみたことがある。「総統様はなぜご結婚なさらなかったのですか？」彼がどんなに結婚したかったか私は知っていた。ところがびっくりするような返事が返ってきた。「私は良き家庭の父親にはなれないだろうし、充分に妻に尽くす時間もないのに家庭を持つのは、無責任でしょう。それに私は自分の子供は欲しくない。天才の子孫はいつの世もたいへん生きにくいものです。世間は彼らに有名な祖先と同じ器を期待し、平凡であることを許してくれません。彼らのほとんどがクレチン病患者になるというのにね」

これは私がヒトラーから聞いた、自分自身についての誇大妄想を表わす最初の重大発言だった。これまでの印象では、ヒトラーはその発想や狂信の中で誇大妄想狂的ではあったが、彼自身の人物についてはそうではなかった。「私は運命の道具にすぎず、自然の摂理が私に与えた道を進むだけです」といつも強調していたくらいだ。でもこのとき私は、一人の人間が自分自身を天才だと思っていることにひどく嫌な気持ちがした。

ヒトラーは小さな会食のときにも戦争や政治の話題を持ち出さないようになると、今度は重大な心配ごとがあると何度もほのめかすようになった。そんなとき彼は、たいてい私たちにというより自分自身に向かって話した。先刻あった作戦会議の余波で、怒りをこらえた厳しい顔つきのままでいることもよくあった。「無能な司令官ばかりではろくに戦争もできん。スターリンを手本にせねば。彼は自分の軍隊を情け容赦なく粛正したのだからな」。そうかと思うとまた、女性たちはそんなことはまったく理解できないのだし、わかる必要もないのだということに急に気づいたかのように、自分の暗い想念から離れて、魅力的なホストに戻るべく気持ちを切り替えるのだった。

ときどき教会や人類の発展についても面白い討論があった。私たちの質問や発言をきっかけに彼が自説を展開し、それを私たちが拝聴するという感じだったから、討論というのは大げさかもしれない。彼には教会との結びつきがまったくなかった。それ

2歳頃のトラウデルと母ヒルデガルト・フンプス。

アマー湖畔での夏季休暇。1927年頃。左から、トラウデル・フンプス、遊び仲間の少女、インゲ・フンプス、後方に祖母アガーテ・ツォットマン。

親しい友ウラ・カーレスと。1940年。

ベルリンの帝国総統官邸の職員として。1942年。

ハンス・ユンゲとの結婚式。1943年６月19日。

新婚のトラウデルとハンス・ユンゲ、婚礼立会人オットー・ギュンシェ（左）とエーリヒ・ケンプカ（右）と共に。

総統の特別列車にて。トラウデルとハンス・ユンゲがヨハンナ・ヴォルフ（右）と結婚式の写真を見ている。(撮影ヴァルター・フレンツ)

アドルフ・ヒトラーと伝令官ハンス・ユンゲ。1940年代初頭。

ベルクホーフのテラスにて。1943年。座っている人たちの左から、陸軍中佐ゲルハルト・エンゲル、ハインリヒ・ホフマン、(その後ろにトラウデル・ユンゲ)、ヴァルター・ヘーヴェル、ゲルダ・ボルマン（後ろ向き)、宣伝省観光局長ヘルマン・エッサー。(撮影ヴァルター・フレンツ)

ゼップ・ディートリヒと会話中。1943年。(撮影ヴァルター・フレンツ)

総統大本営「狼の巣（ヴォルフスシャンツェ)」の自室で夜ごとの儀式である「靴下の繕い」をしている。1943年。

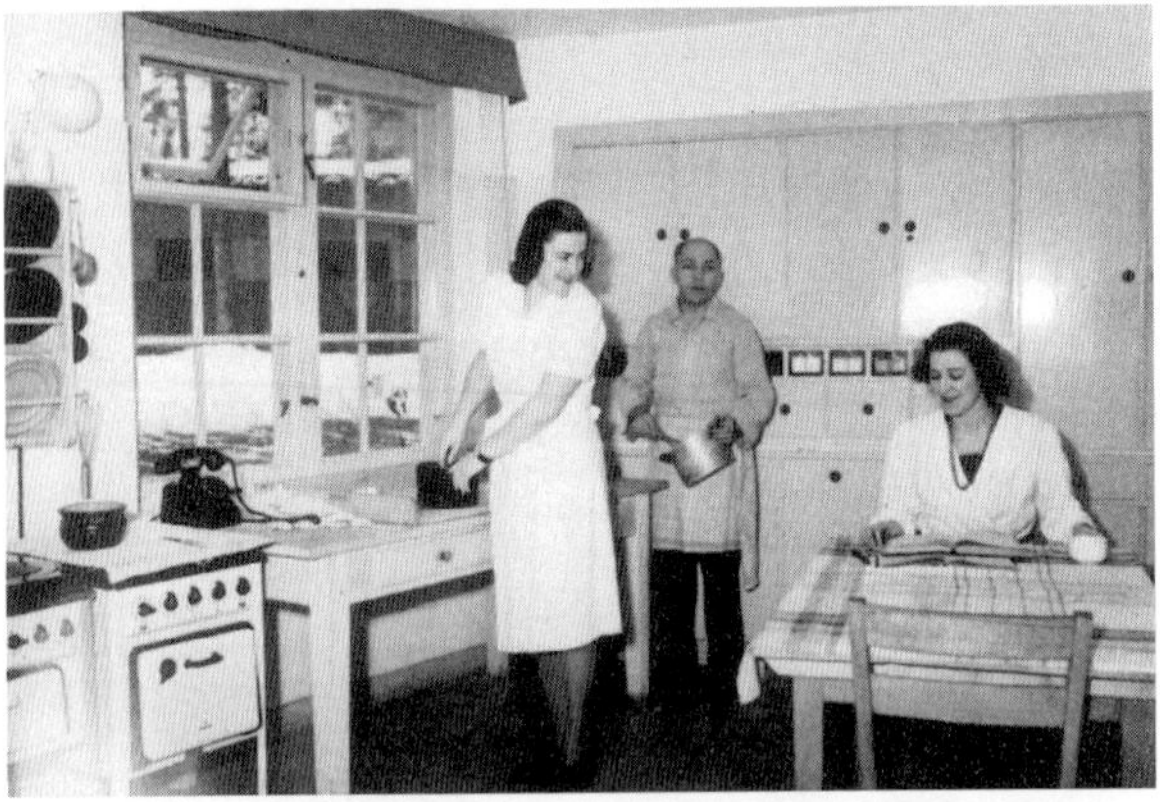

総統大本営「狼の巣」の「食餌療法キッチン」ではヒトラーのためだけの食事が作られていた。左から、マルレーネ・フォン・エクスナー、台所の助手ヴィルヘルム・クライヤー、トラウデル・ユンゲ。1943年末。

新しい身分証明書用の写真。1945年11月、
ベルリンにて。

トラウデル・ユンゲと婚約者ハインツ・バルト。1947～48年頃。

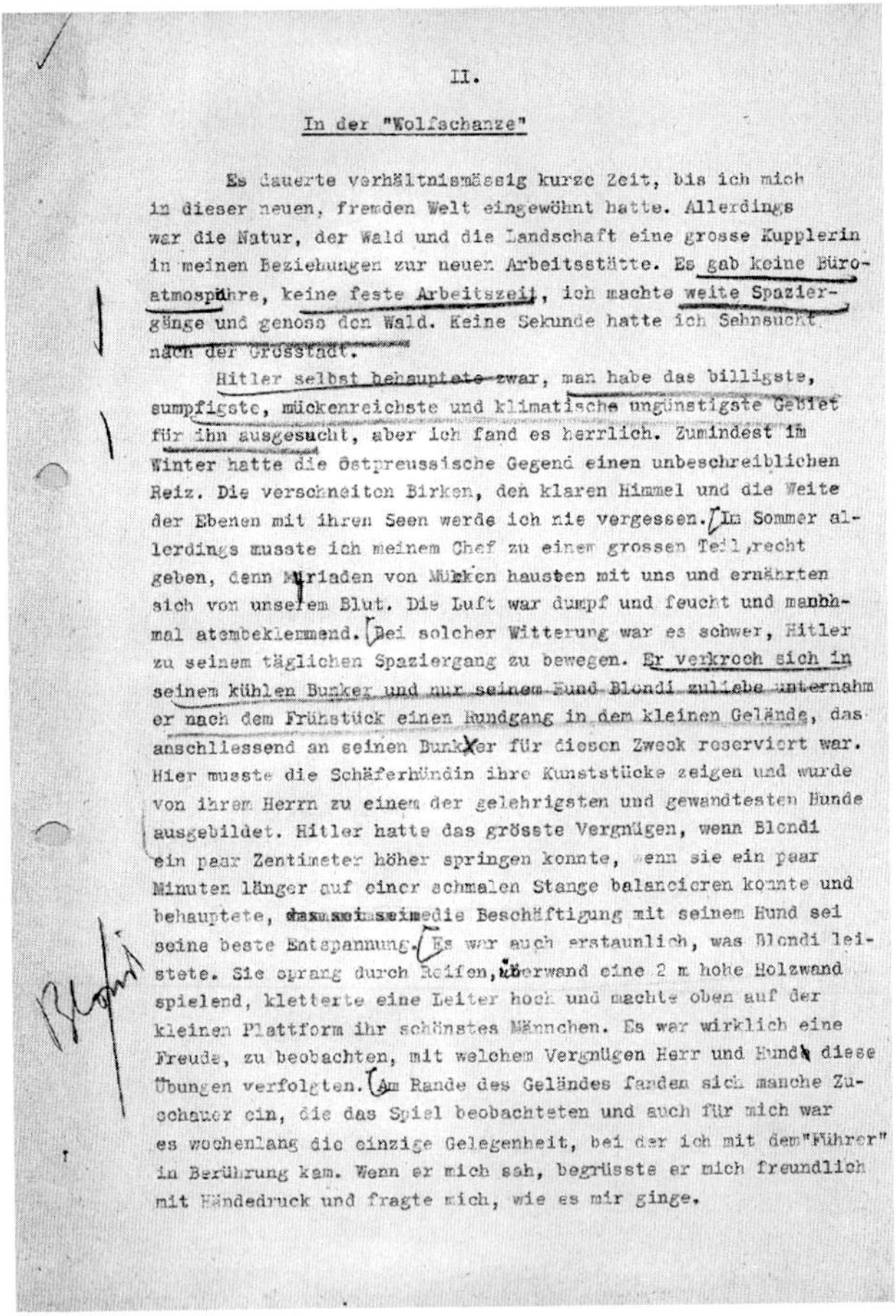

II.

In der "Wolfschanze"

Es dauerte verhältnismässig kurze Zeit, bis ich mich in dieser neuen, fremden Welt eingewöhnt hatte. Allerdings war die Natur, der Wald und die Landschaft eine grosse Kupplerin in meinen Beziehungen zur neuen Arbeitsstätte. Es gab keine Büroatmosphäre, keine feste Arbeitszeit, ich machte weite Spaziergänge und genoss den Wald. Keine Sekunde hatte ich Sehnsucht nach der Grosstadt.

Hitler selbst behauptete zwar, man habe das billigste, sumpfigste, mückenreichste und klimatische ungünstigste Gebiet für ihn ausgesucht, aber ich fand es herrlich. Zumindest im Winter hatte die ostpreussische Gegend einen unbeschreiblichen Reiz. Die verschneiten Birken, den klaren Himmel und die Weite der Ebenen mit ihren Seen werde ich nie vergessen. Im Sommer allerdings musste ich meinem Chef zu einem grossen Teil recht geben, denn Myriaden von Mücken hausten mit uns und ernährten sich von unserem Blut. Die Luft war dumpf und feucht und manchmal atembeklemmend. Bei solcher Witterung war es schwer, Hitler zu seinem täglichen Spaziergang zu bewegen. Er verkroch sich in seinem kühlen Bunker und nur seinem Hund Blondi zuliebe unternahm er nach dem Frühstück einen Rundgang in dem kleinen Gelände, das anschliessend an seinen Bunker für diesen Zweck reserviert war. Hier musste die Schäferhündin ihre Kunststücke zeigen und wurde von ihrem Herrn zu einem der gelehrigsten und gewandtesten Hunde ausgebildet. Hitler hatte das grösste Vergnügen, wenn Blondi ein paar Zentimeter höher springen konnte, wenn sie ein paar Minuten länger auf einer schmalen Stange balancieren konnte und behauptete, die Beschäftigung mit seinem Hund sei seine beste Entspannung. Es war auch erstaunlich, was Blondi leistete. Sie sprang durch Reifen, überwand eine 2 m hohe Holzwand spielend, kletterte eine Leiter hoch und machte oben auf der kleinen Plattform ihr schönstes Männchen. Es war wirklich eine Freude, zu beobachten, mit welchem Vergnügen Herr und Hund diese Übungen verfolgten. Am Rande des Geländes fanden sich manche Zuschauer ein, die das Spiel beobachteten und auch für mich war es wochenlang die einzige Gelegenheit, bei der ich mit dem "Führer" in Berührung kam. Wenn er mich sah, begrüsste er mich freundlich mit Händedruck und fragte mich, wie es mir ginge.

1947年に書かれたトラウデル・ユンゲの手記の草稿。

どころかキリスト教のことを偽善的な人買いの組織だと言っていた。彼の宗教は自然の法則だ。隣人や敵への愛を説くキリスト教より、そっちのほうが彼の暴力的な教義をあてはめやすかったからだろう。「どのような源から人類が誕生したかについて、科学はいまだ解明できていない。われわれは、爬虫類から哺乳類へと、おそらくは猿を経て人間へと進化したある哺乳類の、高度に発達した最終段階にいる。われわれは創世の一環であり、自然の子供である。だからすべての生き物と同じ法則がわれわれにもあてはまる。そして自然は最初から戦いの法則に支配されているのだ。生きる力のないもの、弱いものはすべて淘汰されてゆく。弱いもの、生命力のないものや下等な存在の命を人工的につなぎとめるという目的を持つようになったのは人間が最初で、そもそも教会が原因なのだ」

この理論のほんの小さな断片しか私には残っておらず、ヒトラーが私たちにその考えを説いたときのあの説得力に富んだ話術を、私が残念ながら持ち合わせないのは口惜しいことだ。

私たちはバラックに戻る道すがらヒトラーの演説について話し合った。私はこれらの事柄についてよく考え、それを覚えておこうと固く決心した。でも残念なことにもう次の日には、前日の夜あれほど感銘を受け心を揺さぶられたことのなにもかもが、友だちに話そうとしてもぼんやりとかすんだようにしか再現できないのに気づくのだった。あの頃の私が今の自分のように大人で経験を積んでいたなら、あんなに簡単にごまかされることもなく、ヒトラーの影響をあんなに手放しに、浅はかに吸収するようなこともなかっただろうに。そうしたらきっとちゃんと考えをめぐらすことができた筈だ。雄弁と暗示力で人々を虜にし、彼ら自身の意志や確信を押し黙らせることができるような一人の人間の力が、いかに大きな危険を秘めているかについて。

ときどきヒトラーの助言者、司令官、スタッフたちが愕然とした顔つきで総統との会見から出てくるのを見た。彼らは太い葉巻きをくわえて考え込んでいた。その人たちと私は後で話をしたものだった。私よりずっと頭がよく、経験豊富な彼らでさえも、何度もひどい目に遭っていた。ある命令がどうしても実現不可能であることや、ある指示の遂行がどうしても無理だということを説得しようと、彼らは鉄のような決心と、非の打ちどころのない書類と論拠で武装して総統に立ち向かっていった。するとまだ彼らが話し終わらないうちに総統が話し始める。これですべての抗議は力を失い、彼の理論の前では無意味になってしまう。彼らにはそれがおかしいことがわかっているのだが、怪しい点を指摘することができない。ヒトラーのもとから退却すると、彼らは絶望し、打ちのめされ、まるで催眠術にかかったかのように、それまではあれほど固く揺るぎなかった自分の見解についても自信を失った。たくさんの人たちが彼の影響力に対して抵抗を試みたのだと思う。でも多くは疲れてぼろぼろになって、荷車を悲惨な最後まで転がっていくままにしてしまったのだろう。

でも前に断っておいたように、私がはっきりと確かな理解に辿り着くのは、すべてのものが完全に破滅し、悲惨極まりない終わりが来て、多くの深い失望を経験したあとのことだった。当時日々は穏やかに私の前を流れていった。夏には大きな森の湖のほとりでくつろいだ。今振り返ってみても、一九四三年の世界には恐ろしいことが起こっていたという記憶が、私にはほとんど欠けているくらいだ。ドイツ軍はスターリングラードに向かい、祖国の都市では空から戦争の足音が聞こえるようになってきた。ゲーリングが大演説をぶった。「ベルリン上空に敵機が現われたら、私はマイヤーと名乗ろう〔それほどありえないことだという意〕」。そしてサイレンはベルリン上空だけではなく、帝国中に響きわたった。大本営では増築と強化が進む。待避壕は補強され、有刺鉄線と地雷が森の外観を損ねていった。

ある日、ヴォルフスシャンツェに新しい女性が現われた。モレル教授がこの人をつれてきて、総統のための食餌療法の助手として紹介した。(61)彼女はこのときから総統のためだけに料理をした。このフォン・エクスナーさんは男性たちの関心と、女性たちのかたくなな用心深さに迎えられた。私たち皆が大きく明るい部屋のあるバラックに移り住み、エクスナーさんも一緒に住むようになってからはじめて、私は彼女と接触するようになり、私たちは親友になった。そこで私はどうして彼女がここに来ることになったのかを知った。

彼女はウィーン出身で、ウィーン大学病院で食餌療法の助手をしていたとき、ふとした偶然でアントネスク元帥からブカレストに招かれた。彼は一過性の胃炎に悩まされていて、食餌療法で治療したいと思っていた。彼女は見事な成功を収め、アントネスクの胃は数カ月のうちに完治した。春にザルツブルクで会った二人の胃病持ちの国家元首たちは、どうやら共通の疾患についても話し合ったらしい。ヒトラーは侍医に相談し、良い食餌療法の助手を探しにゆくように命令した。モレルは自分の注射や薬のほうにずっと大きな信頼を置いていたが、いざこざはごめんだというわけで、やはりウィーン大学病院に相談を持ちかけ、エクスナーさんにヒトラーにも料理をしてくれるように頼み込んだ。彼女にとってこの申し出はべつに嬉しくもなんともないものだった。独立して仕事がしたかったし、その分野でのキャリアを中断したくなかった。それでも彼女はモレルの申し出を受けた。

彼女は私より少し年上で、ここに来たときには二十四歳くらいだった。髪は黒っぽく、がっしりとした体格で、いかにもウィーン子らしい情熱的な魅力をみなぎらせ、オープンで陽気な人柄で、私を強く惹き付けた。これでヒトラーは食事のときの五人目の話相手を得たことになる。彼はよくウィーンのこと、彼女の家庭のことを聞きたがった。彼女は兄弟が多く、名高い医者の一族の出身だった。オーストリアでの党の非合法闘争の時代、彼女と兄弟たちは国家社会主義の熱狂的な支持者となり、のちに党員となった。

しかしそれからドイツの大管区長官がウィーンで横暴をふるい、国家社会主義的秩序と戦争がオーストリアにも流れ込んでくると彼女たちの感激は薄れた。エクスナーさんはヒトラーの前でウィーンの利害を代弁した。「総統様はオーストリアの真珠ウィーンを金で飾ろうと、約束してくださったじゃありませんか。それなのにあなたの部下たちはウィーンの古い文化を再建するどころか、破壊しています。総統様はなぜリンツをひいきなさるのですか？」

ヒトラーは彼女の批判をじっと聞き、寛容で感じのいい態度を崩さなかった。彼は彼女の活発な性格を気に入り、ウィーン風小麦粉料理に感激し、肉ブイヨンより美味しい野菜スープを絶賛した。彼のつつましい要求がこのかわいそうなマルレーネをどんな不幸に陥れていたか、彼は想像だにできなかっただろう。アントネスクのところでは、食餌療法といえどもロブスターやマヨネーズ、キャビアなどのデリカテッセンも威力を発揮できたし、儀典的なレセプションのときには大ディナーもこなした。しかしヒトラーといえば相変わらず煮込み料理、ニンジンとジャガイモ、そして飽き飽きするような半熟卵を欲しがるばかりだ。「こんなものを食べてるようじゃどうしようもないわよ」と、エクスナーさんは嘆いて、スープの中に小さな骨をいくつも入れて煮た。彼女はまるで煙突のようにタバコを吸ったので、あなたがヒトラーのコックでいられるのも、彼がココアの中に吸い殻を見つけるそのときまでだわね、と私は保証してやった。

後日アントネスクがまた大本営にやってきて、この調理師との再会をたいそう喜び、エクスナーさんがブカレストで可愛がっていたフォックステリアのペアから生まれた子犬を空輸してよこした。これがまた極端に小さいしろもので、どんな草むらも彼にとっては障害物になるほどだった。結局普通の犬のサイズにまでは育たなかったが、なかなか魅力的で元気でお利口なワンちゃんになった。

ヒトラーはこの犬に国家元首の贈り物としての尊厳が足りないと思った。そこで急いでエクスナーさんにもう一匹の犬をプレゼントした。「バルカン半島の人間にできるようなことなら、私のほうがずっとうまくできるよ」と言って、彼は党指導者のボルマンに、一番高価で、最高に毛並みのいい、メダル付きのフォックステリアをつれてくるよう依頼した。エクスナーさんもこの計画についてはすっかり途方に暮れてしまった。「二匹もの犬を私にどうしろっていうの?」と彼女は言った。「私は一日じゅう台所にいるのよ」。それでも血統書付きの犬はやってきた。これがボルマンが選び抜いてきた豪華見本だった。美犬コンテストで何度も優勝し、とびきり高い値段がついていた。ヒトラーは勝ち誇ったようにこれを贈呈した。このプルツェルという名のとてもおとなしく退屈な雄犬は、血統を意識するかのように言われたとおりのポーズをし、それでもって褒められようとすること以外には何も覚えられなかった。それにお行儀も悪くて、室内で飼うのも嫌なくらいだった。

　ところでヒトラーは食堂の台所の横に小さな食餌療法用キッチンを造らせた。彼は私がエクスナーさんととても仲が良いことに気づいて、私が彼のところでの仕事の不満をまた訴えたところ、エクスナーさんのところで料理を習ってはどうかと勧めてくれた。私は感激してそれに従った。しかしそれからは食事のたびに、私がどこまで手伝ったかときかれるようになる。この質問には何らかの不信感がこめられているような気がした。毒を盛られるのではという不安ではなくて、どちらかというと塩と間違って砂糖を入れたのではないか、というような疑いのほうが強かったようだ。

　七月のはじめ、ヒトラーはムッソリーニとの会談のためにイタリアに飛び、私も同行した[62]。またしても極秘の旅行であったから、参加者たち自身もいったい何のための旅なのか知らないでいた。前日の夕方にも私たちはヒトラーと食事をしたけれど、彼はこの計画について一言もふれなかった。翌朝私は総統壕周辺が騒がしいのに気づく。いつもより早い時刻に伝令官が行ったり来たりし、トランクがかつがれてゆき、シャウブはこれでもかというような真剣な顔をしてキャンプじゅうを駆けまわり、事の重大さのために標準ドイツ語を使おうとして、これまでにないほど聞きとりにくい話し方をする。私は何かのレセプションがあるのだろうとたかをくくっていたが、一応ぬかりなく事務用トランクを用意した。すると正午に突然電話が鳴り、リンゲが私に尋ねた。「君、軍服持ってる?」「いいえ、持ってるわけないでしょう。今まで一度も要らなかったもの」と私は答えた。「じゃあ君は飛行場で待機だな」。質問をしようとしたらもう電話は切れていた。

私はシャウブのところに走った。彼は主任副官で、私たちが必要とされるとき連絡に来る人なのだ。総統が旅行をするのかときくと、私がそれに同行することをどうやって聞きつけたのかと、いまいましそうにする。わけのわからないことをぶつぶつぶやいてから、二時に飛行場に行けるように準備せよと言う。どこに行くのか、何日かかるのかときくと、君の知ったことじゃない、機密事項だ、と答えた。私は笑ってリンゲのところに情報をもらいにいった。残念なことに彼は大忙しの最中で、旅行は三日間、と言うのが精一杯だった。またしても旅行先がどこかはきけなかった。東部戦線の状況が思わしくなかったから、ボスはウクライナの歩兵部隊のところに行くのかな、と思った。毎日の作戦会議を一字一句筆記する速記者二人も飛行場まで一緒に車に乗った。その一人が「イタリアにいらしたことがありますか?」ときいたので、私はようやくどこに行くのかを知った。

　私たちはエンジンが四つ付いた「コンドル」四機に分乗して飛んだ。私の席は総統の飛行機にあった。これはゆったりとした旅客機で、その中に十六人くらいが乗っていた。ヒトラーは右側にある操縦席の真後ろの一人用の席に座っていた。彼のソファの前にはかなり大きな折り畳み式のテーブルがあった。他の席は感じの良い食堂車のようにできていて、四人一列の席で、まん中に小さなテーブルが一つ付いていた。パイロットのバウアー機長(63)はすぐに機体をかなりの高度まで上げたので、旅客たちは薄い空気の中でぐったりとなり、眠り込んだ。ヒトラーが起きている間は常に誰かが行ったり来たりして飛行機のバランスを乱していた。モレル教授にとって空の旅は耐えがたいもので、一番前の操縦席でパイロットの隣りに座っていながら、ひっきりなしに吐いていた。飛行の後はいつも無事着陸どころか死んだようになっていた。私たちはベルクホーフで一休みした。このときのフライトでは私も気分が悪くなり、食事の後すぐにベッドにもぐりこんだ。その前に、次の朝の出発は何時かを確かめると、七時半に飛行場行きの車に乗るようにと言われた。電話センターに目覚ましを頼むと私はすぐに眠りに落ちた。

　電話が鳴って伝令官の声が、なぜ支度ができてないのか、皆が君一人のために待っていると言ったとき、私はまだのんびりとお風呂につかっているところだった。仰天して身を服の中に滑り込ませ、中途半端な格好で階段を駆け降りながら、どうやら信用を置くべきではなかったらしいまだ七時を指している時計を呪った。しかしこれは濡れ衣というものだった。夕方から夜にかけて気候が変わったので、ヒトラーは三十分早く出発することにした。でも私に連絡することなど誰も気にかけてはくれなかった。

私たちは北イタリアのどこかに着き、ムッソリーニの特別列車に乗ってトレビーゾの駅で停車した。ヒトラーは部下と招待主と共に自動車の隊列に乗せられていった。バイクに乗った大勢の狙撃兵たちに囲まれ、車の列は轟音を立てて会談の場である近くの古くて豪華な別荘に向かった。一日じゅう、ヒトラーもお供の誰かの姿もまるで見かけなかった。私はムッソリーニの特別列車に残り、だらしなく、不潔で古めかしい列車と乗員スタッフのオペレッタ歌手のような格好にあきれながら、ただ猛烈な暑さに圧倒されていた。

午後遅く、私たちは来たときと逆の順序で帰途に就いた。夕焼けを見ながらの素晴らしいアルプス越えをしたあと、ベルクホーフに到着、そして翌朝にはまたヴォルフスシャンツェに戻った。

惜しいことにヒトラーのムッソリーニ訪問はひどい無駄足に終わった。四週間もたたないうちにムッソリーニは別の別荘に閉じ込められ、イタリアのファシズムは壊滅したのだ。(64)ヒトラーは力の限り罵りまくった。イタリアの離反とムッソリーニの不運に業を煮やし、その機嫌の悪さを夕方、私たち女性たちにも隠せなかった。ヒトラーは口数も少なく、ぼんやりしていた。「ムッソリーニは思ったよりも弱虫だったな」と彼は言った。「この私が支援したというのに失脚するとは。しかしイタリアの同盟というのはどうも信用が置けなかった。無責任な民族と組まなくても、われわれだけのほうがずっと首尾よく勝てるというものだ。奴らは成果をもたらすどころか、威信の喪失と事実上の敗北を引き起こしてくれたようなものだ」

今私はここに座って、あの後どんなことがあったか、じっと考えている。日々の単調な流れの中の一つ一つの大事な点だけが際立ってきて、それらが今日では、すべてを葬り去った急激な雪崩の渦の中の道しるべのように見える。大きな出来事を形作った小さな部分の一つ一つはもうみんなぼやけてしまった。ヒトラーは生き、働き、犬と遊び、司令官たちと熱狂し、秘書たちと食事をし、ヨーロッパを彼の宿命に付き合わせていた。――私たちはそれにほとんど気づいていなかったけれど。ドイツじゅうにサイレンの叫びと敵機のモーターの唸りが轟いていた。東部の厳しい戦闘でもドイツは敗退していた。

そして、総統壕に向かう道で泣きはらした目をしたヴォルフ嬢とばったり出会った、あの暗い雨の日がやってきた。「スターリングラード陥落よ。うちの軍が全滅。負けちゃったのよ！」(65) 彼女はほとんどむせび泣いていた。そして私たち二人は、無限に流された血と累々と横たわる死体と大きな絶望を想った。

この夜のヒトラーはくたびれた老人そのものだった。私たちが何を話したかは忘れてしまったけれど、十一月の雨の中、荒涼とした墓地を訪れるような、陰鬱なイメージが私の記憶に残っている。

けれどまたこの暗いイメージが勝利の報告とヒトラーのゆるぎない自信によって一時的にかき消された。この頃彼は大本営でも夜のお茶会をするようになった。秘書の他に医者、副官、ヘーヴェル大使、ハインツ・ローレンツ、党指導者ボルマンが招かれた。ゲーリングとヒムラーが来たことはなかったが、ときどきシュペーアもいた。ゼップ・ディートリヒも一度来た。もちろんエクスナーさんもいた。

みんなよく笑った。ヒトラーはたいがい深刻な話題を避けた。ただシュペーアが来ると技術的な話に及んだ。いろいろな発明や新しい武器の話をしているうちに、ゼップ・ディートリヒを中心にして戦闘の思い出話に花が咲くのだった。これらの夕べはベルクホーフでの社交よりずっと興味深く、打ち解けたものだったと言わなければならない。私たちは人数のわりには小さなテーブルを囲んで膝を突き合わせ、しっくいを白く塗った待避壕の部屋の中は強い照明に照らし出されていたので、いつまでも目が冴えているのだった。

　私たちはまたお茶会を二交代制にした。毎日五時か六時にベッドにつき、九時に起きるのは無理だったからだ。それについてヒトラーは理解を示した。エーファ・ブラウンを通じて、女性にとって睡眠がいかに大切かを知っていたのだ。けれども、私たちが彼とのお付き合いを「任務」などと言ったりしたら、おかんむりなのだった。

　当時面白いと思った小さな話題の中に、話すべきことがたぶん十万はあるのではないだろうか。ヒトラーの子供時代、学校での体験、ウィーンでの学生時代、兵隊時代の悪ふざけ、後の党結成当初のこと、投獄されたときのこと、などなど。けれどそうしたことなども後にべつな認識に至ってからは、はかなく意味のない印象に変わってしまい、もう再現することができない。当時そうした事柄が私の中に、人間的で理解があり侵すべからざる総統のイメージを形作っていた。彼も自分自身を天才と思っていたにはちがいないが、周囲のみんなもそう思っていたし、長い間、彼の成功がそれを許していたのだ。それに彼の感情にあふれ、無害そうなふだんの顔や個人的な体験を知っていただけに、かえって〝天才〟の内に棲む悪霊を見抜くのは難しかった。

　またもや私の記憶のフィルムの大きな部分がそっくり抜け落ちている。一九四三年のかなり長い期間、私は昼も夜もヒトラーと一緒に過ごし、話し、食事を共にしたのだが、それがまるで長い一日のようにしか思い出せない。その間に爆弾が落ち、前線は移動し、ドイツ軍はイギリスに飛び、勝利に向かって突撃しようとした。クリスマスが来た筈だが、大本営のほとんど誰も気にも留めず、ヒトラーは完全に無視していた。平和と愛の祝祭が訪れたしるしに、飾りの枝の一本もろうそくの一本たりとも見当たらなかった。夫が休暇で帰ってきたので、一緒に自分たちのバラックで過ごした。夫は完全に人が変わってしまい、まるで別人が帰ってきたみたいだった。彼は外地の前線に留まっていたが、野営地間の行き来でへとへとになっていた。ヒトラーと話をした後、彼が現状をまるでわかっていないのに気づいて愕然としていた。祭日の少し後、夫はまた兵士たちのところへ戻っていった。一九四四年の春頃、ソ連ではドイツの捕虜に何かの注射を使って自白をさせていた。ヒトラーは機密厳守のためにすぐに彼の周辺にごく近い人々全員を呼び戻した。それに夫も該当し、西部に移動させられた。

ヒトラーは今に総統大本営に空軍が結集して攻撃を仕掛けてくると、くだを巻くようになった。「われわれがどこにいるか彼らは正確に知っている。いつかここを狙って爆撃し、すべてを破壊するだろう。私は毎日攻撃が来るのを待ちかまえているんだ」とアメリカの爆撃機のことを言っていた。ときどき警報が鳴ったが、いつもわれわれの敷地の上空を旋回する単独機しか来なかった。高射砲は手つかずのままだった。偵察機しか来ないようだったので、発砲して注意を引こうとは誰も考えなかった。

年明けに私たちはまたベルクホーフに出かけた。東プロイセンの基地ではその間、引き続き補強工事が行なわれた。ヒトラーはいくつかの頑丈で爆撃に耐える待避壕をこしらえるつもりだった。十一メートル幅のコンクリートでできた巨大な建物が建つというが、もぐらのように陽の目を見ない生活をするのかと思うと目の前が真っ暗になった。

しかしまずはオーバーザルツベルクでの蜜蜂のような生活が始まった。エーファ・ブラウンがまたそこにいた。陽気で潑剌《はつらつ》として数々のドレスをまとって。お客たちは遅れてやってきた。彼女は戦争とは無縁のように見えた。

マルレーネ・フォン・エクスナーは来なかった。彼女はヴォルフスシャンツェに残り、荷物をまとめ、身のまわりを整理してウィーンに帰らなければならなかった。彼女の運命はまるで悲喜劇だ。この人はプロイセン人が嫌いで親衛隊を憎んでいたのに、若い親衛隊副官のフリッツ・ダルゲスに恋をした。しかたがないことだったが、これが二重の結末をもたらした。グレートル・ブラウンもフリッツ・ダルゲスを好きだったという問題もあった。しかしフリッツにとってはこの恋は危なすぎたし、私的な関係にはなりにくかったので、心が決まらなかった。

一方、マルレーネの祖先についてもいぶかしい点があったのだ。勤務が始まってすぐ、彼女はヒトラーに母親の書類に不備があると言ってあった。祖母が捨て子だったため血統が立証できなかったのだ。一族をあげての国家社会主義への傾倒が証明されていたので、ヒトラーはこのことを重要視しなかった。でもそれもしたたかでご熱心な秘密情報機関(66)が彼女の母方の家系にユダヤの血が流れていることをつきとめるまでのことだった。彼女は大ショックだった。ヒトラーのもとでの職を失う危険よりも、親衛隊員の妻にはなれないことのショックのほうが大きかった。エクスナーさんとの話し合いでヒトラーは言った。「たいへんお気の毒です。でも私にはあなたを解雇するしか道がないことをわかってくださいますね。私の得になることであっても、私が個人的に例外を作り、自分の法律に違反することはできないのです。あなたがウィーンに帰ったら、ご家族の皆さんをアーリア化し、あなたの六カ月分のお給料も支払います。それから、あなたがここを去る前にぜひ一度ベルクホーフにご招待させてくれませんか」

こうして彼女は去っていった。私の立ち会いのもと、党指導者のボルマンがエクスナー家のアーリア化を申請した。ボルマンはこの用件をいやいや片づけた。というのも、彼はこの魅力的なウィーン女性を口説いていたものの、一向に報われなかったのを根に持っていたからだ。

そしてなんと彼は復讐まで企んでいた。数週間後、私はウィーンからとても悲しい手紙を受けとった。家族全員が党員手帳を取り上げられ、窮地に追い込まれたという。

これについてボルマンに尋ねると、俺にまかせといてくれと言明した。なのにまた何週間もたってから、エクスナー家がたいへんな暮らしをしているとの衝撃的な報告が入った。マルレーネは大学病院を追われ、妹は医学を学ぶことを許されず、兄は診療所を手離さなければならなかった。末の弟は将校としてのキャリアを始めることさえできなかった。

腹わたが煮えくりかえってしかたがなかった私は、大文字用のタイプライターでこの手紙の一字一句を写しとり、総統のところへ持っていった。彼は怒りで顔を真っ赤にして、すぐにボルマンを呼びつけた。ヒトラーの部屋から出てきたときには党指導者も顔を真っ赤にして、私を憎々しげににらんだ。それでも三月には良い知らせが来た。また万事うまくいっていること、エクスナー家の全員が私に感謝していること、そしてやっとアーリア化が実行されたということだった。しかしその四週間後には連合軍がウィーンに入ったのだから、彼らはおそらく党員手帳を呪い、火にくべてしまったことだろう(67)。

［…］毎日の生活［一九四四年早春の頃］はこれまで以上に不規則になった。作戦会議が際限なく続き、とんでもない時間に食事をした。ヒトラーは今までよりずっと遅い時間にベッドに入った。陽気さも、軽いおしゃべりも、さまざまな身振りも、皆の心の

中に忍び込んだ不安をとてもごまかしきれなくなった。ヒトラーの側近たちは彼の悩みと深刻な事態を知っており、知らない者たちは彼の勝利の保証を信じることで、自分たちの苦い経験や嫌な予感を紛らわそうとした。

エーファ・ブラウンは私に近づこうとした。「ユンゲさん、総統のご機嫌はどう？　私、モレルにはききたくないの。信用できないし、大嫌い。総統に会ってびっくりしたわ。老けて深刻な感じになっちゃって。彼が何を心配してるのかご存じ？　私には何も言ってくれないのだけれど、戦況がよくないんでしょう？」彼女がきくのでこう答えた。「ブラウンさんのほうがよくご存じだと思いますけど。私よりも総統様のことをよくわかってらっしゃるし、総統様が口に出されないことも言い当てることがおできになるのですもの。でも本当のところ、今は国防軍の報告書を見ただけでも、責任者の頭の中は心配で一杯になるのではないでしょうか」

ティーハウスでエーファは総統に、背中が曲がっていると注意した。「そりゃあ私がズボンのポケットにたくさん鍵を入れているからだろう」と彼は答えた。「それに私は袋一杯の心配ごとを引きずっているからね」。すると彼は軽口をきくのを止められなくなった。「それにね、このほうが君と釣り合いがとれるだろう。君が大きく見えるように高いヒールを履くから、私はちょっと背をかがめるのさ。これでちょうどお似合いのカップルというわけだ」。「私は小さくないわよ」と彼女は抵抗した。「ナポレオンと同じ百六十三センチだもの」。誰もナポレオンの背丈を知らなかった。ヒトラーさえも。「ナポレオンが百六十三センチだって？　どうしてわかるんだい？」「教養のある人なら誰でも知ってるわ」と彼女は答えたが、夜、私たちが夕食で食堂に集まっているときに書棚のほうに行き、事典を調べていた。けれどもナポレオンの身長は載っていなかったようだ。

この数週間というもの雪が降り止まない。テラスにも雪が壁を築くかのように積もった。ティーハウスに行く細い道が通れるように、建物の入口や通用口が塞がらないように、毎日大量の雪かきをしなければならなかった。エーファは一度でいいからスキーをしてみたいわと言った。「足を折るだけだよ。危なすぎる」とヒトラーはたしなめた。だから彼女は長い散歩で我慢をしなければならず、そのために昼食にも顔を出さないことが何度もあった。

四月に入ってもまだ雪が降った。標高千メートルのところで九メートルもの積雪が記録された。そしてようやく春が来た。それと同時に敵機もベルヒテスガーデンの地に現われる。連合軍は南部に多くの拠点を勝ちとり、そこからオーストリアとバイエルン地方に次々と大規模な飛行隊を送り出した。その全部が私たちの頭上を通り過ぎていった。明け方にちょうどとうとしようとすると、毎日のように警報が鳴る。すると総統の領地にある谷や勾配に装備された霧噴射機が作動し、一帯を人工的な霧で包んだ。(68) ヒトラーはベルクホーフと大本営への攻撃を計算に入れていて、何カ月も前からベルクホーフの付近に巨大な坑道を掘らせていた。岩にはそこかしこ穴が掘られ、機械が山を食い荒らして坑道網を築いていった。でも先にできたのはベルクホーフの防空壕のほうだった。居間の裏口の向かいに大きなドアがあり、そこから岩の奥深くに入れるようになっていた。六十五段の階段を降りると防空壕に着く。そこには総統にとって大事なものや命に関わるようなものが隠されており、大勢の人たちがいた。私は二つの待機室は見たが、そこに備え付けられたという貯蔵庫と資料室は見ていない。毎日のように寝ぼけたお客たちが荷物を抱えてこの山の穴に集合した。けれども爆撃は一度もなかった。

私たちがいた場所はいつも飛行機の進入路に当たっていたようだったが、攻撃目標はたいていウィーンかハンガリーのどこかの目的地、それでなければバイエルン地方の町だった。霧が引いたあと、よくミュンヘン上空に火の赤い照り返しが見えた。するとエーファはじっとしていられなくなった。車でミュンヘンに行き、家の様子を見たいと懇願した。たいていの場合ヒトラーは取り合わない。そんなとき彼女は電話にかじりついて指図を与えたり、知り合い全員から詳しい報告を集めたりしていた。けれどもあるとき親友だったミュンヘンの俳優ハイニ・ハンドシューマッハーが爆撃で命を落とすと、彼女はもういてもたってもいられなくなった。ヘルタ・シュナイダーとグレートル・ブラウンと一緒にお葬式に出かけ、ひどく動揺し、災難に見舞われた住民たちの不運についての途方もなく悲惨な情報を持ち帰った。彼女の話をヒトラーは陰気な顔で聞いていた。そして彼は復讐を誓い、今にドイツ空軍の新発明を使って敵にすべての借りを百倍にしてお返しするぞ、と約束した。

残念ながらこの脅し文句は実現されずに終わった。連合軍機は引きも切らずに群れをなして帝国領上空を飛んでいたし、V1とかV2がロンドンに飛んで行ったって、それがどうしてドイツの都市の助けになるだろう。ヒトラーは無人ロケットの導入に感激していた。「イギリスではパニックになるだろう。この兵器が神経に及ぼす威力は人間がとても長時間は持ちこたえられないほど強力なのだ。野蛮人どもが女性や子供たちを射ち殺し、ドイツ文化を破壊したお返しをしてやる」。けれどもドイツ空軍を待ち受けた防衛についての報告は恐るべきものだった。この頃にあったミュンヘンの空襲のことを思い出す。ヒトラーはどんな防衛手段が講じられているか詳しく知りたがった。ベロウ大佐はひっきりなしに電話に向かい情報を集めたが、とうとうこんな報告をしなければならなくなった。「総統、ドイツの戦闘機六機が発進しようとしたのですが、うち三機は飛び立つことができず、二機は故障のため引き返し、残る一機は心細くて攻撃できなかったもようです」。ヒトラーは怒りに燃えた。お客たちが一緒だったにもかかわらず、ドイツ空軍を罵りまくるのを止められなくなった。

こうして私たちは引き続き毎日のようにベッドから叩き出され、地下牢へと追いやられていた。しかしこのゲームが何十回と繰り返されても、近辺に爆弾が落とされる気配は一向にないので、やがて人々のベッドから起き上がろうという気力もくじけていった。ヒトラー自身は、高射砲が発射されず、実際に周囲の目標が攻撃されなかったことを確認するまでは六十五段の階段を降りようとしなかった。彼は地獄の番犬のように入口の近くに陣どって、警報が解除されるまでは皆が防空壕を一歩も出ないよう見張っていた。特にエーファ・ブラウンには厳しく目を光らせていた。

ある日またもや警報が鳴りわたったとき、私はちょうど朝食をとったところで、ベルクホーフの皆が集まっているかどうか様子を見に坑道に入ってみた。そこには誰もいなかった。しかし、一番上の段まで上って、私の頭がちょうど地面の高さまできたとき、私は総統が入口の前に立っているのを見つけた。彼はボルマン副官、ヘーヴェル大使と話をしていた。私を見つけると彼は人指し指を立てて脅した。「若い奥さん、あなたがこんなに軽はずみでは困りますぞ。早く下にお戻りなさい。警報はまだ終わってませんよ」。エーファをはじめ、他の客人たちが防空壕に避難するどころか、ベッドを出てさえいないことを告げ口することもなく、私はおとなしく引き下がった。それから二度逃亡を試みたがまた追い返され、ようやく穴蔵を出られたのは警報解除のサイレンが鳴ってからのことだった。

テーブルについたヒトラーは、空襲警報が鳴ったら絶対に地下に避難しなければならないと演説をぶった。「自分の身の安全を守らないのは勇気ではなくて愚か者の証拠だ。私のスタッフの一部はかけがえのない人たちなのだから、防空壕に入るのは義務と思ってもらいたい。爆弾に当たる危険があるときに、自分の勇敢さを証明しようなどと思い上がるのは実に浅はかなことだ」。そのとき彼が問題にしたのは私などよりも、大本営への爆撃を信じず、地下で何時間も無為に過ごすのが嫌な男の人たち、司令官のお歴々のほうだった。

一九四四年春のベルクホーフ滞在中、ヒトラーはプラッターホーフに陸軍指導者、参謀将校、全連隊の指導者たちを集め、激励の演説をした。企業家や政治家も呼ばれヒトラーの訓示を聞いた。長い演説だったが私は口述タイプをしなかった。内部関係者に話をするときには原稿はいらなかった。公開演説でないときにはヒトラーは自由に話したがった。陸軍指導者のトップの中にはノルウェーの山岳兵隊指揮官だったディートル元帥(69)もいた。彼は前線から直接やってきて、この機会にブリリアント・カットがほどこされたダイアモンド付きの騎士十字章(70)を受けとった。ヒトラーはこの人のことをとても高く評価していたので、長く話し込んでいた。ディートルは当然この機会を利用して奥さんに会いにゆくつもりだった。ザルツブルク付近の夕方の天候はたいていい出発には適さないから、明朝出発したほうがいいとヒトラーは勧めた。しかしディートルは気ぜわしい人で、早朝霧の中を出発した。そしてヒトラーは、自分の優秀な最高司令官がダイアモンドを付けたまま墜落死したという知らせで起こされるはめになった。ヒトラーはたいへんなショックを受けた様子だった。それが見せかけだったとはとても思えない。私たちは皆ディートルを慕っていたので彼の突然の死をいたく悲しんだ。けれど同時にヒトラーは、ディートルが軽率にも悪天候をおしてまで飛ぶ危険を冒したことに激怒していた。彼は重ねて、かけがえのないスタッフには危険を避ける義務がある、と繰り返した。

しかし一週間後、またザルツブルク近郊で飛行機事故があり、今度は指揮官の一人であるフーベ陸軍大将[71]が死んだ。このとき、なんとヘーヴェル大使も一緒に墜落し、重傷を負ってベルヒテスガーデンの病院に運ばれた。なぜこんな不幸が起こったのかについて私は何も知らされていない。

すっかり忘れていたが、この間にヒトラーの側近に新顔がやってきた。フェーゲライン大隊指揮官[72]である。彼はヒトラーとヒムラーの間の連絡将校の役割を果たすヒトラーの幹部の一員となった。最初のうちは作戦会議に顔を出すだけだったが、すぐに党指導者ボルマンと親しくなり、頭角を現わすのに時間はかからなかった。

ヘルマン・フェーゲラインは颯爽とした騎手のような人だった。信じられないような大ボラ吹きで、剣付き柏葉騎士十字章をしていた。女性にもてることに慣れきっていたのも当然だろう。とても愉快な、ときにはずいぶんと卑猥なジョークを言い、歯に衣を着せなかった。また法外にあけっぴろげで正直で、自然児のような輝きがあった。こんな感じで彼はあっというまに、予想外の目覚ましいキャリアを築いていった。ここに来たか来ないかのうちにもうベルクホーフの食卓についていた。ボルマンの夜の宴会には欠かさず現われて、重要人物の全員と兄弟の杯を交し、女性たちは皆その足もとにひれ伏した。彼の友人にならない者は彼の敵となったが、それも彼の地位が揺るぎないものになるまでのことだった。彼は利口でありながら、無遠慮で、それでも好ましい性格の持ち主だった。実はひどく臆病だけれど、怖さのあまりつい英雄的行為をやり遂げてしまったから勲章がもらえた、と認めるくらいの誠実さがあった。それに出世やいい生活には全然興味がないと公言していた。

けれども残念なことに、彼の出現とともにヒトラーのまわりにいざこざと陰謀が渦巻きはじめた。話上手で社交家だったフェーゲラインはすぐにエーファ・ブラウンと妹のグレートルの目にとまった。グレートルは美男ヘルマンの求愛の対象となった。彼女がエーファの妹だとはまだ知らなかったとき、彼は「ありゃあいったい、なんちゅう馬鹿なガチョウだ！」と言っていたものだった。けれど家族関係を知るやいなやいち早くこの見解を撤回した。フェーゲラインとグレートル・ブラウンの婚約が発表されたときには皆ど胆を抜かれた。これでフェーゲラインの特別待遇は個人的に約束されたようなものだ。やはりこの間に結婚して今は飛行機事故で負傷して入院中のヘーヴェル大使は、唯一フェーゲラインの邪魔になるくらい、ヒトラーと個人的にいい関係を結んでいた。だから彼はヘーヴェルのいない間にヒトラーに彼の悪口を吹き込み、見事な成果を収めた。自己弁護するすべもなかったヘーヴェルはひどく疎まれ、妻をヒトラーに紹介することさえままならなくなった。

けれどもこんなすべての個人的な出来事や人間関係の問題も、アメリカ軍の西部方面侵略があってからは忘れられ、どうでもよくなった。来るのはわかっていたし、どうせ必ず失敗すると言われていたことではあったが、彼らはいきなりやってきた。ちょうど短い休暇をとって一緒にベルヒテスガーデンで過ごしていた夫はすぐに前線に戻らねばならなかった。作戦会議は延々と続いた。私たちはヒトラーの真剣でひどく不安げな顔を見た。敵が西部侵攻で決定的な敗北を喫するという彼の願望はそうやすやすとは叶わなさそうだ。ベルクホーフにはお客が出入りし、陽が平和な風景に燦々《さんさん》と降り注ぎ、人々はおしゃべりをし、笑い、愛し合い、お酒を飲んだが、それでもイライラは日増しにつのる。戦闘機からの報告をまとめようとしたとき、ユリウス・シャウブが口を開けたまま絶句してしまった。被害報告があまりに多かったので、私たちは総統のための報告を箇条書きで書くしかなかった。ゲーリングと空軍将校たちは作戦会議のたびにきついお叱りを受ける。帝国中の大管区長官たちから破壊された街の写真の山が届いた。ヒトラーは怒り狂いながら全部に目を通した。けれども彼がこの荒廃の全貌を実際に自分の目で見ることはなかった。

ある日、大爆撃のあとのミュンヘンから帰ってきた私はヒトラーに言った。「総統様がご覧になった写真は現実の悲惨さに反するものではありません。人々が燃える家の前に立ち、炭のようになって燃えるバルコニーの熱で泣きながら手を暖め、家が全財産ごと燃え落ちるのを見守ることしかできないのを、一度ご自分でご覧になってはいかがでしょうか」。彼が答えていわく、「どんな状況なのか私だってよくわかってます。でも私はそれをきっと変えてみせる。今新しい飛行機を造っているところだし、今にこの悪夢も終わりですよ！」。

祖国の戦争がいったいどうなっているのか、破壊と荒廃がどんなに甚大なものだったか、ヒトラーは一度も見なかった。いつも来るべき報復と成果と確たる最終勝利を語るだけだった。いつか民族を大きな苦しみから救ってくれる、本当に確実な手段や最後の蓄えを彼がひそかに持っていてくれることを、私は信じるよりほかなかった。

火薬樽の上に座っているという感覚もなく、隠されたイライラが広まってゆくこともなければ、人生はどんなに楽しかっただろう。お客たちとの輪のなかでヒトラーは今までどおり女性たちと気さくにおしゃべりをし、ティーハウスまで散歩し、夜には暖炉の傍でレコードを聞き、話をすることで、余裕と勝利の確信を見せつけようと苦心していた。でもそんな彼もときどき［…］椅子に座ってぼんやりとしてしまう。年をとって疲れてしまったのかしら。礼儀正しい紳士で、老けた様子を絶対に見せたくなかった彼は、女性たちに足を延ばしても良いかと断ってからソファに足を乗せた。エーファ・ブラウンは心配そうに、悲しそうにしてそれを見やる。いつにもまして彼女はヒトラーのお客の雰囲気を盛り上げようと気を遣い、痛ましくいじらしいような努力で気晴らしと息抜きの世話をする。彼女が食事のとき暖炉の近くにいないようなことはなくなった。

そのうちに七月になった。ヒトラーはもうオーバーザルツベルクに居続ける気はなかった。彼の待避壕はまだできていなかったけれど、ヴォルフスシャンツェに戻るよう命令を出した。この間彼は、私たち秘書も以前住んだことのある副官とゲストのための待避壕に住むつもりだった。七月の最初の週に私たちはまるで渡り鳥のように東プロイセンに引っ越した。

施設は見違えるようになっていた。小規模で屋根の低い待避壕のかわりにコンクリートと鉄でできた巨大で頑丈な建物が木々の間からそびえ立っていた。でも上空からは何も見えない。平たい屋根の上には草が植えられて、ある部分には本物の、ある部分には人工の木がコンクリートの中から生えていた。飛行機から見るとただ森が間断なく続いているようだった。新しい待避壕の中の部屋は小さく、一時しのぎに建てられていた。ヒトラーは、この隣りのゲスト用の部屋に予定されていた大きな居間のあるバラックを作戦会議の場所に決めた。超大判の地図を広げるための大きなテーブルが備え付けられると、もうそこは会議室として使えるようになった。このヴォルフスシャンツェでまた四人の秘書が勢ぞろいする。私たちは急増した社交の義務とたくさんの仕事を引き受けた。

暑い夏だった。陽の光が空から突き刺さってくるかのようだった。毎日が最高のお天気だった。バラックには涼しい場所がなかったので、待避壕がまたもや人気の仕事場となる。湿原の上を蚊と蛇の群れが暴れまわり、私たちの生活をつらいものにした。歩哨は顔に蚊よけの網をかぶらなければならず、窓には網戸が付いていた。ヒトラーはこの気候を嫌った。飼い主が涼しいコンクリートの部屋に閉じこもっている間、ブロンディは犬の世話係のトルノフ軍曹に散歩につれていってもらうしかなかった。ヒトラーは機嫌が悪く、不眠と頭痛を訴えた。いつにもまして気晴らしとくつろげる社交を求め、戦況が悪くなるにつれ、それについては多くを語らなくなる。私たちは、食堂前の控え室のメニューと映画プログラムの横に張り出される国防軍最高司令部の報告に頼るしかない。けれども報告は喜ばしいものではなかった。

それでもヒトラーは戦争と夜のお茶会を続ける。本来なら彼の側近には属さない人たちもゲストとして呼んだりした。「私の取り巻き兵士たちにはもううんざりだ」と彼は言った。副官たちは誰が総統との会話にふさわしいか頭を悩ませた。ハインリヒ・ホフマンはいつも最後の頼みの綱だった。それなのにもうろくして酒に溺れてしまい、ヒトラーは彼と話すことを喜ばなくなった。

こうなると建築士兼建築家のヘルマン・ギースラー教授がヒトラーの要望にふさわしい話相手となった。この人はその専門領域での芸術家であったばかりでなく、もう一つ別の才能を持っていて、それで宮廷道化師にもなれたのではないだろうかと思わせた。彼は驚くほどうまく帝国組織指導者のロベルト・ライの口ぶりと外見を真似した。ライはしょっちゅう言葉遣いを間違えたので、文をまとめ上げるときはもう必死だった。また突拍子もなく馬鹿げた発言をすることがあったから、彼のことを本気にする人はほとんど誰もいなかった。

ライはドイツ労働戦線の指導者になってから、多くの建設の依頼をギースラー教授に持ってきた。だから教授はこの人の弱点をかなり正確に知っていて、演説の中の滑稽な言い間違いを楽しみに待ち受けており、それをいちいちよく覚えていた。いつかこの帝国組織指導者は労働者集会で、高らかにこう宣言したという。「私はますます美しくなり、ドイツはそれを喜んでいます」。彼が言いたかったのはその逆で、「ドイツはますます美しくなり、私はそれを喜んでいます」だった。ギースラーがこの文句をライ特有の不器用さをまねてどもりながらひねりだすと、ヒトラーは爆笑した。［…］ギースラーはただの笑い話としてこれを披露したのだが、それでもヒトラーは情けない思いにかられた。帝国組織指導者が公衆の面前で、指導的な人物としてとんでもない頭脳のひらめきを晒してしまったのだから。もしかして他の人たちもこのヒトラーのスタッフを笑いものにしているかもしれない。「ライは忠実な古くからの党員で、たいへんな理想主義者です。彼はこの世に二つとない組織を作り上げた。だから私は百パーセント彼を信頼しているのですよ」。これがヒトラーが持ち出した言い訳だった。これと同じ寛容によって、彼は他の古参の戦友を歓迎し、彼に反抗する勇気を持った頭のいい人たちを退けていったのだった。

そういえば、ときどき帝国舞台美術家のベノ・フォン・アーレント教授(73)もベルリンから大本営に招かれていた。今思うと、ああいった男性たち全員が「帝国」のなにそれという称号が付いた教授だったことは、ずいぶんとおかしなことだ。私たちが犬係の軍曹を「帝国犬番」と呼び、モレル教授を「帝国注射名人」、ハインリヒ・ホフマンを「帝国飲んだくれ」と名づけたのも故なきことではない。前述の「帝国舞台美術家」もまた夜の社交家だった。戦争の最悪の時期に彼が大本営に来る理由などなかった筈だ。それでも彼は「最上層の司令官」たちが士気を養う手伝いをするという大事な役目をおおせつかっていた。劇場関係者たちは第三帝国でも軍服は着なかったが、リーダー格の芸術家たちは陰で党か軍からなんらかの地位を得ていたので、必要に迫られれば「ドイツ儀礼服」で登場することもできた。だからベノ・フォン・アーレントが渋い灰緑色の制服にやけにたくさんの銀飾りをつけて現われたのも奇抜すぎたわけではない。彼は実にチャーミングで愉快で、才気に満ち、ちょっと軟弱だったけれど、面白い人だったと言わざるをえない。舞台美術家としてどれほどのものだったかは私にはわからない。でも社交家としては素晴らしかったし、彼とギースラーが一緒になったときに私たちはもう笑ったこと笑ったこと、すっかりリラックスして、気が紛れたものだった。ヒトラーが残忍な戦争を指揮していること、彼という人間がヨーロッパの運命を握っていることもときには忘れられるくらいだった。

そして一九四四年七月二十日が来た。

今でも私はこの日の、重苦しい蒸し暑さを肌に感じることができる。それが空気をピリピリと震わせて、暑いバラックの中の私たちは夜明けにやっと床についたというのにとても寝つくどころではなかった。クリスチアン夫人と私は自転車でキャンプの外の小さなモイ湖に行った。水辺に寝そべって平和と静けさを夢想した。うとうとと夜のまどろみを続けようと試みる。この深いしじまの中では素晴らしく穏やかな気持ちになることができた。誰もいないし、太陽が真上から照りつけて正午を知らせるまで、私たちはお互い一言も言葉を交さなかった。いつ作戦会議が始まったのかはわからない。もしかしたらその前からしなければならない用事があったかもしれない。私たちはあわてて別世界から飛び出し、森に隠された施設に、戦争の心臓部に戻った。会議はもう始まっていたようだ。駐車場には他の司令部からやってきた将校たちの車が停まっていた。その他はどこもかしこも昼休みで静まりかえっている。秘書たちはみな各々の部屋にいた。するとものすごい爆音が静かな空気を打ち破った。不意のことで死ぬほどびっくりした。また何度も近くから爆音がする。鹿が円盤型地雷を踏んでしまったのか、何か他の兵器の試し撃ちなんだろうか。

私は一人静かに手紙を書いていたところだった。ところが今、外では誰かが動転して必死で医者を呼んでいる。ブラント教授は大本営にいなかった。フォン・ハッセルバッハ教授を呼ぶ声は完全に平静を失っており、恐怖でパニックに陥っている。

いきなり心臓が止まるかと思ったのは、爆音のせいじゃない。私たちは突然銃声や爆発音が森に響くのには慣れっこになっていった。銃の試し撃ちがあったし、そこらじゅう工事中だったし、高射砲の訓練もあったから、そんな騒音も当たり前だと思っていた。けれども今起こった出来事は私を動揺と恐怖のどん底に陥れた。走って外に出る。他の部屋から真っ青な怯えた顔の同僚たちが飛び出してくる。外では総統壕から来た二人の伝令官たちがすっかり取り乱して医者を探している。「ば、爆弾が爆発した。た、たぶん総統壕だ」。彼らはどもりながら言った。

ヒトラーはもう待避壕にいるのか、まだ作戦会議が続いているのか、私たちには知るすべもない。雷雨のときの羊のようにわけのわからない恐怖に怯えて身を寄せ合うだけだった。これは私たちの命に関わることだろうか、それともヒトラーの？「ヒトラーが死んだら私たちはどうなるのかしら？」重い沈黙を破ってシュレーダー嬢がいきなりこんなことをきくので、私たちはハッとわれに還った。呪縛が解かれ、私たちはそれぞれ意味もなくバラバラな方向に散った。ヴォルフ嬢は医者を呼ぶのを手伝いに、シュレーダー嬢は正確な情報を知っている人を探しに行った。クリスチアン夫人と私は総統壕と隣りのバラックの方向に走った。

太い木々がまだ惨事の現場を隠していた。森の中を延々と続く細い道で、ヨードル司令官とヴァイツェネガー[74]にばったり会った。ヨードルの顔は血だらけで軍服はボロボロだ。ヴァイツェネガーの白い軍服の上着にも赤いしみが付いている。そうしてフラフラとこっちにやってくる。

クリスチアン夫人が彼らに駆け寄ったが、ここから先は通行禁止だ、行ってはいけない、と言われ、私たちは追い返された。その他のことは何もきけなかった。二人の司令官たちは私たちの言うことが理解できなかった。それもその筈、彼らは爆発で脳震盪を起こしただけでなく、鼓膜も破られていたのだ。

私たちはバラックに戻った。まだ惨事の原因も経過も結果もわからない。何が起こったのか教えてもらえさえしたら！　ヒトラーはまだ生きているのだろうか？　私たちはこの問いをどうしても口に出すことができなかった。けれども私の頭の中では、ヒトラーが死んだとしたらどうなるんだろう、というぼんやりとした想像が亡霊のように浮かんでは消えた。それをはっきりとイメージすることはできなかった。ヒトラーのスタッフに彼の後を継げるような人はいるだろうか？　ヒムラー、ゲーリング、ゲッベルス？　無理だろう。彼らはただの月だから、太陽に照らし出されるだけで、自分で光を出すことはできない。それともドイツには誰か他の人間、ヒトラーの敵がいて、その人が権力の座を奪いとるということがあるのかしら？

　爆発があってから数分とたっていないのに、頭の中では支離滅裂な想像がさかまいていた。オットー・ギュンシェが私たちの窓の前を通りかかった。彼も会議のときにいた筈なのに、怪我もなくピンピンしている。私たちは彼のところに駆け寄った。「何があったの？　総統は生きてるの？　誰か死んだの？　原因は？」彼は全部の質問に一度に答えることができなかった。「総統は無事だ。待避壕にいた。君たち面会に行ってもいいよ。でもバラックは全部ふっ飛ばされてしまった。たぶん『トット機関[75]』の奴らが床に爆弾を仕掛けたんだろう。まだ詳しいことはわからない」

　好奇心が私たちを総統壕へと駆り立てた。ヒトラーと会うなり私はあやうく吹き出しそうになった。彼は小さな控え室で副官と従卒に囲まれて立っていた。彼の髪がきちんと整えられていたことは一度もなかったが、このときは毛が山のように立っていて、ハリネズミみたいだった。黒いズボンは細い何本もの紐のように裂けてベルトにぶら下がっていて、まるで腰蓑みたいだった。右手を軍服の上着のボタンの間に差し入れていた。腕をぶつけたのだった。彼はにっこりとして左手を出して私たちに挨拶した。「さあて、ご婦人がた、今度もうまくいきましたよ。やはり私は天命を授かった人間なのですね。そうでなければもうこの世にはいませんよ」

もちろん爆発の原因についても話した。「卑怯者が企てた暗殺計画です」とヒトラーは言った。「たぶん爆弾を仕掛けたのは『トット機関』の技術者だ。他の可能性は考えられない」と彼がボルマンに向かって言うと、相手は同調してうなずいた。もっともボルマンはいつもお追従する首振り人形だったけれど。もっと詳しいことが知りたかった。けれどもリンゲが時計を見て言った。「総統、ズボンをお履き替えにならないと。一時間以内にドゥーチェがいらっしゃいます」。ヒトラーはボロボロのズボンを見て言った。「君の言うとおりだね」。彼は暇乞いをして、久しぶりに背筋を伸ばし、しゃきっとした後ろ姿で部屋に戻っていった。

事故現場を近くで見たかったが、まだ立ち入り禁止だった。総統壕の入口のところから、仮設バラックの大会議室のある部分が崩れ落ちているのだけは見えた。

総統壕で一番小柄で若い兵士であるマンドル選抜歩兵は、会議中、会議用バラックで伝令官としての職務に就いていた。彼はそのときに体験したことを私たちに詳しく教えることでにわかに脚光を浴び、有頂天になった。「爆弾は総統から二メートルしか離れていないところで爆発したんだ。でも総統の隣りに立ってちょうどテーブルの上にかがんだボーデンシャッツ将軍がその瞬間、一番強い衝撃を受けた。無論彼は重体さ。シュムント将軍もね。背中の肉をひと塊もぎとられて、火傷もひどい。テーブルの隅に座っていた速記者は即死。両足をひきちぎられてね。カイテルとヨードルも負傷した。でも総統は無傷だった。大隊指揮官のギュンシェとフォン・ヨーン少佐[76]は風圧で開いた窓から外へ吹き飛ばされて、バラックから数メートル離れた草むらの上に投げ出された。そこにいた人たちはほとんど皆爆発の破片で怪我したり、火傷やもろもろの負傷を負ったんだ」。マンドル選抜歩兵は何でも知っていた。

熱病のような緊張と興奮がキャンプを支配した。寄ると触ると暗殺計画についての議論になった。数時間が数分のようで、数分が数時間のように感じられた。そして爆発の最後の煙も消えないうちに犯人が見つかった。ベルリンでは運命がヒトラーに軍配を上げたのだった。

ヒトラーが部下たちと暗殺未遂のあと現場に戻って細かい事実について話していたとき、フォン・シュタウフェンベルク大佐[77]が爆発のとき唯一その場にいなかった将校だったということも言及された。彼は電話をするために部屋を出たところだった。

すると突然後ろから情報部の上等兵アダムがヒトラーに歩み寄った。彼は会議用バラックの電話係をしていたということで、即座にこう報告した。「総統、フォン・シュタウフェンベルク大佐は爆発の直前に会議室を出ましたが、電話をしようとしたのではありません。バラックを出て行ったのです。大佐はそのとき妙な顔つきをしてました。だから私は彼が犯人だということもありうるとご忠告申し上げたいと思います」

ヒトラーがしばらく黙り込み、皆シーンとした。ヒトラーのスタッフの将校が暗殺未遂犯だなんてそれまで誰も疑ってもみなかった。これは二発目の衝撃的な爆弾だった。ヒトラーはまだ信じたくなかったようだが、シュタウフェンベルクを取り調べる命令を下した。雪崩が起こり悲劇が幕を開けた。夜にヒトラーのお茶会に行ったとき、私たちはこの物語の全貌を聞いた。

書類鞄に爆弾を入れて持ってきてヒトラーの席から二メートル離れた椅子の脚にもたせかけたのは、やっぱりシュタウフェンベルク大佐だった。シュタウフェンベルクが会議に来るのはまれだった。今回はブーレ将軍のところで講演の参加者として登録していた。フォン・ヨーン少佐はいつもシュタウフェンベルクの鞄持ちをしていた。大佐の右手には指が三本しかなかったからだ。シュタウフェンベルクがこのときに限って鞄を手放すのを拒んだのをヨーンは急に思い出した。それは運命を決する中身を秘めたまま、一時間以上ヒトラーの至近距離に置かれていた。そしてシュタウフェンベルク大佐は事件の舞台を去り、共謀者の一人だったフェルギーベル将軍のところへ寄り、作戦の結果を待った。計画どおり爆発が起こり、シュタウフェンベルクは車でキャンプの中を一回りした。めちゃめちゃに破壊されたバラックを通り過ぎ、草むらの上に横たわる怪我人を見た。けれどヒトラーの影も形も見えない。ただそこには煙を上げる爆破されたバラックの残骸と血まみれの人たちが横たわっているだけだった。

彼は使命が成功したものと思うよりなかった。ヒトラーは死んだと確信して飛行場に向かった。けれどもシュタウフェンベルクがバラックを通りかかったとき総統はピンピンしていて、無傷で待避壕に戻っていったのだった。

ゲッベルスはもちろんすぐにこの暗殺未遂についての連絡を受けたが、公には伏せられていた。シュタウフェンベルクに何人の協力者がいたのか、ベルリンで何が起こっているのか、まだわかっていなかった。しかしまもなく大混乱が起こった。命令とそれに反する命令がごたごたと錯綜した。国防軍最高司令部では大騒ぎだった。彼がどこに属しているのか、これは国防軍の抵抗運動なのか、シュタウフェンベルクは本当はヒトラーの忠実な従者なのか、誰にもわからなかった。私にはベルリンでのことの成り行きを短くまとめることができなかった。私が知っているのは「大ドイツ」精鋭警備大隊の指揮官だったレーマー少佐(78)がゲッベルスの命令に従い、部下に総統官邸とラジオ放送局を占拠させ、抵抗勢力の将校たちを中に入れないようにする決定を下したことだけだ。このことで彼は翌日ヒトラーからじきじきに騎士十字章を手渡された。銃声の一発もなくことは片づき、ベルリンはまた静けさを取り戻した。

けれども大本営はまだ長いこと興奮のるつぼだった。夜にヒトラーに会ったとき、戦争の一番大切なときに裏切りに遭ったことで彼の腹わたは煮えくりかえっていた。「卑怯者の集団め！　なんで奴らは撃ってこない！　それならまだ敬意を払えたものを。あいつらに命を捨てる覚悟はないんだ。けれども自分ならもうちょっとうまくやれるだろうと信じる馬鹿はそう多くはなかろう。私が糸を離してしまったらどんな混乱が起こるか、スカスカの藁でできた頭のやからにはわかってないんだ。それならドイツ民族に対するこんな裏切りをしようなどとは金輪際思わせないように、一つ見せしめを作ってやろうじゃないか！」ヒトラーは目を輝かせた。こんなに生き生きとした彼を見るのは久しぶりだった。ただ右腕が痛むらしい。彼はそれを上着のボタンとボタンの間に差し込んでいた。風圧で突然持ち上げられたテーブルの板で打って脱臼したのだ。

この暗殺が成功していたらどうなっていたのか私にはわからない。ただ、今となっては外地のどこかに埋められて永遠に行方の知れない何百万もの兵隊たちが家に帰ってくるのが目に浮かぶ。砲撃が止んで空がまた静かになるのが見える。そう、戦争はきっと終わっていたことだろう。

　でもこんな甘い幻想は現実に起こったことのせいであっというまにかき消されてしまった。七月二十日の暗殺未遂はドイツとヨーロッパを襲った最大の不幸だった。その試みがあったからではなく、それが失敗に終わったために。暗殺の成功を妨げたあらゆる不幸な偶然をヒトラーは自分個人の成功と解釈した。彼の自信、勝利の確信と安心感だけでなく、権力意識と狂信も今やいよいよ理性の範疇を完全に越えてしまった。そのころ負け戦が続いていたから、あのままゆけばもしかしたら妥協を許すようになったかもしれない。きっと心の奥底では勝利を信じる気持ちもときおりぐらついていたにちがいない。けれども今や彼は自分自身とその理念、権力、行為のすべてが運命に定められたものだと思い込んでしまった。

「私を亡きものにしようとした犯罪者たちは、ドイツ国民がどうなっていたか想像もできないやからである。ドイツを二度と立ち上がれなくなるまで破滅させようとする敵の計画を彼らは知らない。ユダヤ人たちが憎悪を剝き出しにして私たちに対して暴力を振るうようになったらドイツとヨーロッパの文化も終わりだ。謀反人たちがドイツ抜きでボリシェヴィズムに対抗できると思っていたならそれは大きな誤解である。これからはもう誰も私の邪魔をしたり私を排除しようとは思わないように尽力したい。私こそがこの危険を知っている唯一の人間であり、彼らを阻止できるただ一人の人間なのだ」。ヒトラーは毎日ドイツ国民に向かって話すことがどうしても必要だと思っていた。私たちが待避壕[79]に集まっているうちにラジオ放送局の車がケーニヒスベルクから呼ばれ、ティーハウスに放送用の配線が敷かれた。零時前、私たちはヒトラーと一緒にそちらに移った。ティーハウスには暗殺未遂事件に居合わせた軽傷の将校たちもいた。ヨードル大佐は頭に包帯を巻いており、カイテルは手に包帯をし、他の人たちは絆創膏を貼っていた。まるで戦いのあとのようで、はじめてここが戦地にある仮兵舎だという実感が湧いた。いよいよ負傷者が出たのだ。

　まるで厳しい戦いに勝ち、大きな危険が過ぎ去ったかのように彼らは振る舞った。彼らは総統が奇跡的に助かったことを祝った。私たちもその場にいてそうした雰囲気にのまれてしまい、彼のことをまた信じようとした。この日にこそ私たちの運命を決める賽は投げられたというのに。

　そこでヒトラーが一席ぶった。無傷で生き延びたことを国民にアピールするための短い演説だった。彼はドイツ国民に大きな不幸を回避させてくれた天の摂理に感謝し、人々に引き続き勝利を信じること、そのために総力をあげて協力するように檄を飛ばした。

　私たちは一丸となって聞き入り、七月二十日の英雄たちの勇姿から立ち上るめくるめくような優越感に恍惚とした。でも外では何千もの人たちがスピーカーの前で失望のあまりうめき声をあげ、希望を失い、ヒトラーがあんなに感謝した運命をさんざんに呪ったのだということを私たちはどうして知りえただろう。この期に及んでさえ私は、勝たなくちゃいけない、さもなければヒトラーが言っていたように、なにもかもを終わりにしてしまうようなひどいことが起こってしまう、と信じていたのである。

演説のあと私たちは待避壕に戻った。ヒトラーはモレル教授を診察のために呼んだ。彼は暗殺未遂事件の直後にも脈を測らせていて、それがまったく規則的で速まっていなかったのがご自慢だった。寝床にゆく前にもう一度彼は自分の無傷を確かめたかった。太った医者がドアをようやく抜け出るまで、短い時間を一緒に過ごしてから私たちは引き上げた。木々の間から明るい朝の空が見えた。そろそろ陽が昇る時刻だった。

もちろん暗殺未遂事件はこのあともまだ長いこと一番の話題だった。エーファ・ブラウンは完全に取り乱し、心配で胸が張り裂けんばかりの絶望の手紙を書いてよこしたので、その一途さにはさすがのヒトラーもほろりときていた。彼は記念にボロボロになった軍服をミュンヘンに送ってやった。いつか彼は言ったものだった。「私は自分の勘に絶対的な自信がある。ベルクホーフにいたときにもう、ここを去らなければ、という妙な胸騒ぎがしてね。今だからわかるけれど、その頃すでにオーバーザルツベルクでの暗殺計画があったんだ。新しい装備を私に披露しようというときに、いつのまにか、一人の兵士の背嚢に爆弾が仕込まれていたのだよ。偶然謀反人たちの総司令官がその実演の場にいて、この人を巻き添えにしたくなかったために、暗殺は実行されなかったということだ。でももしもベルクホーフで爆発があってごらん、それも新しい待避壕なんかで。そしたらわれわれ全員が一巻の終わりだった。私は死を恐れているわけじゃない。私の人生は悩みごとで一杯で、死が唯一の救いであるようなつらいものだからねえ。でも私にはドイツ国民に対する義務がある。そして私はその義務を遂行しなければならない」

余談だが、ヒトラーは〝無傷〟だとは言いながらもベルリンから耳の専門家を呼び寄せた。耳が聞こえにくくなり、頭痛がしたのだ。ギージング博士(80)は鼓膜が片方完全に破れ、もう片方も損傷していると診断した。暗殺未遂事件を体験しなかったブラント教授は来なかった。私たちはそれをいぶかしんだ。内科のモレル教授の注射はこの際役に立たない。ラステンブルクの病院に入院した重傷者たちも彼の治療ではなかなか回復しなかった。シュムント大将はもう助からなかった。モレルが新しいスルホンアミド薬を試してみたりしたけれどその甲斐もなく、重傷を負った数週間後に亡くなった。

フェーゲライン大隊指揮官は暗殺未遂事件の解明と犯人探しをまかせられていた。この人は自分のようにカッコいい男をもいっしょくたにこっぱ微塵にしようとするとは、と個人的に憤っていた。ヒトラーを片づけることよりもこっちのほうがずっと重大な冒瀆だと考えていたにちがいない。だから彼は復讐に燃え、やっきとなって追跡にあたっていた。そして抵抗運動は軍の中で思ったより多くのグループに広まっていたことが、やっとヒトラーにもわかってきた。高名な人物の名前も挙がった。ヒトラーは逆上し、罵りまくり、裏切り者、卑怯者とさんざん息巻いていた。

ヒトラーはひどくまいった様子で、これまでになく不健康な生活を送った。新鮮な空気を吸うことなんてもうほとんどなくなり、食欲もなくなり、左手がかすかに震えるようになった。本人の弁によると「暗殺未遂事件の前にはこの震えは右脚にあった。それが今左手に来てるのだよ。ああ、これが頭じゃなくてよかった。頭がこんなに始終ガクガクしてたら、やってられないからね」ということだった。

夜のおしゃべりのとき新しいテーマが出た。ブロンディに家族を持たせようというのだ。ヒトラーはこれにふさわしいパートナーを探して、トロースト教授のシェパードに目をつけた。それはかつてヒトラー自身が彼女にプレゼントしたものだった。というわけである日、総統大本営唯一の女性客としてゲルディ・トローストが愛犬ハラスをつれてやってきた。ブロンディは同種のオスの出現に大喜びするだろうというおかたの期待を裏切り、来客にまったく注意を払わなかったばかりか、相手が最初の接近を試みると、怒って噛みつく始末だった。ヒトラーはがっかりしたが、そのうちに犬同士気が合って、愛し合うようになり、いつかは小さな猟犬でも育ててくれるだろうと期待していた。

夜、私たちはトロースト女史と一緒にお茶を飲んだ。彼女はヒトラーに、もっと散歩をしないといけませんよ、と忠告した。「総統様、ここでの生活はとても生活と言えるものじゃありませんよ。コンクリートの壁に風景を描いたら、もう待避壕を一歩も出なくていいってわけですか?」ヒトラーは笑って、夏のプロイセンの気候はどうも自分には合わない、涼しい室内にじっとしていたほうがずっと健康的です、などと言った。トロースト女史がせめてマッサージをお呼びなさい、腕にもいい筈だからと助言してもかたくなに断った。人に触られるのが嫌なのだ。一九二三年のミュンヘンでの十一月一揆のとき肩の関節を脱臼し、ある軍曹にマッサージをしてもらったが、それは効果をあげるどころかもっと症状を重くしたので、そのときの治療の痛さが忘れられなかったということもある。

トロースト教授は愛犬を置いて帰っていった。ブロンディにつれなくされたこの犬は私のちっちゃなフォックステリアに夢中になった。こちらもこの頃、物思うお年頃になってきたところだった。ある晩、大きな灰色の影がバラックの窓から飛び込んできたとき、私は少なからず驚いてしまったが、そうか、このお客さんはうちのチビのところに来たのね、とすぐに合点がいった。

ハラスはたえまない興奮状態のためにみるみる痩せていった。そこでとうとうブロンディも優しく打ち解けてきて、遂にある日ヒトラーは喜色満面で「彼らが愛で結ばれた！」と打ち明けた。ハラスはその後数週間ここにいて、大本営の肉鍋をいやというほど平らげていった。

大本営の私たちには毎日が何の変哲もなく過ぎてゆき、ヒトラーは相変わらず優しく自信たっぷりで、楽しく魅力的に振る舞っていたが、その間どの前線でも厳しい戦いが続いているのだった。東方ではソ連軍がどんどん近づいてくる中、ドイツは防衛戦でやっと持ちこたえ、前線を縮小するという状況だった。西方では敵の侵略が拡大し、ドイツ軍は自衛に追い込まれた。夫の師団は東方での血まみれの戦闘を終え、新しい戦車と部隊の修復を待つためにフランスまで後退させられた。私がちょうど罹災した家族の手伝いにミュンヘンへ行こうとしたときに、ハンス・ユンゲが伝令として総統大本営に送られてきた。私たちは破壊され荒廃したベルリンで数日間を過ごしたのち別れた。私はバイエルンへ向かい、彼は部隊に戻った。

ミュンヘンでも破壊の風景に出会った。私たちの家は全壊し、何も救い出すことはできなかった。人々は絶望し、希望を失い、まだ勝利を信じている人なんてほんのわずかだった。私は皆を励まそうとしたが、自分でもとても元気なんて出ないのだった。ヒトラーの言葉を繰り返そうとしても、彼の持つ説得力も自信も私にはなかったし、心の中は疑惑と葛藤で一杯だった。三週間ののち八月の終わりに大本営に戻ってから、私は将校や副官など事情を知っている筈の人たちに尋ねてまわった。「戦況はどうなっているのです？　まだ勝利を信じていらっしゃるのですか？」誰の答えも皆同じだった。「たいへんな状況だけれど、希望がないわけではないですよ。ここはじっと辛抱して新兵器の完成を待ちましょう」

そしてまた私たちは夜ヒトラーのところに集まった。ドイツの多くの街が瓦礫と灰に埋もれて以来、彼は集中的に再建計画に取り組んでいた。ギースラーがいたときには、ドイツの復興計画を細部にわたって話し合った。ハンブルク、ケルン、ミュンヘン、リンツその他の都市についての計画はヒトラーの頭の中だけにあったのではなく、完成した計画として図面の上にもはっきりとした形を整えていた。そして庭師がバラを丹精するように、ヒトラーはその建設計画を大事に暖めていたのだ。ときおり彼が世界で一番美しい街、一番広い通り、地球上で一番高い塔をまるで目の前に見えるかのように描写するのを、私たちはあっけにとられて聞いていた。すべてがこれまでになかったくらい素晴らしいものにならなければいけないと、最上級の表現を連発した。彼は本当に自分の言葉を信じていたのだろうか？　私は当時そのことをよくよく考えてみることもしなかった。［…］

私が望んだのは壮大な建築物なんかではなくて、静けさと平和だった。もっとも私は戦争中、他の人たちよりもずっといい暮らしをしていた。それにつまらないオフィスに腰掛けている必要もなく、空襲に遭うこともまれだった。でもまるで黄金の鳥かごに囚われているみたいに感じ、はやくここを出て、私が帰ってゆくべき場所に帰りたいと願っていた。結婚してからもう一年以上もたっていたのに、その自覚さえ全然持てないでいた。ヒトラーはいまだに私のことを末っ子の甘えん坊のように扱っていた。私をからかうのがとにかく好きだった。私はウィーンの映画コメディアンをまねてザクセン訛りを披露し、彼のジョークをはぐらかした。そしてクリスチアン夫人はヒトラーがなかなか素敵なやり方で崇拝を捧げるお相手となった。それはときにはまるで小さな浮気のように見えたけれど、ほとんど毎日一回はエーファ・ブラウンの話題になり、そのときヒトラーの目が深く暖かい輝きを帯び、声が柔らかく優しくなるのを私は見逃さなかった。

でも八月の半ば、将校の集会を召集し、大本営にハイクラスもしくはトップクラスの軍指導者たちの前で挨拶をしたときには、彼の姿には優しさも柔らかさも消えていた。私はこの大会に居合わせたわけではないが、あとでピカピカの軍服たちが食堂で激しく興奮して議論をしているのを見た。なにか相当きついことを言われたらしい。ヒトラーは七月二十日の裏切りへの怒りを徹底して表明し、全ドイツ国防軍にドイツ礼〔右手を高く挙げるナチス式敬礼〕を導入した。同時に将校たちの忠誠と良心、無条件の服従を呼びかけた。のちに偶然私のもとにこの集会の記録が回ってきた。私にはこれを読む資格はなかったが、数ページだけちらっと目を通してしまった。「そして私のいまわの際には、わが将校たちが剣を抜いて私のまわりに集まり、永遠の忠誠を誓うものだと私は信じていた」。そこでマンシュタイン大将[81]が「きっとそうなります、総統！」と絶叫した。そしてかっこの中に「割れんばかりの拍手」と記されてあった。

こんな日々のうちにヒトラーは七月二十日の負傷者を表彰した。この間にシュムント大将などの数人は負傷がもとで亡くなっていた。生き残った人たちは傷痍軍人記章を厳粛なムードの中で手渡された。ニュース映画や写真ニュースがこの偉大な瞬間を記録した。私はヒトラーが左手を動かないようにずっと背中に回しているのに気づいた。それがたえまなく震えているのを誰にも気づかれないように注意を払っているのだった。彼の健康状態が総合的にあまりよくないことが私の目についた。異常にたくさん薬を飲んでいた。食事の際、リンゲは少なくとも五錠の種類の違う錠剤を食前か食後に渡していた。一錠は食欲を促進し、もう一錠は消化を助け、三錠目は腸内ガスの発生を防ぐなど。

そのうえ毎日モレル教授がアーとかウーとか呻きつつ御自らやってきて、いつもの奇跡を呼ぶ注射をしてくださるのだった。この医者は近頃特に重い心臓疾患に悩まされていた。また食餌療法を試みたものの、獰猛な食欲が大きな障害となった。彼が夜のお茶会に来ると、ものの数分のうちに低くいびきをかき始め、それはヒトラーが退席するときまで止まなかった。そこでモレルは自分は類まれな社交家なのだが、今はとても疲れているのだと言い張った。ヒトラーが彼のことで気を悪くしたことはなく、まるで子供に接するように温情を与えていた。モレルのことを話すときには、彼の目には感謝の念と同情の色が浮かぶ。「モレルがいなかったら私はとっくに死んでいるか、少なくとももう仕事のできない身体になっていただろう。彼は私を助けられる唯一の人だったし、今もそれは変わらない」と言いきれるくらい、ヒトラーはモレルを百パーセント信頼していた。けれどもヒトラーはいったいどこが悪いのかは誰も知らなかった。特定の診断が公表されたことなど一度もなかったのだ。

【原注】

58 この章とこれに続く各章の区分はトラウデル・ユンゲが後年決めた。

59 親衛隊上級中隊指揮官ハンス・プファイファーは一九三九年十月十日アドルフ・ヒトラー付伝令将校に任命された。

60 エルンスト（通称〝プツィ〟）・ハンフシュテンゲルとエルナ夫人は二〇年代はじめ、ヒトラーの重要な友人だった。

61 ヘレーネ・マリー（通称〝マルレーネ〟）・フォン・エクスナー 一九一七年四月十六日ウィーン生まれ。ウィーン大学で食餌療法助手としての専門教育を受ける。一九四二年九月から四三年七月までブカレストのアントネスク元帥のもとで、四三年七月から四四年五月八日に解雇されるまではヒトラーのもとで食餌療法の調理師として勤務した。

62　トラウデル・ユンゲは一九四三年七月十九日ベルーノ近郊フェルトレで行なわれたアドルフ・ヒトラーとベニト・ムッソリーニの会談のことを言っている。

63　ハンス・バウアー　一八九七年六月十九日アムプフィング生まれ、一九九三年二月十七日ノイヴィダースベルクで死去。元商業従事者。一九一六年バイエルン航空第一師団のパイロットとなり、二〇年バイエルン航空郵便局、二二年バイエルン・ルフト・ロイド社、二六年ルフトハンザ社に勤務する。一九三二年選挙戦に赴くヒトラーを乗せて飛び、三三年ヒトラーおかかえパイロット、かつ親衛隊連隊指揮官としてヒムラーのスタッフとなる。一九四四年親衛隊旅団指揮官に就任、最終的に警察中将の地位を得る。一九四五年五月一日、総統壕から脱出、同年五月二日ソ連軍捕虜となり、五五年まで数カ所の刑務所と労働収容所で服役する。

64　事実ムッソリーニはヒトラーとの会談の一週間後の一九四三年七月二十五日に失脚し、身柄を拘束され、公職を剥奪される。一九四三年九月十二日ドイツ・パラシュート部隊がカンポ・インペラトーレ（グラン・サッソ・ディターリア）で彼を解放する。その後ムッソリーニはヒトラーに頼りながら北イタリアでひっそりと暮らしていた。

65　トラウデル・ユンゲが自ら書いているように、彼女はいろいろな事件があった一九四三年について重要な点は覚えているが、順序には不確かなところがある。スターリングラードが「落ちた」のはヒトラーとムッソリーニの会談より前である。一九四三年一月三十一日スターリングラード南部の孤立地域が、同年二月二日には北部が降伏した。公式には国防軍最高司令部が次のように発表した。「スターリングラードの戦いは終わった。最後の息を引き取るまで軍旗への忠誠の誓いにのっとり、パウルス元帥の模範的な指揮の下、部隊は敵の優勢と不利な条件に届した。［…］彼らは死んだ、ドイツが生き延びるために」

66　親衛隊党指導者に直属する保安部。一九三六年から正式にドイツ帝国の情報・防衛機関となった。主に国内外の国家社会主義の敵についての情報を提供して、国家秘密警察を補助した。

67　トラウデル・ユンゲの記述はここで明らかに一九四五年春の出来事に飛んでいる。四月六日ソ連軍はウィーンに侵攻し、四月十三日に同市は完全にソ連軍の手に落ちた。続くテキストの内容はまた一九四四年春に戻っている。

68　親衛隊霧部隊は一個につき二百リットルの霧酸を製造する霧噴射器二百七十樽を備えていた。敵の来襲が迫るとベルヒテスガーデンの敷地を三十分以内に霧で包むことができた。

69　エドゥアルト・ディートル　一八九〇年七月二十一日バード・アイブリング生まれ、一九四四年六月二十三日死去（飛行機の墜落事故）。一九〇八年職業軍人となり、第一次世界大戦に参加。一九一八年「エップ義勇軍」に入団、二〇年ドイツ労働者党に入党する。一九三一年ケムプテンで少佐、続いて大隊長に任命され、三五年には山岳兵第九十九連隊大佐に就任、ノルウェー出兵に参加する。一九四二年に第二十山岳隊の最高指揮官となる。

70　ここでは一九四四年以降に授与された鉄十字章の形のことを言っている（騎士鉄十字章、柏葉騎士十字章、剣付き柏葉騎士十字章、ダイアモンド剣付き柏葉騎士十字章、黄金ダイアモンド剣付き柏葉騎士十字章の五種類があった）。

71　ハンス＝ヴァレンティン・フーベ　一八九〇年十月二十九日シュレジア地方ナウムブルク生まれ、一九四四年四月二十一日死去（飛行機の墜落事故）。一九〇九年陸軍に入隊、四〇年少将として第十六歩兵・戦車部隊司令官に任命され、四二年には戦車隊大将に就任する。一九四三年八月ドイツ・イタリア軍によるシチリア島撤退を指導。一九四三年第一戦車隊の最高司令官となる。

72　ヘルマン・フェーゲライン　一九〇六年十月三十日アンスバッハ生まれ、一九四五年四月二十八日死去（処刑）。一九二七年から二九年までミュンヘン州警察将校候補生として訓練を受ける。一九三三年親衛隊に入隊し、親衛隊の乗馬グループを指導、三五年にはミュンヘンに親衛隊中央乗馬学校を設立する。一九三六年親衛隊大隊指揮官、四〇年親衛隊上級大隊指揮官に昇格し、同年親衛隊髑髏騎士連隊司令官に就任する。一九四四年一月一日よりヒトラー付武装親衛隊連絡将校、同年六月二十一日武装親衛隊中将に任命される。一九四五年四月二十五日総統官邸の総統壕を脱出するが、同年四月二十七日国家保安部犯罪部長ペーター・ヘーゲルに逮捕され、翌日死刑宣告を受け、射殺される。

73　ベノ・フォン・アーレント　一八九八年六月十九日ザクセン州ゲルリッツ生まれ、一九五六年十月十四日ボンで死去。職業はインテリアデザイナー、舞台美術家。一九一六年から一八年まで従軍、その後東部の義勇軍に参加する。一九三二年ナチス党に入党、「ナチス舞台芸術家同盟」を設立し、「ナチス帝国劇場会議」の主席会員を務める。一九四五年ソ連軍捕虜となり、五三年ソ連の収容所から釈放される。

74　ハインツ・ヴァイツェネガーはヴィルヘルム・カイテル元帥の副官だった。

75　「トット機関」については注37参照。

76　ヴィルヘルム・カイテルの副官の一人、エルンスト・ヨーン・フォン・フライエント少佐のこと。

77　クラウス・シェンク・グラーフ・フォン・シュタウフェンベルク　一九〇七年十一月十五日イェッティンゲン生まれ、一九四四年七月二十一日ベルリンで死去（処刑）。一九二七年少尉、三四年大尉、一九四〇年陸軍参謀本部少佐に昇進する。一九四三年戦闘で重傷を負う。一九四四年七月一日補充・予備軍司令官付参謀となる。シュタウフェンベルクはヴィッツレーベン元帥、オルブリヒト、ベック、ヴァグナー大将とともに一九四四年七月二十日のヒトラー暗殺を計画した。

78　ヒトラーに忠実だったオットー・エルンスト・レーマー少佐のこと。ヒトラーは彼に電話をし、彼の上司であるパウル・フォン・ハーゼ中将は「小さな裏切り者の一味」に属しているため、ただちに逮捕せよと伝えた。レーマーは全ベルリンの国防軍部隊への最高指揮権を引き継ぎ、ゲッベルスの指示に従った。

79　トラウデル・ユンゲが今日証言しているように、ヴォルフスシャンツェにはベルクホーフのような独立したティーハウスがなく、食堂の増設部分がその役目を果たしていた。

80　エルヴィン・ギージング　一九〇七年十二月七日ラインラント州オーバーハウゼン生まれ、一九七七年五月二十二日クレーフェルトで死去。マールブルク、デュッセルドルフ、ケルンで医学を学び、一九三六年耳鼻科専門医となる。一九三二年ナチス党に入党、三九年までベルリン・ヴィルショウ病院で専門医を務める。一九四四年七月二十日ヒトラーの耳を治療するため総統大本営に呼ばれるが、九月テオドール・モレルとの確執のため解雇される。一九四五年アメリカ軍捕虜となり、四七年に釈放される。

81　エーリヒ・フォン・マンシュタイン　一八八四年十一月二十四日ベルリン生まれ、一九七三年六月十一日オーバーバイエルン地方イルシェンハウゼンで死去。本名はフリッツ＝エーリヒ・フォン・レヴィンスキ。一八九六年ゲオルグ・フォン・マンシュタインの養子となり、プレーン陸海軍幼年学校生徒隊に入隊する。一九〇七年少尉、一四年から一八年まで第一次世界大戦に参加し中尉、大尉の称号を得る。一九二一年から二七年までドレスデンで中隊長を務め、二七年少佐、三三年大佐に昇進する。一九三四年ベルリン第三国防圏司令部参謀課長に就任、三六年にはルードヴィヒ・ベック参謀総長付第一副官となり、続いて三九年に東部最高司令部参謀総長、四〇年第三十八歩兵軍団指揮官、四一年第十一軍司令官に任命される。一九四二年上級大将となるが、ヒトラーの不興を買い、四四年三月三十一日指導権を取り上げられる。一九四五年イギリス軍捕虜となる。一九四六年ニュールンベルク裁判では無罪判決を受けるが、一九四九年ハンブルクで行なわれたイギリス軍法会議で戦争犯罪のため十二年の実刑判決が下される。一九五三年刑期満了未満で釈放され、同年から一九六〇年までドイツ連邦政府のもとで連邦軍組織に関する公式顧問を務める。

第5章　ベルリンの防空壕で

［一九四四年］八月の終わり、私たちはまた食卓についていた。ヒトラーは私に対してなんだか様子がおかしくて、感じが悪いと言ってもいいくらいだった。食事中彼は私に一言も言葉をかけず、偶然目が合ったりすると、私のことをじっと探るように見る。私がいったい何をしたというのだろう。何かで怒りにふれてしまったのかしら。まったく心当たりがない。悩んでいてもしかたがないので、きっとただご機嫌斜めなのだ、と思うことにした。

その日、フェーゲラインが私に電話をよこした。「午後、君のところでコーヒーを飲んでいいかい？」と彼がきく。なんで彼が急に私のところに来たがるのだろう。不思議なこともあったものだ。今までにそんなことは一度もなかった。でも一応「いいわよ」と返事をする。コーヒータイムがとっくに過ぎてもフェーゲラインは現われなかった。とうとうまた電話が鳴った。作戦会議が長引いて、これからまた仕事に戻らなければいけない、だから今すぐ君のほうから来てくれないか、と言うのだ。まあいいでしょう。ついでに犬の散歩もできるし。

というわけで私は大本営の端っこにあるフェーゲラインの新しいバラックに向かった。「やあ、よく来てくれたね。シナップスでも飲むかい？」とフェーゲラインが挨拶する。あらあら！　私にいったいなんのご用？　私に話があるんじゃなかったのかしら？「けっこうよ」と私は断った。「シナップスなんて要らないわ。あなた、私のところにコーヒーを飲みにきたかったんじゃないの？　私がそんな光栄にあずかるのにはいったいどんなわけがあるのかしら？　私が貞淑な妻なのをよくご存じでしょう」。するると彼は私に近寄り、父親のように私を抱きしめた。(82)「何があったのか、すぐに言っちゃったほうがいいよね。君のご主人が戦死したんだよ。ボスは昨日から知ってたけど、確認を待ってたんだ。君に自分からはとても言えないって。困ったことがあったら僕に言っておくれ。いつでも力になるよ」。そう言うと彼は私から離れて、やっぱりシナップスを一杯注いでくれ、私はそれを飲み干した。

そのとき私はなんにも考えられなかったし、フェーゲラインも私に考える時間をくれなかった。彼は話し続け、私はまるでずっと遠くからそれを聞いているような気がした。すべてが「大クソ」で、この戦争もボリシェヴィキも何もかもが、いつの日かみんながらりと変わるときがきっと来るさ……。おかしなことだ。ほとんど聞いてなかったのに、なんで今でもこんなことを覚えているのだろう。

いきなり私は外に飛び出した。しとしとと、ぬるい夏の雨が降っていた。私はキャンプを出て、青々とした野原へと田舎道を駆けていった。とても静かで寂しかった。どうしようもなく一人ぼっちで何もかもが途方もなく悲しかった。遅くなって部屋に戻った。誰にも会いたくない。誰の声も聞きたくない。今はお悔やみも同情もまっぴらだ。そこに総統壕から電話があった。「ユンゲさん、今日お食事に来ますか?」「いいえ、今日は失礼します」と答えた。伝令は電話を切った。けれど数分後、また電話が鳴った。リンゲが自分でかけてきた。「総統がどうしても君と少し話したいって言うんだ。食事には残らなくていいから、ちょっと来てくれないか」と言う。しかたがない、早く済ましたほうがいい、そしたらもう片づくことだから。とうとう私は観念した。

以前シュレーダー嬢が居間として使っていた小さな部屋に通された。今はヒトラーが臨時の書斎にしている。この部屋はなんて陰気でそっけないんだろう、とこのときの私には感じられた。リンゲが私の後ろでドアを閉めると、ヒトラーは無言で私に近づいてきた。彼は私の両の手をとるとこう言った。「ああ、君、かわいそうに。あなたのご主人は立派な男でしたね」。彼はとても低い声で悲しげに言った。お悔やみを述べるのもやっとのようで、私は自分よりもヒトラーのほうを気の毒に思ったくらいだ。「私がついていますから心配しないで。いつでも助けてあげますよ」。急にみんなが私を助けてあげたいと言い出す。私はできることならその場から、ただ一目散に逃げ出したかった。

まもなく私はまたヒトラーの食卓に参加するようになった。彼は具合が悪いとかで言葉少なく、老けて疲れた様子だった。彼を話題に引っぱり込むのが難しくなった。シュペーアの話さえうわの空のこともあった。「私は本当に重大な問題をたくさん抱えています……。私がたった一人でどんなにいろいろな決断を迫られているか、皆さんにはわからないでしょう。誰も私の責任の肩代わりなんてしてくれない」。私たちが彼にご気分はいかがですか、ときくと毎回のように彼はこんなセリフを繰り返すのだった。

ベルリンから来た軍医中尉がまだいたし、ブラントも相談をもちかけられ、総統の痛む腕と震える手を診察した。しまいには、以前ヒトラーの喉頭の手術で成功を収め、その信頼を一身に受けたフォン・アイケン教授(83)もベルリンから呼ばれてきた。モレルはというとやはり病気だった。彼についてはもう施すべき処置もなく、ただ寝ているしかない。代理のヴェーバーにヒトラーの治療をまかせるほかなかった。ヒトラーが代理に満足したことは、モレルの野心に満ちた人生の中で最大の打撃となった。ヒトラーはにわかにモレル以外にも注射を打つことのできる医者がいることを発見した。この代理医が静脈を見つけるやり方たるやほとんど芸術的であり、自分の扱い方をこんなに心得ている医者も珍しいとヒトラーは強調した。モレルは嫉妬と野心に燃えて気も狂わんばかりだった。よりによってヒトラーが自分をもっとも必要としているときに、一時とはいえ他人に場所を譲らなければならないとは。そして彼のずんぐり頭の上には暗雲が立ちこめた。ブラントは同僚のフォン・ハッセルバッハと共に、モレルがヒトラーに処方していた錠剤に含まれたストリキニンの含有量をつきとめた。それはヒトラーがそのまま飲み続けていたら死に至るほどの量だった。

ヒトラーが一日のうちにどの薬をどれだけ飲むかまったく管理がされてなかった。リンゲの引き出しの中にいくらかの予備があって、リンゲはヒトラーの要求があると欲しがるものはなんでも、モレルにあらかじめ断ることもなく与えていた。遂にこの二人の外科医は覚書をしたためヒトラーに提出する。でも結果はヒトラーの怒りを買っただけで、ブラントは総統侍医としての職をクビになった。これまでヒトラーやエーファ・ブラウンとそれなりに暖かい友情で結ばれていた筈のこの人も、とうとう信頼をなくしてしまった。モレルに逆らうようなまねをするのは危険であり、ほとんど絶望的とも言える試みなのだ。

数日後のこと、「総統はお一人で食事をされるので、悪しからず」とお達しがあった。

お茶会も中止された。そして遂にある日のこと、総統は寝込んでしまった。これほどのセンセーションがかつてあっただろうか。誰もヒトラーがベッドに伏せっているのを見たことがなかった。従卒でさえ閉じたドアの外から彼を起こし、朝の通信などは部屋の外の小さなテーブルの上に置いた。ガウン姿でスタッフを迎えたことなど一度もなかった。けれども彼は急に病気になり、誰もその原因を知らないという。あの暗殺未遂事件がやはり尾を引いているのだろうか。これはおそらく脳震盪の後遺症で、今頃になって症状が出てきたのだ、と医者たちは口々に言った。とにかく私たちは何日もヒトラーの姿を見かけなくなった。副官たちは絶望した。ヒトラーは誰とも会いたがらなかった。オットー・ギュンシェがいつか私のところに来て言った。「総統はまったく投げやりな様子で、僕たちはいったいどうしたらいいのやら。東方の戦況さえどうでもいいみたいなんだ。あっちじゃ目も当てられないような悪戦苦闘だっていうのに」

モレルは病棟から電話で助手たちにヒトラーの治療の指図をした。するとまあ不思議、彼の生きる気力が蘇り、ベッドの上から命令を発し、戦況の説明を聞き、数日後には夜のお茶会にも顔を出した。寝室で横たわったままゲストを迎えたのは、このときがヒトラーの人生の中でも最初で最後のことだったろう。はっきり言ってしまえば、このときはひどく居心地が悪かった。

小さな待避壕の部屋の調度はやけにみすぼらしかった。まるで兵営の片隅にある兵卒の部屋みたいだった。そのうえヒトラーはブロンディとその家族のために巨大な木箱を置いていて、それがかなり場所をとっていた。私はエーファ・ブラウンのいつもの悩みを思い出した。ヒトラーの誕生日やクリスマスにいったい何をプレゼントしたらいいのかわからないというのだ。彼はいつも地味な灰色のフランネルのガウンを着て、派手なネクタイなど結ぶこともなく、みじめな黒い靴下を履き、モダンなパジャマなどは身につけたこともなかった。ベッドに横たわった総統は、髪はきれいになでつけ、顔も剃ってあるが、国防軍のデザインとしか思えないような野暮ったい白の寝間着を着ていた。窮屈だと言って、袖のボタンを掛けていなかったから、私たちは彼の腕の白い肌を見てしまった。輝くような白さだった！　なぜ彼が短いズボンをはきたがらなかったかがわかった！　ベッドの前に小さなテーブルが備え付けられ、私たちは小さな椅子を持ってきてなんとかベッドのまわりに集まった。秘書二人以外には副官のボルマンとヘーヴェルがいたくらいのものだったが、ゲストの誰かが退出したいというときには皆が立ち上がらなければならなかった。給仕もたいへんだった。

ヒトラーはまだあまりものを言わなかった。私たちがここ数日間何をしていたかを聞きたがった。私たちはべつにたいしたことも報告できなかった。だってもっぱら被害報告の山を書き写すだけの日々だったのだから。つらい仕事で、ただ無意味な気持ちがするばかりだった。ヒトラーはここ数日間の報告書を見ようともしなかった。すべての災厄をたったひと筆のペンで終わらせることのできるただ一人の人が、まわりでは地獄の阿鼻叫喚が渦巻いているというのに、腑抜けのようにベッドに横たわり、疲れた目でぼんやりとしているのを見ていると、本当に情けない気持ちになった。この人の肉体は突然、強い意志による努力なんてすべてなんの意味もないと見極め、ストライキを起こしているのではないだろうか。ただ身を横たえて「もう嫌だよ」とだだをこねているのではないかしら。ヒトラーがこんな不服従を経験したのははじめてのことだった。こうなったらもうこの不意打ちにやられるままになるしかなかった。

ヒトラーがすべての弱さに打ち勝つまでに、それほど長くはかからなかった。ソ連が東プロイセンに侵攻しているという報告で彼はわれに還り、一夜にして健康を取り戻した。この間にまるで要塞のような新しい待避壕が完成した。ヒトラーは引っ越しをする。新しいコンクリートのお城は通路と部屋と広間でできた迷路みたいだった。今度もまた食餌療法用キッチンが待避壕の中に備え付けられた。ヒトラー直属のスタッフは皆この待避壕の中に個室をもらった。ボスは今日にでも大本営を狙った空襲があると思っていたので、そうなったら重要な人たちは皆一緒にいなければ、というわけだった。同じ時期に他の待避壕も全部補強された。実際、私たちは毎日のように空襲警報におびやかされていたのだった。でも飛んでくるのはいつも一機だけだった。

それもただ森の上を旋回するばかりで、爆弾を落とすことはなかった。それでもヒトラーはとても深刻に受けとめていて、こんな偵察機のことも来たるべき大襲撃の前触れだと思っていた。

恐ろしい勢いでロシア人たちが前進してくる。彼らが占拠した村からは身の毛もよだつような報告が続々と入ってくる。ヒトラーも上機嫌ではいられなくなった。夜のお茶会に来るとき、彼の眼差しは暗く、苦悩に満ちていた。東の方面から来た写真や報告のことをとにかく数時間だけでも忘れようと、うんと気を張っている様子だった。強姦された女性たち、殺された子供たち、虐待された男たち、死と悲惨と絶望が彼を責めたてていた。

彼は復讐を誓い、憎しみを煽った。「奴らは人間じゃない。アジアの平原から来た野獣だ。彼らとの戦争はヨーロッパ人の尊厳のための戦いである。その勝利は何にも代えられないものだ。われわれは強硬に、すべての手段を使って戦おうではないか」

でも勝利が近づいているようにはとても見えなかった。逆に敵軍だけが近づいてくる。西方からも連合軍がだんだんドイツ国境に迫ってきた。それでもまだ私たちは東プロイセンにいた。ソ連軍が私たちを追い出すまで、もうあまり長くはかからないだろう。澄みきった秋の空に大砲の爆音が響いた。そこでヒトラーは建物を建てたり補強したり、防御設備を造らせたりした。その間にもう巨大な装置ができあがった。そこらじゅうが遮断機、歩哨、地雷、有刺鉄線網、監視塔だらけだった。今日私が犬と散歩した道が、次の日には突然遮断されていて、歩哨が身分証の提示を求めるという具合だった。空襲警報が毎回毎回、どんなに途方もない混乱を呼んでいたか、もし敵が知っていたなら、きっと攻撃を仕掛けてきていただろう。

夜がまた凄まじかった。電気がみんな急に消えてしまう。全員が待避壕に急がなければならないが、そのあたりの木が邪魔をして方向感覚を狂わす。そのうえ合い言葉をどれもちゃんと言えなければいけない。歩哨には冗談が通じないから、考えているまに撃たれることだってあるのだ。ふだんは誰もそれを気に留めていなかった。日中は身分証で通れたし、夜は誰も包囲網の外を散歩しなかったから。

ヒトラーは新しい部隊を作り上げ、東方に投入しようと試みた。そこで前線が縮小され、いくらか落ち着いてきたとき、彼はタウヌスの西方大本営にでかけて西部戦線を鎮めようと決めた。一九四四年十一月のはじめ、私たちは持ち物を全部持ってヴォルフスシャンツェから引っ越した。ソ連軍がもう目と鼻の先まで迫ってきていたのだ。

最後の別れに胸が痛む。十一月のある朝、ヴォルフスシャンツェを後にして私たちはベルリン行きの特別列車に乗った。私は森の生活が大好きだった。東プロイセンの景色を心から愛した。でも、お別れしなくちゃいけない。もう永遠に。ヒトラー自身もそれをよくわかっていた。彼はいつか戻ってくるつもりでもあるみたいにいろいろなものを造らせていたけど、今は別れの感傷に浸っている。自分が前線の一部を張っているかぎり、絶対に降参しない、といつも言っていたのは彼ではなかったか。ヒトラーは自分という人物が不可能を可能にできるという信仰に取り憑かれていた。

特別列車は満員だった。もう一団のスタッフは一時間前の列車で出発していた。今回は昼間の旅行だった。ヒトラーは隠密裏に到着するため、夜の闇とともにベルリンに入るつもりだった。太陽が霧を追い払って、もう一度秋晴れの景色を見せてくれた。

けれどもヒトラーの車両の窓には覆いがかぶされた。彼はコンパートメントの人工の明かりの中に座っていた。そのサロン車両の中での昼食の陰気だったことといったら！　外では太陽が燦々と輝いているのに、ここの薄暗さはまるで霊廟のよう。モレル、ボルマン、ヘーヴェル、シャウブが食事に同席した。シュレーダー嬢とクリスチアン夫人はこのときベルリンにいた。インスブルック出身の若い食餌療法の調理師であるマンツィアリー嬢(84)は本当は教師になりたかったのだが、臨時にヒトラーのもとで働いていた。でもこんな内輪の席に加わるには彼女はあまりに新米すぎた。だからヴォルフ嬢と私だけが女性の出席者となった。

この日ほどヒトラーが気落ちしてぼんやりとしていたのを見たことがない。話しかけてもそれにのってくることもまずなかったし、うつむいてお皿の上を見ているか、白いテーブルクロスのある一点をぼんやり眺めているだけだった。私たちが集まったこの狭いゆらゆら揺れる鳥かごが重苦しい雰囲気に包まれた。みんなが一種異様な気分に襲われた。突拍子もなくヒトラーが手術の話を始める。最初はいったい何を言いたいのかさっぱりわからなかった。彼はアイケン教授の手腕に対する絶大な信頼についてまくしたてる。「教授はたいへんな責任を負っている。けれど彼はそれをまっとうする唯一の人です。声帯の手術なんて命に関わるものではない。でも私が声を失うということだってありうると……」。彼は最後まで言わなかった。その頭の上にとぐろを巻く暗雲がくっきりと目に見えるかのようだった。声が権力のための大事な道具であり、彼の言葉が民衆を魅了し熱狂させるのを彼はよく知っていた。彼がもう話せなくなったなら、いったいどうやって大衆の心をつかむのだろう。

何週間も前からスタッフたちは彼にうるさく迫っていた。「総統、またドイツ国民に話しかけてあげてください。みんな勇気を失い、総統のことを疑っています。総統がもう生きてはいないという噂まで飛び交っているのですよ」。副官たちは私たち秘書にまで、総統に口述タイプのご用はないかききにゆくよう頼んできた。でもいつもこんな答えだった。「今は演説をするときではない。まず決断を下し、行動しなくてはならない。ドイツ国民に言えることは今は何もない。まず成果を戦いとってこそ人々にまた力と勇気を与えられるのだ」。そして暗殺を生き延びてしばらくたった今、とんでもない災厄がダモクレスの剣のようにヒトラーをおびやかしている。前線はいたるところ火の海だったから、できることなら彼は東方にも西方にも同時に出没しなければならなかった。そこでとりあえずベルリンに落ち着こうと彼は決心した。

私たちは空襲警報にも遭わずに夕方ベルリンに到着した。シュレージシェ駅が前日に封鎖されてしまったので、グリューネヴァルト駅に停まった。私たちが客車から降りた頃、ヒトラーはとうに姿を消していた。駅を出たとき、彼の車のテイルライトがちょうど角を曲がるのが見えた。灯下管制の敷かれた街は夜の森よりも暗く荒涼としていた。車の列はなるべく破壊されていない道路を選んで走った。だからヒトラーはまたしてもベルリンの傷を見る機会を逃したわけだ。減光されたヘッドライトが道の両脇に積み上げられた瓦礫の山をなでてゆくだけだった。

私たちが総統官邸に到着すると、すでに一同はそろって「婦人の間」に集まっていた。「婦人の間」はもう長いこと女性とは関係がなかった。それは暖炉と、大きな鏡が付いた大広間で、居心地のよさそうな席もいくつかしつらえてあり、ヒトラーが芸術家の一団を招いて華やかなパーティーを開いた頃の名残りがまだ残っていた。今は分厚い絨毯は防空壕に持っていかれたし、高価な家具のかわりに、便利ではあるけれど簡素な机と椅子が置かれているだけだった。

ヒトラーは私たちのところにそれほど長くはいなかった。夕食はもう汽車の中で済ませていた。彼は寝室を整えるようにとリンゲに命じてから、ブロンディを戸外につれ出した。でも、じきに戻ってきた。神経の高ぶりはべつに認められなかったけれど……。明日は手術の日なのだ。

これまで私はヒトラーや随員の人たちとベルリンに長期間滞在したことはなかった。戦争が始まってから、今度はじめて大本営がドイツの心臓部ベルリンに移されたのだ。元のヘルマン・ゲーリング通りとフォス通りとヴィルヘルム通りに囲まれた総統官邸のこの巨大な建物群は、私にはとうとう最後まで見通しきれなかった迷宮なのだ。ヴィルヘルム通りに面した旧宮殿の中にあるヒトラーのアパートは知っていたけれど、どの部屋も、主人が田舎に引っ込んでしまった家みたいにしんと静まりかえって、がらんとしていた。

ここにもいつのまにか爆弾が落ちていて、古い建物のあちこちに被害の爪跡が残っていた。それは途方もなく奇妙な古い建築物で、ヒトラーが改造させても、さほど便利にも機能的にもならない。階段や裏階段があちこちにあったし、ロビーやフロアもびっくりするほど多くて、さも大事な急ぎの用のある人が迷うように造られたみたいなのだ。

二階にはヒトラーの図書室、執務室、寝室、それにエーファ・ブラウンのアパートがあった。それから、崩壊寸前に救ったのだとヒトラーが自慢していた壮麗な大会議室もあった。「老紳士が（ヒトラーはヒンデンブルクをそう呼んでいた）私をドイツ帝国首相に任命したとき、この部屋で私を接見したんですよ。『ヒトラーさん、なるべく壁に沿って歩いてくださいよ』と低い声で私に言いました。『床はもう長くはもたないでしょう！』ともね。この家も一度も手を入れたことがないから、そろそろ倒壊するかもしれないなあ」。先頃ヒトラーは天井を新しく張り替えさせたのだが、あろうことか、この部屋に爆弾が落ちてしまった。それからずっとこの部屋はがらんどうで人けがなく、使えるようには整ってない。この階へは三カ所の階段から上がることができた。

ヒトラーの執務室へ通じるドアの真向かいにある段を二、三段上がると、ヒトラーの随員たちの部屋が並んだ長い廊下に出る。段を上がったすぐ最初の部屋は「階段の部屋」と呼ばれていた。これが私たちの待機室であり、副官の待ち合い室であり、ときには予期せぬ客の寝室にもなる。その隣りがシャウブ、次が帝国報道局長オットー・ディートリヒ博士、そしてその向こうがゼップ・ディートリヒの部屋なのだが、今はボルマン副官が使っている。それから最後はベルリン常任副官アルブレヒト集団指揮官の居間だ。

その廊下の角を曲がると、モレルやフォン・ベロウ大佐、ブルクドルフ大将(85)、ホフマン教授たちの部屋(86)が続く。一階にも同様に仕切られた部屋が並んでいる。館内管理局長カネンベルクの事務所や職員食堂として田舎風の小部屋があり、その他、従卒の部屋、医務室、シャワー・浴室などがある。一階にはコックさんとかメイドさんたちが住み、洗濯室とアイロン室も付いている。

ヒトラーの私室の真下は公的な部屋だった。今はこの大広間には、それほどの価値はないものの、絨毯や家具や絵画が一応備わっていて、きれいな、感じのいい部屋になっているが、まったく使われていなかった。小さなフロアを通り抜けると、サロンと呼ばれる部屋に出る。そこから右へ行けば、例の「婦人の間」が、左へ行けば映画・コンサート室がある。ここには、総統官邸の庭園にじかに出られる三つの大きい立派な扉が付いていた。「室内庭園」は館の中でもっとも素晴らしい部屋だった。それ自体が独特の建物で、横に長く延びた先端は半円形になっており、庭園に向いた大きい窓や戸がたくさん付いている。「庭園」という名称はもう当たらなかった。以前ここにあった、手入れのゆきとどいた植物とか花とか植木なんかは、とうの昔になくなってしまった。部屋の円形部分に二つの丸いテーブルが置いてあって、そこで朝食もとったし、それから、ヒトラーも特に大勢の参謀を必要としない普通の作戦会議はここで開いた。大勢のときは新総統官邸内の大きな作業室を使った。すると、そのときだけは寂れた、奥行きの長い部屋も急に活気であふれた。

こんどの滞在のはじめの頃は、息づまるような、いらいらした雰囲気がそこらじゅうに立ち込めていた。ヒトラーは手術を乗りきった。アイケン教授が声帯にできたポリープを一つ除去したのだ。手術は自室でしたのか、それともクリニックでしたのかも私は知らない。とにかく私たちは三日間ヒトラーを見かけなかった。ある日、ほんとに思いがけなく彼は朝食の席に姿を現わした。その日は朝早くから警戒警報が出ていたため、皆は防空壕から朝の食卓に集まってきていた。ヒトラーは警報で思っていたよりも早く目が覚めてしまい、作戦会議までの時間をもてあましていた。話相手を求めて声のするほうに進んでゆき、食卓の私たちを見つけたというわけだ。私たちがあわててタバコをもみ消して、窓を開けたのはいうまでもない。たいていの者は、手術からこのかたヒトラーに会っていない。ブラント教授のかわりにやってきた新米の侍医は、挨拶のために立ち上がるとき、まごまごして自分の椅子の脚につまずき、テーブルクロスに引っ掛かって、コーヒーカップをひっくり返した。気の毒にも、この侍医は呆れるほど真っ赤になっておろおろし、全長ほぼ二メートルの身体で頼りなさそうに総統の前につっ立っていた。彼は今までヒトラーと社交上の接触がなかったのだった。

総統はささやくことしかできない！　一週間、大声で話してはいけないのだ。会話が始まってしばらくすると、みんなもヒソヒソ声で話し出す。するとヒトラーは、聴覚はなんでもないから、労わる必要はないんだよ、とささやいた。私たちはゲラゲラ笑い出し、ヒトラーも一緒になって笑った。ところでヒトラーはブロンディのことで手痛い失望を味わったらしい。「ブロンディには子犬が生まれないんだ」と嘆く。「あいつは太ってきて、今にも乳をやれるみたいな様子だったけれど。えさをやりすぎたのに、運動をあまりさせなかったから、太っただけのことらしい。犬の世話係のトルノウがブロンディは疑似妊娠だったと言ったが、あれはただのエセ妊娠だよ！」総統はさらにパートナーが栄養不良だったのかもしれない、次の機会にもう一度試してみると言った。

皆、次々と朝食の席を立っていく。シャウブはまず電話の仕事に取り組まねばならない。国防軍副官たちや親衛隊員は作戦会議の準備だ。ローレンツとディートリヒ博士は新しいニュースを集めなければならない。結局、写真家フレンツ、クリスチアン夫人と私、それに医者のシュトゥンプフェッガー博士[87]がヒトラーと後に残った。話題はクリスマスだった。今年はベルリンに残られますか？　ヒトラーが頭を横に振る。「私は西部方面に行かなければいけない。われわれは、たぶんタウヌスの『鷲の巣《アドラーホルスト》』に行くことになります」。私はこのチャンスを利用して、今度のクリスマスに休暇をいただけないでしょうか、ときいてみた。［…］クリスチアン夫人が夫君と一緒にヒトラーの傍にいられるのだし。

許可がもらえた。あともうそんなに長くはない。四週間後はもうクリスマスイヴだ。私たち四人の秘書はベルリンにいる時間をヒトラーの年末賞与やプレゼントのリスト作りに費やした。「そう、クリスマスは家族と一緒に祝わなければね」とヒトラーは小声で言って、なんだか気弱な沈んだ口調だ。「エーファが緊急の手紙で、今年はどうしてもベルクホーフ山荘に来て、と言ってきている。あんなテロ騒動や病気の後では、休養が私には絶対必要だとエーファが言い張るんだ。でも、実のところ、その背後にはグレートルが首謀者として潜んでいることも私にはわかっている。彼女のヘルマンを手元に呼び寄せたいのさ」。というのは、去年フェーゲラインは本当にエーファの妹と結婚したのだ[88]。そのとき私たちはまだベルヒテスガーデンに滞在していた。結婚式は海抜二千メートルの高さにあるケールシュタイン館で華々しく催された。といっても私は招待されなかったのだが。それで、この一九四五年の春に最初の子が生まれるのだ。二枚目のフェーゲラインがエーファの友情を得ることに成功したのは驚きだ。でもフェーゲラインがどんなに爽やかで、陽気な楽しい人間にもなれたかを考えてみれば、少しも不思議なことではない。それに、若くてピチピチしたエーファがあんなふうに引っ込んでおとなしく暮らさねばならなかったのだから、声望を失わずに、思いっきりダンスをしたりふざけたりできる義弟をやっと持てたのは喜ばしいことなのだ。

一方、ヒトラーの意志は断固としていた。もし彼が、これは職務上言い訳できることではないと考えたら、エーファがどんなに愛情をこめて、どんな約束ごとを並べたてようとも、それに左右されることなどなかった。また、ヒトラーにはそんな暇もなかった。彼は西方へ赴かなければならない。そのため、もうあと二週間だけベルリンで休むつもりにしていた。私のほうには、思っていたより早くミュンヘンに行く絶好のチャンスが到来した。十二月十日にバウアー機長がベルリンからミュンヘンへ飛行機を移動させるのだ。私も同行させてと頼むと、もちろんだとも、という返事だ。これで、少なくとも私が留守の間チビのフォクスルちゃんをどうしよう、という心配だけはなくなった。数年前から犬を汽車につれ込むことは禁止になっていたけれど、飛行機ならちゃんとつれてゆける。

家族や友だちを喜ばせたくて、おみやげや珍しい物をたくさん詰めた手荷物をいくつも持った。焼け出されてミュンヘン近辺のアマー湖畔の小村に妹と一緒に暮らしている母のために、ヒトラーのバースデープレゼント倉庫から、便利な品物をたくさんもらってきた。例えば下着とか食器とか洋服などだ。それから夫の衣類も全部持った。飛行機はミュンヘンまでで、その先は一切合切を引きずって普通の乗り物に乗り、駅もないブライトブルンまでどうにかして辿り着かなければならないなんてことは、すっぽり頭から抜けていた。そればかりか、冬期は湖のフェリーが運行停止になることさえ忘れていた。やっとのことで荷物を一番近い町の駅に預けて、スーツケースだけを持ち、犬をつれてテクテク歩いた。でも、この思いがけなく早くなった訪問を皆たいそう喜んでくれた。やっと懐かしい飾りの付いたクリスマスツリー、ホームメードのクッキー、それにどうやら戦火を免れた昔のいろんな物との再会だ！

　今頃ヒトラーは参謀たちとアドラーホルストに閉じこもっていて、国じゅうでこんな非常時でも愛と和解の祭りを祝っていることには気がつかない。私はわが家の手狭な台所にいて、電話もなく、なんだか落ち着かなかった。ミュンヘンからの放送がどうにか聞けるラジオがあるだけだ。それもたいてい、〝大管区長官のうめき声〟と呼ばれていた低い不気味なトントントンという音で放送は途絶えてしまう。これは敵機が近づいてきたことを意味している。私が大本営に戻る支度をするほんの少し前の一九四五年一月八日にミュンヘンは激しい爆撃を受けた。市から四十キロぐらい離れたこの小さな村で、私たちは、血のように赤い空と重爆弾のギラギラと白く光る爆発を目撃した。

　次の日ミュンヘンとの連絡はすっかり遮断されてしまった。鉄道は被害をこうむり、電話は通じない。ところが一月十日にはベルリンに戻らなければならない。母はくよくよとして、悲しそうだ。「もう少し待ってみれば……。あんまりいいことない気がするんだよ」と言う。それでも、なんだかじっとしていられない。犬とスーツケースをそのままそこに置いて、トラックに乗ってミュンヘンの町へ行った。煙や瓦礫や大勢の人々の間をくぐり抜けて、やっとプリンツレゲンテン通りの総統のアパートに行き、切符をもらって、その夜ベルリンへ発った。悲惨な戦争の絶望的イメージと重苦しい気持ちとを私は持ち帰った。

やはりミュンヘンでクリスマスを過ごして、何日か前にベルリンに戻っていたヴォルフ嬢が私を待っていて、翌日、西方に移動している総統大本営まで一緒に汽車に乗った。

再び急行列車は、ドイツの見知らぬ地方へと私を運んでゆく。朝、ヘッセン州の雪に埋もれた小さな駅に着いた。この村は「フンガー」という名だ。

ここに、客を総統大本営へ運ぶ車が待っていた。私たちは冬の朝早く、まだ寝ぼけたように活気のないバート・ナウハイムの街を通り抜け、深い雪にのみこまれながら曲がりくねった道を走り、タウヌスの鬱蒼とした丘を越えていくと、山の背にうまく隠れた総統大本営が目の前に現われた。それは見事な施設だった。たくさんの小さな丸太小屋が森の斜面に寄り添うように建っている。けれど、どの小屋も地下には深い堅固な防空壕が備わっている。部屋は小さいけれど、ヴォルフスシャンツェのよりはずっと小ぎれいに整えられてあった。総統は一番下にある家のいくらか大きめの二部屋を使っていた。

最初の日、私はその近辺をしばらく散歩してみた。隣りの丘がすぐ近くにあって、城が立っている。それが、その当時の西部総軍司令官のルントシュテット大将[89]の本営だ。ヒトラーはこの将軍と緊急の話し合いを行なった。ヒトラーは西部戦線を安定させて、アメリカ軍の侵攻を食い止めるためにここに出かけてきたのだ。

総統防空壕は、一日じゅう絶えることのない活動で熱気がこもっていた。作戦会議が何時間も続き、夕食のときになってやっと私たちはヒトラーに会えるのだった。彼は元気を取り戻し、ベルリンにいたときより生き生きしていた。彼は私の報告に耳を傾け、そして言う。「そんなまじい爆撃のことを話した。彼は私の報告に耳を傾け、そして言う。「そんな〝出没騒ぎ〟も数週間たてばあっというまに収まる。こちらは、今から新型航空機が続々と出てくる。だから連合軍はドイツ帝国の上空を飛ぶことを考え直すだろう」

お茶の時間に私たち一同が集まったとき、ブロンディはヒトラーの椅子の傍に寝そべっていた。何度か総統の気を引こうとするが、ヒトラーが「静かに!」と命じると、おとなしく自分の場所に戻って横になる。もし私の鼻を信用していいなら、この犬は本当に緊急に外に出ていかなければいけないのだ。でもヒトラーはなんにも気がつかない。どんなタバコの匂いでも嗅ぎつけてしまうと主張する彼が、自分の愛犬の匂いにはまったく鈍感だ。とうとう私が切り出した。「総統様、ブロンディは本当に外に出なければいけないんだと思いますよ」。すると、ブロンディは私の言葉に喜んで飛び跳ね、ドアに走っていって飛びつき、ヒトラーがベルを鳴らしてリンゲを呼ぶと、そのまま外に駆け出していった。ドアの外から空気がさっと入ってくると、皆かなりほっと息をついた。

「こんなに些細なことで犬を喜ばせられるなんて、総統様、驚きですよね」と私が言うと、彼は笑いながら答えた。「人間にだって喜びになることがあるんですよ。わかるかな？　私はあるときスタッフの者たちと一緒に長く出かけていたことがあるんです。昔はよくドイツじゅうをあちこち車で回ったものだ。帰路、一部完成したアウトバーンの開通式に出るため、マクデブルクに寄っていくことになった。道々、こちらの車の列がわかってしまうと、いつもたくさんの車に付けまわされて、逃げるのに一苦労することになる。緊急に一人になって森の中に消えるなんてことが不可能なこともままある。ところで、われわれがアウトバーンを走っていったあのときだけは、本当にもう少しで危ないところだったよ。もう何時間も走っていたから、休憩にしたくてたまらなかったんだ。ところがどこもたいへんな人垣だ。まずヒトラー・ユーゲント、それからドイツ女子青年同盟、突撃隊、親衛隊と、みんな編成隊だった。自分の党にいったいいくつの編成隊があるのか、ちっとも知らなかったよ。そのときは多すぎると思ったねぇ。おまけに私は立ち上がって、にこにこ顔をしなきゃならなかったんだ。ブリュックナーとシャウブがコチコチの顔で隣りに座っている。すると突然ブリュックナーに素晴らしいアイデアが浮かんだんだ。総統、実はいざというときのために、マクデブルクに特別列車を停めさせてあるんです。そこまで行ってみては？

それから駅めがけて車を走らせ、自分たちの列車に狂喜したというわけさ」

一緒にテーブルについていたシャウブは、ヒトラーがこの話を始めると聞きもらすまいと片手を耳に当て、そして喉を鳴らして笑った。それから、こう言った。「総統、ワイマールのこと、まだ覚えておられますか？『エレファント』に泊まられたときのことを？」ああ、とヒトラーは笑って答えた。「あれもひどく困ったねえ。私は昔よくワイマールへ行ったのだが、その都度、エレファントホテルに泊まったものだ。その頃、あれは古めかしいホテルだったが、サービスは申し分なかった。そこに私は専用の部屋を持っていたんだ。洗面所はあったけれど、風呂もトイレも付いてなかった。長い廊下を歩いていって、一番向こうのドアに入らなければならなかった。毎回が〝カノッサの屈辱〟だったよ。というのは、私が部屋から出ると、そのことが野火のように、ホテルじゅうに知れわたる。手洗い所から出てくると、人々が拍手で迎えてくれるんだ。それで、私は片手をあげ、バツの悪さを笑いでごまかして、ジロジロ見られながら自分の部屋まで戻るんだ。後に、ホテルを改築させたよ」

この晩の会話はたいそう弾んだ。ヒトラーには戦争も心配ごともないと言えそうなくらいだった。でも私たちのように彼をよく知る者は、こんな話で彼が気を紛らわし、毎日刻々と報告されてくる国土や人や物の喪失から自分の気持ちをそらそうとしているのだということがわかる。それにまた、西部本営の上空をたえず飛んでいる飛行機も、一日じゅう鳴っている警戒警報も平和とか安泰とかが手の届かない遠くにあることを物語っていた。

このキャンプをきちんと見る機会がないまま、もう出発の日がやってきた。ヒトラーはベルリンへ急いで戻らなければならないのだ。今度は東の前線近くに滞在しようというわけだ。彼は本来なら両方の前線に同時にいなければいけなかったのだし、できれば南部方面だって直属の監督下に置きたかったにちがいない。東プロイセンにはもう戻れない。ヴォルフスシャンツェは今となっては前線に近すぎる。私はたった三日間しか西の本営に滞在しなかった。一九四五年一月十五日に総統特別列車は再びベルリンへ出発し、破局へと向かっていった。みんなはそれでもまだ冗談を言い合っていた。誰かがベルリンは大本営としてはとても便利だ、もうじき地下鉄で東の前線から西の前線まで行けるにちがいないからと言った。ヒトラーはまだこれを笑うことができた。

そんな中、総統官邸の庭園に総統用の巨大な地下防空壕ができあがっていた。十一メートルの分厚い鉄筋コンクリートが小さな個室や部屋などを覆っているものだ。だが、地上には、約一メートルの高さのコンクリート台盤が突出しているだけだ。この防空壕は空襲時の一時的な滞在だけのために造られたのだが、官邸にある彼の部屋やとりわけ図書室に焼夷弾が落ちて使えなくなったときから、ここがヒトラーとその幕僚の定住地になった。といっても、小さな階段部屋のある、いわば副官回廊は被害を受けていなかった。だから、ここに私たちはタイプライターを置き、仕事もやって、昼食もここでヒトラーと一緒に食べた。

けれど夜になると敵機が時計の針のように正確にやってきた。それで、私たちは防空壕内で、ヒトラーと一緒に彼の小さな居間兼執務室で食事をとらねばならなかった。それは新しくできた総統防空壕のもっとも深い中心部にある小ぢんまりした部屋だった。もし庭園のほうからじかに階段を地下の堡塁まで降りてくるのでなければ、総統のアパートの台所やいくつもの入り組んだ通路を通って、元の防空地下室まで降りなければならない。そして、大きな廊下に出ると、左右にいくつもの隊員室や部屋があり、新しい総統防空壕へは、ここからさらにいくつか段を降りる。重い鉄の扉を開けると広い廊下になる。左に洗面所への戸があり、右に電気や通風装置の機械室があり、それから、電話センターへの扉、従卒の部屋と並んでいる。ここからさらに休憩室へと続く。モレル教授の部屋や医務室やスタッフの寝室などへ行きたい場合は、この部屋を通り抜けなければならない。防空壕のこの部分も重い鉄の扉が閉まるのだが、ふだんは開いていた。それから、ヒトラーの部屋へ通じる廊下に出る。この廊下は同時に待ち合い室兼休憩室に使われていた。幅広の赤いランナーが石の床を覆っていた。

右側の横壁には総統の住居の上階の部屋や総統官邸から安全のためにここに運び込まれた高価な絵が掛かっている。その下に立派な安楽椅子が一列に並べてある。この廊下にヒトラーの部屋への扉がある。

彼の執務室へは、廊下から小部屋を通り抜けて入る。それは、人の気持ちを押さえつけずにはおかない低い天井の、三メートル×四メートルぐらいの大きさの部屋だ。中はあまり家具の場所がない。扉の右隣りに机が壁に寄せて置かれている。向かいに腰掛けと言ったほうがよさそうな、青と白の模様の麻布クッション付きの小さいソファが置いてある。ソファの右横にラジオが置かれた小さな机があって、部屋の家具調度を補っている。右にヒトラーの寝室へのドアがある。廊下から入る戸口はなく、私は一回も中に入ったことがなかった。左側にヒトラーの風呂場がある。そこから小さな更衣室に入ると、エーファ・ブラウンのアパートに行けるようになっている。この部屋には、先の小部屋へ通じる出入り用のスペースもあって、ここを食事の用意のとき従卒が貯蔵とか物を置くのに利用していたけれど、女主人がここを使ったことは一度もなかった。

ヒトラーの寝室の隣りにもう一つ小部屋があり、会談、協議、作戦などの会議室として使われた。中には、大きな机とそのまわりに置かれたベンチ、数個の椅子、腰掛けの他には何もなかった。廊下の突き当たりのドアを開けると、小さなフロアに出る。

そこを通り抜けて階段を登ると、庭園に出られるのだ。わかりやすく説明するのが不可能なほど入り組んで設計された、比較的小さなこの施設の中で最後の悲劇の場面が演じられたのだ。

二月のはじめの頃も、私たちが勝利に対するヒトラーの自信と確信をまだ信頼していたことなど、今日から見れば、とうてい信じがたいことだ。食卓では、ぺちゃぺちゃと陽気で調子のいいおしゃべりで暇をつぶし、戦況の真剣な話は滅多にしなかった。そうはいっても、私は心の中に不安の入り混じった疑いの念を抱き始めていた。なにしろ、ソ連兵がどんどん近づいてきていたからだ。ヴォルフスシャンツェは、もうとっくに爆破されてしまった。「トット機関」の建築隊がマンモス防空壕の工事を完成してもいないうちに。東プロイセンはソ連兵であふれかえっていて、敵の手に落ちた村々から凄惨な報告が届いていた。殺された男や子供たちが、レイプされた女たちが、メラメラ燃える村々が訴えていた。

ヒトラーの表情は硬く、憎しみに燃えていた。ヒトラーはいつもこううそぶいていた。「あの文化を持たない畜生どもがヨーロッパに押し寄せてくるなんて、そんな筈はないし、また、あってはいけない。私はこの危機に対する最後の砦なんです。もし正義があるなら、われわれが勝ちます。この戦いが何のためだったかということを、いつか、世界もわかるだろう！」彼は、デスクの上に写真も掛けてあった、フリードリヒ大王の言葉をしばしば引用して言った。「最後の大隊を戦いに投じた者こそ勝利者になるのだ！」そしてクーネルスドルフの戦い〔オーデル川の東方に位置する現在のポーランド領クノヴィチェ。一七五九年、七年戦争の際フリードリヒ大王がこの地でオーストリア、ロシア連合軍に破れたのをきっかけに戦争は劣勢に転じたが、結局引き分けに終わった〕は燃え上がる警告の碑のようにヒトラーの記憶に刻みつけられた。

一九四五年四月二十日。ヒトラーの誕生日だ！ ソ連軍の最初の戦車がベルリンの郊外に現われた。歩兵による砲火の轟きが総統官邸まで聞こえてくる。総統が部下からお祝いの言葉を受けている。みんながやってきて、握手の手を差し出し、忠誠を誓い、街を去るようにと勧める。「総統、まもなくベルリンの街は包囲されますよ！もうすぐ南ドイツから遮断されてしまいます。ベルヒテスガーデンに退避なされば、南方面の軍隊を指揮するにも、まだ間に合います」。ゲッベルス、リッベントロップ、ヒムラー、デーニッツ(90)、皆努力したが無駄だった。ヒトラーは待ってみたいのだ、留まりたいのだ。ヒトラーが戸外の庭園でヒトラー・ユーゲントに勲章を授けている。ソ連の戦車との交戦で功績をあげたのは子供たちだった。ヒトラーはこんな防衛を当てにするつもりだったのだろうか？ ただし、彼は参謀部とどうしても必要な人間を除いた他の者たち、それから各省庁と役所などを南ドイツへ移動させることには、なんとか同意した。

毎晩私たちは小さな執務室にぎゅうぎゅう詰めになって座った。ヒトラーは黙りがちで、じっと一点を見つめている。私たちも、ベルリンを出てはいかがでしょう、と勧めてみた。すると、「いや、それは私にはできない」と答えて言う。「空の回転礼拝器を回しているラマ僧のような気もしてくるのだが、ここベルリンで決定戦に持ち込まねばならない。さもなければ破滅するかだ！」私たちは沈黙する。ヒトラーを祝って飲んだゼクトも気の抜けた味だった。

私たちがずっと前から気にしつつ確信していたことを今ヒトラーは口に出した。彼自身からして、もう勝利を信じてはいないのだ。彼は早めに立ち上がった。誕生祝いの集いはお開きになった。ところが、エーファ・ブラウンがヒトラーを部屋まで送っていった後で、引き返してきた。その目には落ち着きのない火がチロチロ燃えている。彼女は青銀色のブロケードの新しい服を着ている。それは、愛する男に寄り添って、誕生日を祝うためのものだった。ヒトラーはそれに気づかなかった。また、彼を信じ彼の勝利を期待し、生きたいと願っている四人の若い女が同じテーブルについていることにも気がつかなかった。

エーファ・ブラウンは、心の中に目覚めてきた不安を振り払いたいのだ。祝う理由なんかなんにもなくなったのに、彼女はあと一回だけパーティーがしたいのだ。踊って、飲んで、忘れて……。私はこの生の喜びの最後の衝動にただただ喜んで感染し、もう一度防空壕から出たかった。その重い天井が急に感じられるくらい心にのしかかり、その壁は白くて冷たかった。

通りがかりに出会う人をみんな引きつれて、エーファ・ブラウンは二階にある、昔の自分の居間に行く。贅沢な家具などは防空壕に入れてあったけれども、部屋はまだ元のままに残っていた。大きい丸いテーブルが、まだベルリンに留まっているヒトラーのスタッフたちのためにパーティーらしく用意された。ボルマン党指導者までがヒトラーの傍を逃がれ、自分のデスクを離れてやってきた。太っちょのテオ・モレルが、砲火の音がしきりに聞こえてくるのもかまわず、安全な防空壕から抜け出てきた。どこからか誰かが古い蓄音機とレコード盤を一枚持ってきた。「真紅のバラが君に幸せを語る……」。エーファ・ブラウンはダンスがしたいのだ！　誰とでもいい。すでに死の気配を感じとった人みたいに、彼女は客をやけくそな陶酔の中に引きずり込む。シャンパンを飲み、かん高い笑い声をあげて。私も一緒に笑う。泣きたくなかったから。合間には、爆音のドドーンという音でパーティー客が一瞬静まりかえる。ある者は電話に走り、ある者は重大なニュースを集める。とはいえ、戦争の話をする者は一人もいない。勝利の話をする者も、死について話す者もいない。幽霊どもがここでパーティーをやっている。幸せの赤いバラのことばかり話している。

私はいきなり吐きそうな気分に襲われた。ぞっとするほど惨めな気持ちだ。もう砲撃のうなる鈍い音しか私には聞こえない。そして、麻酔から醒めた。この騒がしい最後のパーティーを私はそっと目立たないように抜け出して、防空壕や地下室の迷路を通り抜け、新総統官邸の中に潜り込んでいった。これからどうなるのだろう？　答えが見つからないうちに眠ってしまった。

次の朝、人の列がまばらになってきた。祝賀にやってきたお歴々が沈みかけた船を離れ、最後の隘路《あいろ》を通って南ドイツに引き上げていった。

リッベントロップはヒトラーにも旅立ちを促そうと、最後のチャンスを逃さない。彼はエーファ・ブラウンにかけあった。後で、私は彼女からそのときのことを聞いた。

「あなたが総統をここからつれ出せる唯一の人間です」と、彼は一所懸命に説得する。「総統と一緒にベルリンを離れたいんだと、総統におっしゃってください。そうすることで、あなたは全ドイツのために大きく貢献することがおできになるのです」。しかしエーファ・ブラウンはこう反応したのだ。「私、ご提案をちょっとでも総統に伝えようとは思いません。総統は一人で決めなければいけないわ。もし総統がベルリンに留まるのが正しいと判断するなら、私も彼のもとに留まります。もしベルリンを去るなら、私も一緒に去ります」

車の列やら飛行機やらがたえまなく南の方向へ動いていく。他の二人の秘書ヴォルフ嬢とシュレーダー嬢も離れてゆく人たちの中に混じっている。ヴォルフ嬢は別れ際に目に涙を浮かべた。二十五年間自分のボスだったヒトラーとの再会はもうありえないと感じたみたいだ(91)。一人また一人ヒトラーに別れの手を差し出す。ただ主だった連絡将校だけが後に残った。

【原注】

82　ハンス・ユンゲは一九四四年八月十三日親衛隊上級中隊指揮官として赴任したノルマンディー地方ドルーで低空攻撃に遭い戦死した。

83　カール・フォン・アイケン　一八七四年五月二十四日生まれ。一九二二年ベルリン・シャリテ病院耳鼻科の正教授、二六年シャリテ病院の耳鼻科主任となる。一九五〇年に定年退職。

84　コンスタンツェ・マンツィアリー　一九二〇年四月十四日インスブルック生まれ、一九四五年五月二日ベルリンで死去。食餌療法助手としての専門教育を受ける。一九四三年九月十三日ビショッフスヴィーゼンの療養所ツァーベルに調理師として赴任、四四年九月アドルフ・ヒトラーの食餌療法の調理師となる。青酸カリによる服毒自殺を遂げたと言われる。

85　ヴィルヘルム・ブルクドルフ　一八九五年二月十四日生まれ、一九四五年五月二日死去（行方不明）。一九一四年士官候補生として訓練を受け、一五年少尉、三〇年大尉、三五年少佐、三八年中佐、四〇年大佐に昇進する。一九四二年陸軍人事局第二課課長、四二年同局局長代理、四三年中将、四四年陸軍人事局局長、国防軍副官長に就任し、四五年総統壕に赴く。

86　アルトゥルとフレーダ・カネンベルクは一九三三年から四五年まで総統官邸の支配人として働いた。アルトゥル・カネンベルクは一八九六年二月二十三日ベルリン・シャルロッテンブルク区生まれ、一九六三年一月二十六日デュッセルドルフで死去。コック、ウエイター、簿記係の職業教育を受ける。一九二四年父親の事業を引き継ぐ。一九三〇年倒産し、「ワインとビール酒場　プフール」マネージャーとなる。ここにゲーリングやゲッベルスが通ってきていた。一九三一年ミュンヘンの「褐色の家」の食堂の支配人となる。一九四五年五月から四六年七月まで収容所に拘置される。一九五七年デュッセルドルフの「シュナイダー＝ヴィッペル酒場」の主人となる。

87　ルードヴィヒ・シュトゥンプフェッガー　一九一〇年七月十一日ミュンヘン生まれ、一九四五年五月二日ベルリンで死去（自殺）。一九三〇年から医学を専攻、三三年親衛隊に入隊、三五年ナチス党に入党、三七年博士号を取得する。一九三八年から四四年まで親衛隊員として、かつ医師としてキャリアを築く。一九四四年ヒムラーの提案でヒトラーの随伴医として総統大本営ヴォルフスシャンツェに送られ、四五年五月一日までベルリンの総統官邸で勤務する。

88　ヘルマン・フェーゲラインとグレートル・ブラウンの結婚式はほんの数カ月前の一九四四年六月三日に行なわれた。

89　カール・ルドルフ・ゲルト・フォン・ルントシュテット　一八七五年十二月十二日アシャースレーベン生まれ、一九五三年二月二十四日死去。職業軍人。一八九三年プロイセン歩兵将校となり、一九一四年から一八年まで参謀本部に勤務、二八年騎兵第二師団指揮官に任命される。一九三二年から三八年まで第一ベルリン軍集団最高司令官を務め、三九年上級大将に昇格。ポーランド侵攻時、陸軍「軍集団南」を率いる。一九四〇年陸軍元帥となり、四二年から四五年まで西部総軍司令官を務める。

90　カール・デーニッツ　一八九一年九月十六日ベルリン近郊グリュナウ生まれ、一九八〇年十二月二十四日ハンブルク（?）で死去。一九一〇年海軍に入隊し、一三年職業士官となる。一九一六年には潜水艦隊に入隊し、三四年巡洋艦エムデン号艦長に就任する。一九三五年海軍中佐、三六年潜水艦隊司令官、四〇年海軍中将、四二年海軍大将、四三年海軍元帥、海軍最高指揮官に昇進する。一九四四年黄金党章を受章、四五年四月三十日ヒトラーより帝国大統領と三軍の最高司令官に指名される。一九四五年五月二十三日イギリス軍に逮捕され、四六年ニュルンベルクで戦争犯罪人として十年の実刑判決を受ける。一九五六年ベルリンのシュパンダウの刑務所を出所。

91　ヨハンナ・ヴォルフはヒトラーのもとで一九二九年から四五年まで約十六年間勤務した。

第6章　たった今、総統が死んだ

一九四五年四月二十二日。防空壕の中は、熱気にやられたような騒ぎだ。頭上は地獄と化した。朝から晩まで、ダダダーン、ドンドンドーンという鉄砲や大砲の音が鳴り止まず、戸外へ頭を出すことなどできたものじゃない。ヴィルヘルム広場が殺風景だ。カイザーホーフ・ホテルがカルタの家みたいに崩れてしまっていて、その瓦礫が総統官邸まで達しそうだ。宣伝省は、正面の白壁だけががらんとなった広場にまだ象徴的に立っている。

私は会う人ごとに攻撃の成果を尋ねてみる。もうそろそろ、うまくいき始めてもいい頃だ。あんな騒音を出しているのはドイツ側の大砲や戦車でしょうか？　どの将校も答えられない。彼らはみな蠟人形のような表情で駆けずりまわり、片時もじっとせず、自分をごまかしている。

ヒトラーの会議室の扉は閉まっている。中は激論の真っ只中だ。私は、同僚のクリスチアン夫人とマルティン・ボルマンの秘書のクリューガー嬢(92)と一緒に、食餌療法用キッチンに座り込み、濃いコーヒーを飲む。内心のどうしようもない不安に負けないように、三人ともとりとめのないおしゃべりを続けている。各人がそれぞれのやり方でこの状況を乗りきろうとしているのだ。もうとっくに時間が過ぎているのに、昼食のことを考える者なんて一人もいない。私たちはじっとしていられず会議室の近くにまた引き返す。高くなったり低くなったりする話し声が聞こえてくる。ヒトラーが何かわめいているが、私たちにはちっともわからない。マルティン・ボルマンが興奮した面持ちで出てきて、クリューガー嬢に紙を何枚か握らせる。すぐに清書しなければならないのだ。ベルリン市の地図の上に身をかがめる軍服の後ろ姿が一瞬見えた。会議のメンバーは途方に暮れている感じだ。私たちはうろたえて控え室に引き上げ、タバコを吸い、待ち、ひそひそ話を続ける。

やっと鉄の重い扉が開く。リンゲがクリスチアン夫人と私を呼び、総統のところへ行くようにと促す。そして、何くわぬ顔で、彼はマンツィアリー嬢を呼びに行った。生死の決定が下されるところまで、あとほんの数歩しかない！　今度こそ真実を知ることになるのだ！

会議室の開いた扉の前に、作戦会議に出た将校たちみんなの真っ青な、石のようにコチコチの顔が並んでいる。ヒトラーが自室の隣りの小部屋にじっと立ち尽くしている。その顔は無表情で、目の光が消えている。彼自身のデスマスクのようだ。そのうつろな瞳は何も見ていない。女性に対して今まで決してなかったような命令的口調でヒトラーががなりたてた。「みんな早く着替えるんだ！　一時間後に、君たちを南ドイツに運ぶ飛行機が出る。何もかもおしまいだ！　もはや万策尽きて、望みようもなし！」

私はやけにこわばってしまって動けない。壁の絵が曲がっている。それにヒトラーの上着の襟にはしみがついている。すべてが綿に包まれて遠くにあるような気がする。

一番はじめに硬直がとけたのはエーファ・ブラウンだった。自室のドアのノブにすでに手をかけていたヒトラーの前に進み出て、その両の手をとり、悲しげな子供でも慰めるみたいに、にっこり笑みを浮かべて話しかける。「あなたもご存じじゃないの。私があなたのお傍に残ることを。私は行かないわ」。するとヒトラーの目の中が輝き始める。それから、まだ誰も、彼の一番親密な友人たちも従卒さえも、かつて見たことがないことをやった。ヒトラーがエーファ・ブラウンの口に接吻したのだ。その間ずっと将校たちが部屋の外に立って、免職されるのを待っている。私は本当はこんなことを言うつもりがなかったが、われ知らず口から出てしまう。私はここにいたくもないし、死にたくもないのにだ。でも、他にどうしようもない。「私も残ります」と、私は言った。

シャウブが手渡してよこす重要公文書、書類、記録などを箱に詰めなければならない。一つずつ機械的に重ねていく。私個人の物も実家に送るべきかしら？　もしかしたら明日南へ飛ぶ最後の飛行機には、荷物の場所なんてないんじゃないかしら？　ひょっとして、まだここに何週間もいなければならないのかしら？　私は何も送らなかった。重要な積み荷とヒトラーの伝令二人を乗せたその飛行機は、どっちみち、二度と姿を現わさなかったのだが。

ヒトラーが皆と握手を交わして、別れの挨拶をしている。ただ重要な連絡将校だけが居残る。もちろんボルマンもだ。彼はこの段になっても、ヒトラー宛てに来るあらゆる報告に必要不可欠な関門なのだ。

午後からまた軍事情勢の大きな会議がある。ソ連兵が市門のすぐ前まで来ているのだ。ヒトラーは、まだベルリンに残留しているすべての部隊と飛行機による最後の決戦攻撃の号令をかけた。戦車も銃砲も一つ残らず前線へと駆り出されるのだ。防空壕は、ソ連兵がベルリンの町にひっきりなしにまき散らす小爆弾の炸裂する下で、またヒトラーの命令するかん高い声の下で、轟き揺れる。将軍らは顔を真っ赤にして、息の詰まるような小会議室を出ていく。クリスチアン夫人と私はおろおろして廊下に腰かけている。ボルマンの秘書のクリューガー嬢は、ここのところ私たちの仲間に加わっている。うちのボスは近いうちにベルリンを離れるか、それとも……なんて、観念しているみたいよ、としか彼女も私たちに報告することができない。「それとも」がいったい何なのか、その可能性が私たちにははっきり思い浮かばない。

またもや、情勢待ちだ。ヒトラーさえも、他にはもう何もできない。それで、彼は洗面所の仕切りに入れられた犬のところに忍び込む。それから子犬を膝にのせて廊下の小さなベンチに座り、出たり入ったりする人たちをぼんやり眺めている。職員は動じることなく各自の任務についている。従卒はいつものように冷静で着実に職務を果たし、ヒトラーの要望を叶えていく。テオ・モレルは心臓の苦痛を訴え、防空壕の自室にこもって心配している。この緊張感が耐えがたい。

エーファ・ブラウンが部屋から出てきた。頭上が静かになった。外がどんな天気なのか誰にもさっぱりわからない。太陽の位置を教えてくれる窓も一つもない。私たちはほんの少しだけ上に上がっていって、庭園をちらっと覗いてみたくなった。犬も私たちも新鮮な空気と日光に少々ありつきたいのだ。ベルリンの空は埃と煙で、もやがかかっていた。空気は穏やかで、春の息吹きを感じさせる。エーファ・ブラウンもクリスチアン夫人も私も言葉少なに総統官邸の庭園を歩く。手入れのゆき届いた芝生はここかしこ深い穴だらけで、空缶や折れた枝などが転がっている。塀に沿って、塹壕とひと山の対戦車ロケット砲が一定の間隔に配置されている。これが最後の防衛線なのだろうか？　私たちは信じない。早ければ明日、そうでなければ近いうちにきっとドイツ軍は敵を追い出してくれるにちがいない。

壊れて崩れ落ちた壁の中を通り抜けて、外務省の庭園までこっそり行ってみた。木に花がひそやかに何ごともなかったように咲いている。まだ何日か前まで、私たち女はここでピストル射撃の練習をしていた。ヒトラーがやっと許してくれたからだ。以前、東プロイセンで、ソ連兵がぐんぐん近づいてきていた頃、クリスチアン夫人と私は、とにかくピストルの使い方ぐらいは習うべきじゃないでしょうかと尋ねたことがあった。そのときヒトラーは笑いながら答えた。「それはいけないよ、ご婦人がた！　私は秘書の手にかかって死にたくないからね。目で撃ちなさい、目で！　それで充分！」それが、急に今度は反対しない。ラッテンフーバーの監督のもと、私たちは標的を狙って撃った。ヒトラーから、何か損傷したりすることのないよう、人けのない外務省の庭園に行きなさいと指示を受けていたのだ。それで、ここに私たちの見事な射撃術を示す、ズタズタの紙の的が今もまだ掛かっているというわけだ。

この訓練を続けるチャンスはもうなくなってしまった。このあたりの射撃はすでにソ連軍の大砲がとってかわってしまったからだ。それでも今日はしばらくの間、ものみな静かだ。やぶの背後に隠れている円形塔の上に、たとえようもなく素敵なブロンズ像を見つけた。魅力的な身体の線を持つ若いナジャーデがこの庭の花咲く木の下に立っている。私たちには、この像がこの荒涼の中でふいに言葉に言い表わせないほど美しく思われた。思いがけず、こんなときにもまだ鳥のさえずりが聞こえてくる。草むらの中にマツユキソウの花が見える。自然の中のすべてに新しい生命が芽生えている。こうしたものが、この段になってもまだ存在するのが嬉しかった。きっとあの途方もない防空壕のせいで、気持ちがこんなに滅入るのだろう。この地上の清々しい大気の中なら呼吸も楽だし、頭もすっきりする。

犬が芝生の上をふざけて駆けまわり、私たちは石に腰を下ろしてタバコをふかす。エーファ・ブラウンまでが、一本口にくわえて火をつけた。私たちが呆気にとられて見ると、彼女は言った。「あら、そうよ。私だってたまには吸うわよ。こんなに並み外れた心配ごとがあるんだもの、並み外れたことでもしなきゃあ」。でも彼女はポケットに薄荷のドラジェー一箱を忍ばせていて、サイレンの音で地下にまた戻っていくとき、念のため一粒口に入れるのを忘れなかった。

地下ではヒトラーがゲッベルスやボルマン、それにブルクドルフと一緒に廊下の椅子に腰かけていた。四人は目前に迫った攻撃の話に沸いていた。ヒトラーの身体はまたいくらかピンとなり、元気づいた様子だ。だから、私たちが生気を取り戻し、新鮮な空気を思う存分吸い込んで地上から戻ってくると、希望と自信の波に迎えられたのだった。少なくともやっと決定が下されることになるのだ。明日になれば、ヒトラーがベルヒテスガーデンに行くか、このままずっとベルリンに残るかがはっきりするだろう。

ヒトラーが自分の傍らに座るようにと私たちに言う。取り巻きが非常に小さくなって以来、礼儀作法がすっかり取り払われてしまった。エーファ・ブラウンがヒトラーの隣りに場所をとり、他の男性たちにおかまいなくすぐヒトラーを説得しはじめた。「あなた、外務省の像をご存じ？　素敵な彫刻よ！　あの像はうちの庭の池にぴったりだわ。何もかもうまくいって、ベルリンを抜け出すことができたら、どうかあれを買ってくださいね！」彼女はヒトラーをじっと見つめてせがんだ。ヒトラーが彼女の手をとって答える。「でも、誰の物なのか全然知らないなあ。おそらく国家の財産だろうね。だとしたら、私が買って私有の庭に置くなんてことは、できない相談なんだよ」。「あら」と彼女は続ける。「うまくロシア人を撃退して、ベルリンを解放できれば、一回ぐらいは例外を認めてもらえるんじゃないかしら！」ヒトラーは女の論理に笑い声をたてたが、これについては、それ以上話さなかった。

ひどくきれい好きなエーファがヒトラーの灰緑色の軍服の上着に赤や青のしみをいくつか見つけて言った。「ごらんなさい、ものすごく汚れているわ！　この上着はもう着られないわね。なんでも『フリッツじいさん』をまねたり、彼みたいにきたならしい格好で歩きまわったりする必要はないわ」。ヒトラーが抗議する。彼はもはや大将ではない。政治家でも独裁者でもない。「でも、これは、結局のところ私の作業服なんだよ。作戦会議に出て、色鉛筆を使わなきゃならんのに、エプロンをかけてるわけにはいかないいんだ」。実際、彼女の言うことは間違っていた。ヒトラーはすみずみまで清潔だったのだから。ちょっとでも犬にさわった後で、人と握手するなどということは、これまで一度だってなかった。

おしゃべりが爆弾や対空砲火で中断された。どうやらまた攻撃の開始だ。毎晩この時間に始まるのだ。防空壕は満員になり、鉄の重い扉が廊下の第一の区切りで閉まった。ヒトラーはラジオをかけっぱなしにしている。彼は音楽なんかはまったく聞かず、ただ敵機の来襲に関する実際的なニュースだけを聞いている。掛け時計のカチカチカチという単調な音がわずらわしい。ベルリンは再び凄まじい被害をこうむったらしい。すると出し抜けに、〝絶望〟という亡霊が戻ってきた。

[93]［…］こんどこそ自己欺瞞はおしまいだ。私の心の中の（真実を見ようとも知ろうともせず、ただそれを〝信じよう〟とする）あのどうしようもない誘惑のささやき声をヒトラーはとうとう決定的にかき消してしまった。それなのに、思いもよらず、私はヒトラーに対して強い憐れみを感じたのだ。限りなく失望し、最高位から転げ落ちて打ちひしがれる孤独な男。［…］私は急に咎を感じた。自分のボスが原因となって、

数メートル離れた頭上で進行している、そして何年も前から進行していたありとあらゆる不幸のことを考える。私は今ここを去るべきなのだろうか、私を非難のこもった目で見る人々のところへ戻っていって、「ほら、私はまた帰ってきましたよ。私、間違っていました。でも、私自身の生命に関わってきたとき、過ちだとわかったのです」と言うべきなのだろうか。同情と罪悪感が私をここに引き留める。クリスチアン夫人もまた同じような感情を持ったのだろう。私たち二人は、ほとんど同時に口を開いた。「私たちもここに残ります！」ヒトラーが一瞬私たちを凝視する。「私はあなたがたにここを去るよう命じます」。けれど私たちは首を横に振る。するとヒトラーは手を差し出し、「将軍たちがあなたがたぐらい勇敢ならよかったのに」と言った。本当は教師になることを望んでいた、おとなしい小柄なマンツィアリー嬢も、ここにいる義務なんかさらさらないのに、ベルリンを離れようとしない。

ヒトラーは足を引きずるようにして将校たちのところへ行く。「諸君、何もかもおしまいです。私はこのベルリンに残り、ときが来ればピストルで自殺します。行きたい人は行ってよろしい。全員自由です」

沈黙のまま総統に別れの挨拶をして、将校たちは次々と防空壕を出てゆく。おおかたはベルリンを永久に離れるのだ。ベルリン近郊の参謀本部や司令部へ戻る者はほんのわずかだけだ。

ヒトラーは自室であちこちの引き出しや戸棚から破棄しなければならない記録とか書類などを引っ張り出して整理している。ユリウス・シャウブにこの機密の任務が委ねられた。死ぬほど不幸せな顔つきでシャウブは防空壕の中を足を引きずりながら、段を上がって庭園へ行き、そこで総統の貴重な品々を血を吐く思いで焼いた。それから彼は同じ任務をミュンヘンとベルヒテスガーデンでもすることになった。その日にも発たなければならず、目に涙を浮かべながら私たちに別れの言葉を言う。

今はもう連絡将校も去って、あとに残っているのはヘーヴェル大使、ボルマン党指導者、クレープス大将[94]、ブルクドルフ大将、ヘルマン・フェーゲライン、フォス海軍中将[95]、それから、フォン・ベロウとギュンシェとハインツ・ローレンツら副官だけになった。従卒では、ハインツ・リンゲがたった三人の伝令と共に残った。ただ使用人たち、例えば台所や管理事務所や電話センターや大型車の運転手など下々の者たちだけが、ほとんど全員残っている。皆、野戦用ベッドとか、総統防空壕の上階にしつらえられた部屋にある急場しのぎの寝場所とかに一時的に寝泊まりしている。台所も地下に造ってあるし、廊下の前部は食堂としても使っている。私たち秘書も、この向こうの、総統官邸地下壕にある自分たちの寝室を他の女性たち（たいていは総統副官室の秘書や電話交換手）と共同で使っている。長い地下道を通って総統防空壕へまっすぐ来ることができるのだ。

時間が遅々として進まない。私は、何もかもが虚しく、気が抜けて無感覚になっていた。本当なら、二、三時間眠るべきだ。が、不安が私を防空壕に引き留めている。もしかしたら、もうすぐ決定的なニュースが入ってくるんじゃないかしら？　もう午後も遅かった。ヒトラーは今日昼ごはんを食べたかしら？　きっとその時間がなかったにちがいない。今は自室にいて、ゲッベルスと話している最中だ。このおえらい宣伝大臣はベルリンで死ぬというヒトラーの決心をどうやって乗りきるのだろうか？　ドイツ国民になんと伝えるのだろうか？　ドアが開いてゲッベルスが電話をかけにゆく。戻ってくると、何かを探すように見回している。伝令と私の他には誰もいない。大臣は私に近寄ってきて言う。「あとで家内と子供たちがやってきます。これは総統の希望なのですが、今からは総統防空壕にいてください。そして、私の家族を快く迎えてやってくれませんか」。あらたいへん、どこにそんなに大勢の人たちの居場所があるの、と私は思った。このごちゃごちゃした中に小さな子供が六人だなんて！　防空壕の上階へ上がっていって、ギュンシェを探す。彼はトランクやら木箱やら家具やら貯蔵品やらで一杯の部屋を一つ空けさせて、ベッドをたくさん入れた。

そんな中、ヒトラーはカイテルとヨードルをもう一度呼び出した。この二人の大将とヒトラーは最後の話し合いをほんのしばらくした。彼ら二人が、その後で、ボルマンとヘーヴェルと話しているのが聞こえてくる。自分たちは総統がベルリンにいてももうどうしようもないことを、わかってもらおうと努力してみましたが徒労でした。国防軍最高司令部の戦闘司令所は南ドイツへ移動することになりました。そうなれば、ベルリンから総統が将軍たちに対して指揮をとれるのも、そう長くはないのです……。ヒトラーはベルリンに留まって死ぬという、ゆるがぬ決意を強硬に言い張るばかりだった。「自分はピストル自殺をするつもりである。なぜなら、生きても死んでも敵の手に落ちたくないからだ。戦うことは自分にはもはやできない、自分は身体的にガタガタなのだ」と。こう言ってヒトラーはこの大将たちを放免したので、彼らも遂に防空壕を去っていった。

そのうちにゲッベルス一家が宣伝省の防空壕から総統防空壕へ移ってきた。私は出向いていって、子供たちを迎える。ゲッベルス夫人はただちにヒトラーのところへ案内されていく。幼い五人の女の子たちと一人の男の子は陽気で無邪気だ。〝ヒトラーおじさん〟のところにいることを許されて嬉しいのだ。子供たちはまもなく防空壕をおもちゃで一杯にする。かわいらしく、しつけのいい、天真爛漫な子供たちだ。彼らはやがてやってくる運命についてはなんにも知らない。それに大人たちは彼らが気づかないよう、全力を尽くしている。私は子供たちをヒトラーのバースデープレゼントが積み込まれている〝誕生日倉庫〟につれていった。ここには子供のおもちゃも洋服もある。彼らは好きな物を選んでいる。

私たちが戻ってくると、またサイレンが鳴った。戦闘は激しくなる一方だし、そのうえ、総統官邸の敷地にだんだん集中してきている。皆もう砲撃にすっかり慣れきってしまった。轟音が止んだときしか注意が向かない。私たちはまたヒトラーの傍らに座る。彼は私にはますます理解しにくくなり、不気味になっていく。昨日は勝利が確実だということに一言も疑いをはさまなかったヒトラーが、今日になると状況変化の希望は一つもないと、同じように主張する。壁から見下ろすフリードリヒ大王の絵を指差して、私たちはヒトラーがあれほど頻繁に使っていた標語を引用し、みんなで言った。「総統様、最後の大隊はどこにいるんですか?」「……」。「あの話の先例をもう信じないんですか?」彼はだるそうに頭を横に振る。「軍隊が私を裏切ったんだ。将軍なんかなんの役にも立たん。私の命令は実行されていなかった。遂に一巻の終わりだ。『国家社会主義』は滅亡してしまった。もう二度と蘇ることはないだろう!」こ の言葉を聞いて私たちは叩きのめされた。変化があまりにも早過ぎた。私たちが「ベルリンに留まります」と言ったあのときは、もしかしたら、そんなに本気じゃなかったのだろうか?　きっと命は助かるとやっぱり思っていたのだろう。今になってヒトラー自身がこの希望を取り上げてしまったのだ。

エーファ・ブラウンは一種の〝忠実コンプレックス〟みたいなものを持っている。「ねえ、ご存じ?　みんなあなたから離れていってしまったのね。私、わからないわ。ヒムラーはどこ？　シュペーアやリッベントロップやゲーリングはどこ？　どうしてあの人たちはあなたの傍に残ってないの？　どこにいるの？　それにどうしてブラントはここにいないのかしら？」するとヒトラーは、自分によって偉くなった者たちがいかに嬉しげに心も軽く自分を置き去りにしていったかを感じていたにちがいないが、自分の部下たちを弁護して言った。「君にはわからないんだ。彼らがよそにいるときこそ、一層私のために働いてくれているんだよ。ヒムラーは自分の師団を率いなければならん。シュペーアはやらなければいけない重要な仕事がある。皆、私の命よりももっと大事な役職があるんだよ」。そうね、とエーファ・ブラウンが言う。「それはわかるわ。でも、例えばシュペーアよ。あの人はあなたのお友だちじゃないの。きっと来るわね。私、あの人よく知ってるもの」

おしゃべりの最中にヒムラーが電話をかけてきた。ヒトラーは部屋を出ていき、受話器をとる。ところが青ざめて、引きつった顔をして戻ってきた。その帝国指導者は、あろうことか、もう一度電話でヒトラーを市外におびき出そうと試みたのだ。総統は再び断固として拒んだ。彼はこれからするつもりの自殺について、いかにも当然、かつ非個人的なことみたいに話す。すると、ヒトラーの死と一緒に私たちの死も、しきりに目の前に見えてくる。そのうちに私たちもそれに慣れていった。そうは言っても、この晩はさっぱり眠れなかった。

次の日、砲兵隊の着弾点がさらに近づいてきた。市の郊外にはソ連兵が侵攻してきている。おびただしい数で集まってきた重戦車に対して、勝ち目のない戦いが続く。総統防空壕の中の状況は相変わらずだ。みんな座って待つだけだ。昨日、裏切りに遭い、金切り声をあげて怒り狂ったあと、ヒトラーは気抜けして、無関心になってしまった。まるで辞職でもしたといった様子だ。会議も開かれないし、一日の決まったスケジュールもない。白のコンクリート壁に反射するギラギラの電灯の下で、皆は夜が昼にとってかわったことも知らない。私たち秘書は、ヒトラーが自殺するんだという薄気味の悪い期待感に常に包まれて、彼のまわりでうろうろしている。けれど、彼はさしあたり名目だけの人生を続けている。ゲッベルスが秘書のナウマン博士[96]と副官のシュヴェーガーマン[97]をつれてきた。彼らはヒトラーと最後の宣伝活動について相談している。国民は、総統が現在この包囲された市内に留まり、防備を固めたことを知らなければならないのだ。それが国民にエネルギーと闘争心を与え、不可能を可能に変えるのだそうだ。とはいうものの、崩れ落ちた家から逃げ出した人たちが避難所を求めて地下鉄の構内を当てもなくさまよっていた頃、また、大人も少年もみんな間に合わせの武器を持って、命がけで戦闘に加わっていた頃、すでにヒトラーはどんな希望をも捨ててしまっていた。

六人の子供たちが廊下で満ち足りて、楽しげに遊んでいる。彼らは防空壕最下部への階段の中ほどにある、踊り場に置かれた丸テーブルについて童話を読んでいる。子供たちには、どんどん激しくなってくる砲弾の音は聞こえていない。それどころか〝ヒトラーおじさん〟の近くで安心しきっている。午後はおじさんとホットチョコレートを飲みながら、学校のいろいろな出来事を話してあげる。たった一人の男の子ヘルムートはヒトラーの誕生日に書いた作文を読んで聞かせる。「それ、お父ちゃんのを盗ったでしょ」とお姉さんのヘルガが言う。少年が「でなければ、お父ちゃんが僕のを盗ったのかもしれないよ」と答えるのを聞いて、大人たちが笑う。お母さんはハンドバッグの中に毒を入れている。それは六つの幼い命の終わりを意味する。

モレル教授のいないことに私は急に気がついた。彼の部屋にはかわりにゲッベルス夫妻が入った。侍医が姿を消してしまったのだ。相変わらず落ち着きはらって、穏やかに自分の仕事をこなしているリンゲが、モレルは総統との劇的な口論の果てに、朝早く飛行機でベルリンから去っていった、と教えてくれた。前の晩、日課の注射を就寝前にするべく、いつものとおりモレルは総統のところへ出向いた。ふと、ヒトラーは不安と疑いにかられ、裏切りと陰謀の疑念が湧いてきた。「モレル、この部屋をすぐに出ていってくれ！　私を力ずくでベルリンからつれ出そうとして、麻酔でもかけようってんだろう。皆そう願っているんだ。でも私は行かないぞ」とわめきちらした。ぶるぶる震えるモレルが驚愕のあまり今にも心臓発作を起こしそうになったとき、ヒトラーは次の飛行機でベルリンを出ていくようにと、彼に命じた。それまでヒトラーは、侍医なしでは一日だって過ごせなかったのにだ。どの飛行機にもどの汽車にも侍医がお供したものだ。なのに今ヒトラーはモレルに暇を出した。彼はもう医者を必要としないのだ。薬も食餌療法食ももういらないのだ。何もかもどうでもよくなったのだ。

新顔が総統防空壕にふらりと現われた。帝国青少年指導者のアルトゥル・アックスマン[98]である。かの献身的な信奉者の一人で、盲目の理想主義者だ！　彼には一本しか腕がない。そのもの静かな考え深そうな顔の中で、戦闘の熱狂にあふれた目が輝いている。彼も最後のときを総統の側で過ごそうと、やってきたのだ。その他に、びんの毛の白い、あまり目立たぬ小柄な男も来ていた。この男は、灰緑色の親衛隊の制服を着ている。そして、二人の将校が集まって戦況について立ち話をしているところなら、いつでも、どこにでも居合わせた。カルテンブルナーの代行者のミュラー上級集団指揮官[99]だった。

シュペーアがひょっこり姿を見せた。エーファ・ブラウンが手を差し出しながら近づいてゆく。「私、おいでになることを存じてました。総統を一人ぼっちになさる方ではいらっしゃいませんもの」。しかしシュペーアは苦笑いを浮かべるだけだ。しばらく間をおいてから、彼は言う。「私は今晩またベルリンを離れるんです」。それからヒトラーのもとへ向かった。私たちにはその長い話し合いについては何も知らされていない。

さて、ここにある事件が持ち上がり、喧喧囂囂《けんけんごうごう》と論議が展開されたのだ。ゲーリングの反逆だ。会議室の前の廊下にゲッベルス、ヘーヴェル、フォス、アックスマン、それにブルクドルフが集まっている。ゲーリングが総統を裏切った、今や決定的な瞬間に差しかかった、と言っている低い声を私は階段の踊り場で聞いた。何が起きたのだろう？　防空壕の上階を歩いていくとクリスチアン夫人に出会った。彼女はもう自分の夫の同僚フォン・ベロウ大佐から聞いていた。ゲーリングがこんな電報を送ってきたのだ。総統はもはや政策上の能力を完全には所有していないと思われるので、自分がヒトラー総統の後継者の座に就くつもりである、総統からの返答が二十二時までに届かない場合は、後任として認定されたものと見なす、というものだ。

この電報はボルマンの手に渡った。ボルマンはヒトラーの前にそれを差し出し、彼の視点で真相を明らかにしてみせた。それでヒトラーがゲーリングの提案の内に背信を見たのも、この帝国元帥をひどくののしって役職をすっかり取り上げてしまったのも、少しも不思議ではない。ボルマンは満足げにほくそえんだにちがいない。十二時五分前になって、もう一度自分の権力を拡大することに成功したのだから。彼の命令でゲーリングとその幹部らは一挙にオーバーザルツベルクで逮捕された。

一日じゅう、ゲーリングの電報の話題で防空壕内はもちきりだ。シュペーアがヒトラーと長々と直談判したあげく、ベルリンを去っていったことなど、たいして目立たなくなった。ヒトラーは自室に閉じこもって誰にも会おうとしない。一方、会議室では将校たちがベルリン市の地図の上に頭をそろえ、窮地脱出作戦を練っている。総統はそんなことにはもう興味がない。だが、参謀本部はまだ諦めていない。どこかの部隊がヴェンク大将[100]の命令で西方へ移動中なのだそうだ。ヴェンクを呼び戻してベルリンに突撃させれば、助かるかもしれない！ それに、ヴェンクの助太刀として、シュタイナー最高指揮官[101]に北から攻撃をかけさせようというのだ！ この案を持って将校らは最高指揮官のところへ行く。その軍事上の細部はわからないけれど、それは私にとって小さな希望のかけらを意味した。彼らは総統を地図テーブルの前まで引っ張り出すことに成功した。ヒトラーはもう一度無気力から抜け出し、戦闘開始の命令を下した！ ヴェンクが引き返してきて、ベルリンを奪還するだろう。

誰一人寝つける者なんていない。みんな亡霊のようにふらふらと部屋から部屋へうろつき、そして待っている。ときどき階段をこっそり上がっていって、砲兵隊の砲撃休止の隙をうかがう。そして、あたりを見回して、なんと荒廃がどんどん広がっていくことだろう、と肝をつぶす。私たちの周囲には、ただ瓦礫と半かけの家があるだけだ。ヴィルヘルム広場には、侘しげな白い敷き石のまん中に死んだ馬が横たわっている。けれども私は鈍感だった。いや、抜け殻になってしまった気がする。私たちには、真実なもの、自然なものなんてもう何もない。無頓着で冷静。泣けないから笑い、望みを失った心の奥の不安な声が口から飛び出てこないように、しゃべりまくる。さもなければ、母や家族など、家のことを思い出すことになるからだ。バイエルンの湖畔に私を待ち、私を愛し、私を心配する人たちがいるのだという想いがときに頭をよぎる。彼らは〝決定〟をする必要がない。そこは女たちが占領軍を恐れなくてもいいところ。そこは生活がそのまま続いていくところ。ところが、私ときたら、防空壕の硬直した、重苦しい雰囲気に支配されているのだ。今はもう打ちひしがれた老人でしかない総統が、いまだにその手に見えない糸を握っている。目の前にいるだけで、いかなる正当な動きも自然な感情も押しつぶされてしまうには充分だ。

　私たち女性はたいてい一緒にいた。エーファ・ブラウンも仲間に加わってきている。私たちは子供たちや犬と遊ぶ。部屋はどこも出入りが自由だ。もう公務に使われている部屋など一つもない。ソ連の戦車がさらに迫ってきたことを知らせようと、付近の前線から埃と汗にまみれた将校が着き、報告が入ると、ヒトラーはその通知を受けとりはする。だが、一言も口をきかず、興味も示さない。先頃から、総統官邸に防衛司令官がいる。モーンケ上級指揮官[102]だ。もうすぐソ連兵が総統官邸の建物に突入してくるというのに、まだ私たちは罠の中にいるのだと思うと、へなへなと力が抜けるような、やりきれない気分に襲われる。といっても「頭がくっついている限りは、頭を上げて!」というのが合い言葉だ。その言葉に従って、私たちはマリオネットみたいにじっと動かず、ぼんやりと過ごしている。日付けももうわからなくなってしまった。ときには、一時間くらいうとうとすることもある。けれど神経の高ぶりでじきに目が覚めてしまう。ヴェンク大将が攻撃をかけた、という報告が入るときには、ぜひそこに居合わせたいものだとみんな願っている。何度も勇気を出して地獄さながらの戸外に出ては、ドイツ軍の砲声が聞こえてこないものかと耳を澄ましてみる。

交戦はもう街のずっと奥まで広がっている。ソ連軍の重戦車が街路を次から次へと占領していく。ヒトラー・ユーゲントの少年たちが橋を一つ一つ守ったり、爆破したりしてみたところで、なんの役に立つというのだろう? 彼らはヒトラーからじきじきに勲章をもらう。が、ソ連軍の戦車が何台か爆破されたとしても、後ろから百台[103]もやってくるのだ。それに、ヴェンクにしても影さえ見せない。シュタイナーの進攻に関する報告もない。総統官邸から出ていった偵察隊もなんの成果もなしに舞い戻ってきた。[原稿の判読不可][104]

ハンナ・ライチがブランデンブルク門のすぐ前の東西幹線道路[105]にフィーズラー・シュトルヒ機で着陸した。そして、優秀な空軍軍人のグライム大将をつれてきた。二人を私が見たのはその日がはじめてだ。小柄で華奢なハンナ・ライチはとても女らしい人で、実は男のように気丈だなどとは誰も夢にも思わない。ピッタリした黒の丸首セーターに鉄十字章を付けている。その肩にグライムが寄りかかって片足を引きずりながら防空壕へ向かう。彼はこんどの冒険的な飛行中に、ソ連軍の戦闘機から弾を足にくらって負傷した。ところで、彼はゲーリングの後任として、空軍の最高指揮を引き継ぐためにやってきたわけだが、まず手術室に姿を消し、無口で、青白く、内気な医者、シュトゥンプフェッガー医師の診察を受ける。その間に、ハンナ・ライチは総統のもとへ急ぐ。彼女は、ヒトラーを無条件に、なんの留保もなしに崇拝する女性の一人だった。今の私にはそれが不思議なことに思われるのだ。なにしろ、彼女はヒトラーを個人的にあるいは人間的に知っていたばかりか、兵士としても軍の指揮官としても知っていた唯一の女性だったのだから。彼女は、総統とその理念のためには、死の犠牲さえもいとわないという狂信的、熱狂的な覚悟に熱く燃えていたのだった。[…]

晩になると、彼女がゲッベルスの子供たちを寝床につれていった。彼らのお相手をするのはエーファ・ブラウンだ。母親にはもう子供たちと平静に向き合う気力があまりない。彼らと一緒にいることは、彼女にとってものすごい負担となった。そのたびに後で彼女は泣き崩れるのだ。彼女とその夫も、今は影のような存在でしかなく、すでに死神に魅入られていた。

子供部屋のドアの前を通ると、歌う子らの澄んだ六つの声が聞こえてくる。部屋の中に入ってみると、子供たちは三つの二段ベッドに座って、三部合唱がお互い調子っぱずれにならないように耳を押さえていた。ハンナ・ライチが一緒に歌い、指揮をとっている。それが終わると、快活に「お休みなさい」と言い合って、眠りについた。ただ最年長のヘルガだけはときおり大きな茶色の目に悲しげな、わけ知りの表情をひそめている。彼女は一番おとなしい子だ。この子は心の深層部分に大人たちのまやかしを感じとっているのではないだろうかとときどき考えては、ぞっとする。

子供部屋を後にすると、私はひとしきりもの思いに沈んだ。こんな無垢な子供らが己れのために死ぬことを容認する人間がどうしているのだろう? このことで私はゲッベルス夫人と語り合ったことがある。この段になるともう身分の差もなく、あるのは共通の運命だけだ。この女性は私たちのうちでももっとも苦悩が大きかった。私たちはたった一つの死を乗り越えればいいだけだが、彼女の前には六つの死があるのだ。「うちの子たちは、恥と嘲笑の中で生きていくよりも死んだほうがましなのよ。戦後がどうなろうとも、ドイツという国にうちの子供たちの生きる場所はないわ」

この頃になってもまだ私たちはヒトラーと一緒に食事をしていた。エーファ・ブラウンとクリスチアン夫人とマンツィアリー嬢とそれに私だけだったが。話して面白い話題というのは、もうなかった。自分の声が他人のものみたいに聞こえる。「総統様、国家社会主義はまた台頭することがあるんでしょうか?」ときいてみた。「いや、それはない。国家社会主義は壊滅した。もしかしたら百年後には同じような思想が起こることもあるかもしれん。宗教の力と一緒になって、世界中に広がるようなのがね。だが、ドイツは敗北してしまったよ。私がもたらした政治的課題に応えられるほど成熟もしていなかったし、強くもなかったということだ」と総統は、私たちを超えて、自分自身に語りかけている。私は、もう彼の言うことについていけなかった。

向こうの新総統官邸の地下壕の中は、手のつけようがない混雑ぶりだ。そこにはベロウ、フェーゲライン、ブルクドルフ、クレープス、ヘーヴェルなどの将校らの他に、パイロットのバウアーとかラッテンフーバー上級指揮官とかが寝泊まりしていて、バイエルン地方の故郷を懐かしんでいる。この二人は、私を除いては、ミュンヘンから来ている唯一の人たちだ。その他にはフォス海軍中将や何人かの見知らぬ参謀将校や報道局のハインツ・ローレンツなどもいる。どこかにボルマンも直属の部下と一緒の居場所がある筈だ。長い廊下には国民突撃隊や国防軍の疲れきってボロボロになった兵士たちが巣くっている。野営炊事場が彼らのために温かい飲み物とスープを用意する。床はそこらじゅう人間が横たわっている。その間を縫って、救援の女性やら避難民やら少女、看護婦さん、総統官邸の職員たちが必要とされるところに手を貸そうと駆けずりまわっている。大部屋の一つに応急の手術室が作られた。シャリテ病院を焼け出されたハーゼ医局長(106)が昼夜の別なく働いている。手足を切断し、手術し、包帯を巻き、できる限りの救急活動を続けている。可能な場所はどこにもベッドが置かれたが、それでもまだ足りない。傷病兵のシャツも下着もそろそろ底をついてきた。

総統官邸のこの部分から総統防空壕へ続く長い地下道は、すでにあちこち爆撃されて、薄い天井が落ちている。ヒトラーは、夜もクリスチアン夫人と私が近辺にいることを望んだ。小会議室の床にマットがいくつか敷かれ、私たちは服を着たまま二、三時間眠る。半開きのドアの外にはクレープス、ブルクドルフ、ボルマンたちが安楽椅子に横になって、いびきをかきながらヴェンクの部隊を待ち明かしている！　それなのに、なんと頭上では大騒乱が始まったのだ。四月二十五日と二十六日に銃撃戦は最高潮に達した。銃砲のけたたましい音がひっきりなしに聞こえるばかりか、どの弾も防空壕をじかに狙っているように思えてくる。歩哨があわてて駆け込んできて、報告する。「ソ連兵が機関銃で入口の扉に向かって発砲しています」。この男は恐怖にかられて、部屋から部屋へと駆けまわるけれど、ただぼんやりと待ち惚けている者たちは、その報告になんの反応も示さない。結局、これは間違いだということが判明した。銃弾が一つ間近をかすめたにすぎないのだ。またしても執行猶予だ！

私がどうやってこの時間を過ごしたのか、今となっては定かでない。とにかく、総統が近くにいようがいまいが、皆そこらじゅうでタバコを吸いまくった。総統はもはやもうもうとした煙を気にすることはない。エーファ・ブラウンもその〝悪習〟をこれ以上隠そうとしない。たまに、くたびれ果てた伝令兵が前線からやってきた。最前線は刻々アンハルター駅に前進しているらしい。私たちが地上に上がって炎と煙の中を見透かすと、ベルリンの女や子供の泣き叫ぶ声が聞こえるように思えた。ドイツの女たちがソ連軍の戦車に弾受けとして悪用されたという話だ。私たちは死だけが唯一無二の逃げ道であるとあらためて思った。

最良の死ぬ方法について、神経質なくらい微に入り細にわたって話し合ったり、また、寄るとさわるとそのことばかり相談しあっていたことを現在振り返ってみると、私が今もこうして生き長らえていることが自分自身信じられない気持ちだ。ヒトラーはムッソリーニの汚辱にまみれた死について聞いた(107)。ミラノの広場のまん中に逆さ吊りにされた裸の死体の写真までも誰かが見せたのだと思う。「私は、死んでも生きても敵の手には落ちたくない。私が死んだら、私の死体を焼いてしまって、永遠に見つからないようにしてくれ！」と、ヒトラーは指示した。

何を食べているのかも気がつかずに自動的に食事をとっている間も、私たちはどのようにすれば完璧で確実に死ねるだろうかと知恵をしぼりあった。「もっともいいのは口の中を撃つことだよ。そうすれば頭蓋骨が破裂して、なんにもわからないんだ。

即座に死んでしまう」と、ヒトラーが教えてくれる。それは、私たち女性には想像するだに恐ろしい。「私はきれいな死体になりたいのよ」と、エーファ・ブラウンが訴える。「私、毒を飲むわ」。そう言って、彼女はエレガントな洋服のポケットから青酸カリ入りの真ちゅう製小カプセルを取り出した。「すごく苦しむのかしら？　私、長い間苦しまなきゃならないかと思うと、ものすごく怖いのよ」と、彼女は胸の内を打ち明ける。「それに、勇ましく死のうというのだから、せめて苦痛なしでできなければ」。ヒトラーが「この毒薬による死はまったく苦痛を伴わない。神経と呼吸気管の麻痺で数秒間のうちに死に至るのだ」と説明してくれた。この〝喜ばしい〟知識を得て、クリスチアン夫人と私もそのアンプルを一つくれるよう総統にお願いする気になった。彼はヒムラーから十個もらっていた。食事が終わって私たちが出ていこうとすると、総統は「お別れにもっと良い贈り物ができなくて、本当に残念です」と言いながら、一つずつ手ずから渡してくれた。

四月二十六日。私たちは外界から切り離されてしまった。残るはカイテルとの無線電話の連絡だけだ。そのうえ、ヴェンクの隊についてもシュタイナーの攻撃についても手掛かりすらつかめない。私たちをここから救出してくれそうな部隊はもう存在しないことが確実になった。ソ連兵はすでにティアガルテン区に侵入してきた。市の中心部へ進む途中も、彼らはそれほど抵抗に遭わず、刻一刻アンハルター駅に近づいてくる。

総統は、いまだにこの地下防空壕で影法師のごとく生きている。落ち着かず、部屋から部屋へさまよい歩く。彼はいったい何を待っているのだろう、どうしてそろそろケリをつけないのか、私はときとして理解に苦しんだ。だって、もうどうしようもないじゃないか。とはいうものの、目前に迫った彼の自殺のことを考えるとがっかりしてしまう。子供たちが帝都を防御しているというのに、「帝国の第一番目の兵士」が自殺だなんて。あるとき総統とこのことについて話し、こんな質問をしたことがある。「あのう、総統様ご自身が軍隊の先頭に立って、戦死されることをドイツ国民は期待しているとはお思いになりませんか」。今はもう総統となんでも話せるのだ。さもけだるそうに答えが返ってくる。「私はもう肉体的に戦えるような状態ではない。私の手は震えて、ピストルが握れないくらいだ。もし私が負傷したとしても、撃ち殺してくれる部下さえ見つからないだろう。どんなことがあっても、私はロシア人の手にだけはかかりたくないんだよ」。彼の言うことは本当だ。ぶるぶる震える手でフォークを口に持っていく。やっとのことで椅子から立ち上がる。歩くときは、床に足を引きずってゆく。

エーファ・ブラウンが辞世の手紙を書いている。自分の好きな服や装飾品や値打ちのある品物、心に残る物などはすべて、ミュンヘンに送られた。彼女も何かを待ち、苦しんでいる。外部にはいつもと変わらぬ、ゆったりとした落ち着きを見せている。いや、ほとんど朗らかと言ってもいいくらいだ。けれど彼女はあるとき私のところへ来て、私の両手をとり、震えるかすれ声で弱音を吐いたことがある。「ユンゲさん、私、そりゃあものすごく怖いのよ。早く全部終わってくれればいいのに！」その目は心の中に隠してある、ありとあらゆる苦悩を露わにしていた。

彼女は、ヘルマン・フェーゲラインが一向に自分のことを心配してくれないのが不思議でたまらない。二日前から彼に会っていないし、それより前からすでに彼女を避けていたように思えるのだ。あなた、彼を見かけなかったかしら、と私にきく。いいえ、今日は全然地下壕にはいなかったわ。実際、彼がどこにいるのか、誰も知らない。職務上のことでみんな彼を探しているが、見つからないのだ。もしかしたら前線で偵察活動をしているのだろうか？　新総統官邸で一緒の部屋の将校たちさえ知らなかった。四月二十七日にはヒトラーもフェーゲラインに会うつもりにしていた。それなのに彼は見つからない。秘密保安警察が今彼の足跡を追跡中だ。

ところがその晩、この親衛隊中将は勲章も名誉章も付けず、民間人として、すっかり酩酊して総統官邸に現われたのだ。それ以後、私は二度と彼を見かけていない。一方、エーファ・ブラウンは、昨日の晩ヘルマンが自宅から電話をかけてよこしたのだと、失望と動揺の色を隠しもせず、私に話してくれた。「エーファ、総統をベルリンからつれ出せないなら、君は総統から離れなければいけないよ。愚かなまねはしないことだね。今はもう生きるか死ぬかの瀬戸際なんだから！」「ヘルマン、あなた今どこなの？ すぐここへ来てちょうだい。総統がずっとあなたを探してるわ。お話があるんですって！」けれど電話はすでに切れてしまっていた[108]。

ベルリンの新聞はもう止まってしまった。放送局だけが、総統は不運な街に留まって、運命を共にし、自ら防衛を指揮しているなどと、繰り返し報道している。ヒトラーがとうに戦闘から身を引き、自分の死だけを待っていることは、総統防空壕の少数の側近しか知らないことだ。向こうの、総統官邸の地下壕では、警衛中隊の兵士らが戯れ、古い戦歌を歌い、看護婦や補助の女たちが夢中になって働いている。町じゅうから、避難民や手伝いの男女らが総統官邸に集まってきている。そこにはいまだ希望を捨てず、戦い、働く生きた人間たちがいる。それに反して、総統防空壕は蠟人形館だ。しかし、ここにもやっぱりまだ人間らしさが残っていた。今日が誕生日の人がいる。年長のラッテンフーバーが六十歳になったのだ。総統防空壕の従業員たちが食事をする上階の廊下に並べられた机や椅子にみんなが陣どって、誕生日の人とシナップスを飲む。エーファ・ブラウンが脇に、私がもう一方の脇に座った。ミュンヘンや、バイエルンの話でもちきりだ。故郷からこんなに遠く離れたところで死ななければならないなんて、なんと悲しいことだろう。「よりによってプロイセンでなんて」とラッテンフーバーが言い、その陽気な目に涙を浮かべる。みんなはもう一度笑って、数分間だけ何もかも忘れようとする。

防空壕にどこからか降って湧いたように大勢の人が入ってきた。一部は見知らぬ人たち、一部は他の防空壕から来た顔見知りの人たち。総統防空壕まで達するほどの長い列ができた。するとそのとき、総統がゆっくり近づいてくるのが見えた。背を曲げ、左手を背中に当てて、右手を一人一人に差し出し、みんなの顔を見るが、でも何も見ていない。人々の目がパッと輝き、総統が感謝の言葉をかけてくれたことに感激している。それから誇らしげに、生き生きと仕事に戻っていく。けれど私たちにはよくわかっている。あれは勇気と勤勉をねぎらう言葉ではない。あれは訣別の言葉なのだ。みんな無言だ。私はエーファにきいてみた。「もう、そろそろなんですか?」けれど彼女は、「いいえ、あなたにはその前に知らせる筈よ。総統はあなたともちゃんとお別れすると思うわ」と答えた。

その晩は、結婚式さえ行なわれた。炊事場の娘が御用車の運転手と結婚する。この勇敢な運転手は、修羅の巷から母親と花嫁の家族までもつれてきた。私たちはみんな薄暗い通路を渡って、総統のアパートの崩れ落ちた建物に上がっていく。どこか上のほうにろうそくの火の燃える、ぼうっと薄明るい部屋がある。見なれない、不気味な感じだ。一列に椅子が並び、壇もある。事務次官のナウマン博士がスピーチをして、二人は手を重ねる。そこへ多発式ロケット弾が身の毛のよだつような〝音楽〟をかなでた。壁も窓もグラグラッと揺れてきしむ。式辞なんか聞こえたもんじゃない。みんなは若いカップルを祝福してから、死の防空壕に再び戻った。結婚式の客たちがお祝いのパーティーを開いている。ある者はアコーデオンを弾き、ある者はヴァイオリンを弾く。新郎新婦がダンスをする――火山の上で。

私はゲッベルスの子供たちと遊んでいる。童話を読んでやったり罰金遊びをしたりして、とにかく恐怖から遠ざけておこうと試みる。彼らの母親は子供たちを遊ばせる気力がもうまるでない。夜になれば子供たちは六つのちっちゃなベッドですやすやと眠っている。その一方、防空壕では相変わらず〝待ちぼうけ〟が続いており、逃れられない運命が一歩一歩近づいてくる。

四月二十八日に最後の一撃がヒトラーにふりかかった。ヘルマン・フェーゲラインをどうするのか、ヒトラーはまだはっきり決断を下していない。ヒトラーは彼に置き去りにされ、裏切られたと感じているのだが。折りも折り、新聞記者のハインツ・ローレンツが天地のひっくり返るようなニュースを持ってきたのだ。ロイター通信によれば、ハインリヒ・ヒムラーがベルナドット伯爵の仲介で連合国と交渉を始めている、というものだ[109]。

このニュースがヒトラーに届いたそのとき、私がどこにいたのかわからない。彼は最後にもう一度荒れ狂って、わめき散らしたかもしれない。けれど私がその後で彼に会ったときは、前のように冷静だった。一人エーファ・ブラウンだけが泣きはらした目をしている。義弟が死刑の判決を受けて、外務省の庭の花咲く木の下の、愛らしいブロンズ少女像の傍らで、犬のように惨めに撃ち殺されたのだ。エーファはその前にヒトラーに言い訳を試みた。フェーゲラインは、なんと人間味があることでしょう。だって、妻子のことを考えて、新しい生活に移っていこうとしたのですもの、と。それでも、ヒトラーは情け容赦なかった。反逆と策略しか見えなくなっていた。意志薄弱と背信の海のまん中で、岩のように忠実だと思っていた「忠義者のハインリヒ」がやっぱり騙し討ちをやらかしたのだ。すると突如、フェーゲラインの行動にも違う面が浮かび上がってきたのだ。彼はこの陰謀の共謀者になっていたのだった。

ヒトラーはヒムラーのもくろみについて陰惨な想像をしている。もしかしたら自分を暗殺しようと思ったのだろうか？　それとも自分を生きたまま敵に引き渡そうとしていたのだろうか？　こうとなっては、ヒムラーの周辺から自分のところに来ている人間はおろか、ヒムラーがくれた毒までも怪しい。防空壕に暮らしている、青ざめて、痩せたシュトゥンプフェッガー博士はこれまで以上に無口になってきた。この人間に対してもヒトラーは疑いの念を抱いている。

そのためハーゼ教授が新総統官邸の軍事作戦防空壕から呼ばれてきた。総統が教授と話して、毒のアンプルを一つ渡し、トイレの脇の小さな空き部屋に一緒に行くのを私たちは見た。そこはブロンディが子犬たちと暮らす場所だ。この医者が犬の上にかがみ込み、それに続いて甘酸っぱいアーモンドの香りのさざ波がかすかに鼻を突いた。するともうブロンディは動かなかった。ヒトラーが戻ってくる。その顔は自身のデスマスクそのものだ。言葉もなく自分の部屋に引きこもった。ヒムラーの毒は信用できるのだ！

ハンナ・ライチとグライム将軍が飛行の支度をしている。［…］ヒトラーと長い会話を交わしてから、二人は防空壕を去って行った。

私たち女は、子供やら犬やらと一緒にエーファ・ブラウンの部屋に逃げ込んでいる。そろそろ最終決定が下されそうだ。みんな神経がプツンと切れてしまいそうなほど張りつめていた。エーファがクリスチアン夫人と私に言う。「私、うけ合ってもいいわ。今晩あなたがたは、きっと泣くことでしょう」。私たち二人は、はっとして彼女を見つめた。「じゃあ、いよいよなのね？」いいえ、ちょっと違うの。感動するようなことがあるわ。でもまだなんにも言えないの、と彼女は口ごもった。

私たちが、どんなふうにあの長い時間を過ごしたのか、もう今日となっては覚えがない。あれは悪夢だった。私は会話も細かなこともも忘れてしまった。それに、どんな話があったというのだろう。その頃になると、爆弾やら手りゅう弾やら砲兵やら戦車などがひき起こすけたたましい騒音のことぐらいしか話題がなかった。もうすぐロシア人がポツダム広場に到達するだろう。もしかしたら、あと数時間ぐらいかもしれない。そうしたら、ほんのひとっ飛びで、この戸口に突進してくることだろう。防空壕の中は相変わらずだ。国民の指導者らは無為無策にただ座り込んで、決定を、ヒトラーの最後の決断を待ちわびている。いつも勤勉家のボルマンも勉強家のゲッベルスも、もはやすることが何もない。アックスマンもヘーヴェルもフォスも従卒も副官も伝令も職員も、みんな決定を待ちかねている。勝利を待つ者なんて一人もいない。みんな防空壕から出たいだけだ。

私たちがまだ食べたり飲んだり眠ったり話したりできるのが、現実のこととは思えない。みんな無意識にやっていたのだ。だから私はそのことについては記憶が残ってない。

ゲッベルスが同志たちの背信行為に関して長い演説をぶった。特にゲーリングの行動に腹を立てている。「あの男が国家社会主義者だったことなんぞ一度だってあるもんか」と、彼は始めた。「あいつは総統の栄光をただ享受していただけなのさ。これまで国家社会主義的に生きたこともないし、理想主義的に生きたことも、ついぞないんだ。ドイツ空軍が失敗したのも、あいつに責任がある。われわれが今ここに巣くっていなきゃならんのも、戦争に負けねばならんのも彼のせいだ」。今頃になって、この二人の大物が激しい敵対関係にあり、ライバルだったことがわかった。ゲッベルス夫人も国家元帥に対するこの非難に調子を合わせた。

私たちは、この頃になると、すべてどうでもよくなっていた。待つことは止めていた。時間がのろのろと過ぎていく。ただ頭上では、魔女の大釜が煮えたぎり、轟音をたてていた。私たちは座り込み、だべり、タバコをふかし、生き長らえている。そのけだるいことといったら！　ここ何日かの緊張がゆるんだのだ。あるのは心の中のやりきれない虚しさばかりだ。私はどこかに野戦ベッドを見つけ、小一時間ほど眠った。

目が覚めたときは、真夜中だったのだろう。向こうの廊下や総統の部屋を、従卒や伝令がせわしげに行ったり来たりしている。顔を洗い、服を着替えた。総統とお茶を飲む時間にちがいない。私たちはこうなってもまだ総統とお茶を飲んでいる。そして、常に死が見えない客なのだ。ところが今日、ヒトラーの執務室のドアを開けると、予期せぬ光景が私を迎えた。総統が近寄ってきて、私に手を差し出しながらきいた。「いくらか休めましたか？」驚いてうなずくと、彼は続けて言った。「あとで少々口述筆記をしてもらいたいのだが」。この疲れた弱々しい声が、かつて、あんなに精力的な口述で私をかりたて、追いかけるのがやっとだったことなど私はきれいさっぱり忘れていた。この段になって何を書こうというのだろう?

私の視線はヒトラーを通り過ぎて、お祝いの膳らしく用意されたテーブルに釘づけになった。八人分の皿が並べられて、ゼクトグラスがその横に置いてある。もう客がやってきた。ゲッベルス夫妻、アックスマン、クリスチアン夫人、マンツィアリー嬢、それにブルクドルフ大将とクレープス大将が近づいてくる。どんなきっかけで彼らみんなが呼び集められたのだろう? ヒトラーはお別れの宴でも張るつもりなのかしら?

そのとき彼が手招きした。「もしかしたら、これからすぐ始められるかもしれませんね。こちらにいらっしゃい」と言って部屋を出ていく。私たちは、肩を並べて会議室へ向かった。タイプライターの覆いをとろうとしたとき、総統が言った。「速記用紙をとりなさい」。私は一人大きなテーブルについて、待つ。ヒトラーがテーブルのいつもの席の前に立つ。両手をテーブルについて身体を支え、今は地図も市街図面も何も置いてないテーブルをじっと見つめている。もしコンクリート壁が、まるで振動板ででもあるかのように、どんな爆弾や銃砲の音も容赦なく大げさに鳴り響かせたりするのでなければ、きっと二人の人間の呼吸する音が数秒間聞けたことだろう。

総統がいきなり最初の言葉を室内に投げ放つ。「余の政治的遺言」。一瞬私の手が震えた。不意打ちをくらって、私は極度に緊張してしまった。みんなが何日も待ちあぐねていたものが今やっと出てくるのだ。それはすなわち、起きたことに関する説明、告白、いや、それどころか罪状の認知でさえあり、もしかしたら弁明なのかもしれない。この最後の記録書『千年帝国』には、もう失うものは何もない人間によって告白される真実が語られるにちがいない。

それなのに私の期待は叶えられなかった。心ここにあらずといった様子で、ほとんど機械的に、総統は声明、訴え、要求などを次から次へと述べていく。それは私が、そしてドイツ国民や全世界が知っているものだ。ヒトラーが新政府のメンバーを列挙すると、私は唖然として顔を上げた。私は、もうさっぱりわからない。すべてが失われた今、ドイツが破滅し、国家社会主義が永遠に死んだ今、総統自身が自殺の他に逃げ道が見つからない今、彼が任命する男たちが何をしなければならないというのか？私には理解しがたいことだ。

ヒトラーは話を続けるが、ほとんど顔を上げない。しばらく口をつぐんだ後、個人的な遺書の口述を始めた。そこで彼がエーファ・ブラウンと結婚することを私ははじめて知ったのだ。死が二人を結ぶ前に。今日あなたがたはきっと泣くことでしょう、と言ったエーファの言葉をちらっと思い出す。けれど私は涙が出てこない。総統は自分の所有物の配分にふれる。ところがここで唐突にも、自分の死後もう国家が成立しえない可能性があるなどと述べた。これで口述筆記は終わりだ。彼は寄りどころを求めているみたいに、ずっともたれかかっていた机から離れた。するとすぐその目に疲れ果てて、せかせかした表情が出てくる。「これをすぐに三部清書してください。その後、私の部屋へ来てください」。何か切迫したものがその声にあり、いぶかりながらも、これが訂正も念入りな手直しもなしに世間に出ることになる最後の重要かつ決定的なヒトラーの文書なのだと私は理解した。どこかの大管区長とか芸術家、その他の人たちへの誕生カードはどれも文が推敲され、磨かれ、訂正された。その時間が今もうヒトラーにはない。

総統は一同のいるところへ戻っていく。彼らが、まもなく結婚式の客人になるわけだ。一方、私は一人っきりで、邪魔もなく、ゲッベルスの部屋の向かいの休憩室に座って、第三帝国史の最終ページを清書している。その間にも会議室は戸籍役場になり、付近の前線からつれてこられた戸籍係がヒトラー夫妻の結婚の司式を行なった。エーファが署名にBと書こうとする。それで、まず彼女の新しい名前がHで始まるのだということを注意しなければならなかった。その後で、結婚式の参会者たちはヒトラーの部屋に集まり、席についた。彼らはいったい何を祝ってゼクトのグラスを上げるのだろうか？　結婚したばかりの二人の幸福を願うのだろうか？

総統は清書したものを見ようとそわそわしている。彼は何度も私の部屋に来ては、私がどこまでタイプしたかと点検する、でも何も言わない。それでも、速記の残りの部分に落ち着かない一瞥を投げる。けれど、それだけでまた出てゆく。

　ゲッベルスが突然かけ込んできた。私は面喰らって、その石灰のように血の気の失せた、興奮ぎみの顔を凝視する。頬に涙がこぼれている。他に心を打ち明けられる人がちょうどそこに一人もいなかったので、彼は私に話しかけてきた。その冴えた声が涙でむせび、震えている。「ユンゲさん！　総統が私にベルリンから立ち去れ、と命じるんです。新政府で私が指導的ポストを引き受けるように、と言うんですよ。しかし、私はやはりベルリンを出ていくことができない。総統の傍を離れることなんてできませんよ！　私はベルリン大管区長で、ここが私の居場所なんですから。総統が死んだら、私の人生は意味がない。それなのに総統はこう私に言ったんです。『ゲッベルス君、君までも私の最後の命令に従わないとは、思ってもみなかったね』って。総統はあんなに多くの決定を手遅れになってしまってから下したのに、この一件は、最後の決定は、なぜこんなに早いんだろうか？」と途方に暮れて私にきく。

　それから、彼もまた私に遺書を筆記させ、それを総統の遺書に補足として添えるようにと言う。人生ではじめて自分は総統の命令を遂行しないばかりか、ベルリンにある総統の傍らの自分の場所を離れることもできない。だが、のちのちには、忠義の手本のほうが、長らえた生より貴重になることだろう、というものだ。そして彼も、国家社会主義の存在しないドイツに生きるよりも、家族全員と一緒の死のほうを選ぶ、と世間に宣言した。

私は、二つの文書をできるだけ早くタイプする。指がひとりでに動き、その指が滅多にタイプのミスをしないことにわれながら驚いた。ボルマンとゲッベルス、それに総統までがもう終わったかどうか何度も見に入ってきては、私をいらいらさせ、仕事が遅くなってしまう。あげくの果て、彼らは最後の紙をタイプライターからはぎとるようにして会議室に持っていき、三部とも署名した。その晩にもこの文書は急使によって各方面に送られていくのだ。フォン・ベロウ大佐とハインツ・ローレンツとそれにボルマンの部下ツァンダーらがヒトラーの遺言書をベルリンの外部へ持って出た(110)。

事実上、これをもってヒトラーの人生は終わったわけだ。あとは、せめてあの文書の一部ぐらいは指定された受取人に確実に届いたという通知を待つだけだ。私たちは、ロシア人が今にも防空壕になだれこんでくるのではないかと覚悟を決めた。それほど攻防戦の喧噪が近づいているように思われるのだ。犬はもう一匹も生きていない。犬の主人たちは最後の義務を果たした。敵の手りゅう弾や爆弾にかかってこっぱみじんになってしまわないうちに、向こうの庭で自分のペットを撃ち殺したのだった。

歩哨や兵士のうち、いま戸外へ出てゆかなければならない者は、自分の命の賭けをするのだ。私たちの周囲にもすでに負傷者が出ている。司令部の総帥が足を撃たれ、痛みでもう動けない。

五人の幼い金髪の女の子たちと栗色の髪の少年のことを思い出す者は、もう一人もない。彼らは今も上階の自分たちの部屋で遊びながら、暮らしを楽しんでいる。お母さんが彼らにたった今話したところだ。もしかしたら、予防注射をしなきゃならないかもしれないわ。こんなにたくさんの人が狭いお部屋に一緒に暮らせば、病気の予防をしなきゃならないの。彼らは納得し、恐れたりしていない。

四月二十九日。私たちは捕われのまま、待ちぼうけだ。

四月三十日がその前の日々と同じように始まった。時間がけだるく過ぎていく。エーファ・ブラウンにどう呼びかけたらいいのか誰にもわからない。副官とか伝令たちは、ついこれまでどおり「お嬢さま」と呼びかけようとして、どもり、まごついた。「皆さん、私のことをヒトラーさんと呼んでくれていいんですよ」とエーファは顔をほころばせて言った。

彼女が自分の部屋に来てほしいと私に言う。たえず一人だけで考えてはいられないからだ。私たち二人は、気が紛れるようなことをあれこれ話す。ふと彼女が洋服ダンスを開けた。そこには彼女の大好きな美しい銀ギツネのコートが掛かっている。「ユンゲさん、私、このコートをお別れにあなたにプレゼントしたいのよ」と彼女が言う。

「私、素敵な格好をした女性たちがまわりにいるのが本当に好きだったわ。今度はあなたがこれを着て、楽しんでちょうだい」。私は感激して、心の底からお礼を言った。それをどのように、どこで、いつ着られるか見当もつかないのに、私は嬉しくさえあった。

それから、私たちはヒトラーと共に昼食をとった。昨日、一昨日、そして何日も前と同様のおしゃべり。それは明るい落ち着きと覚悟の仮面の下で行なわれた死の饗宴だった。私たちは食卓から立ち上がり、エーファ・ブラウンは自分の部屋に戻っていった。クリスチアン夫人や私はタバコをゆっくりと一服できそうな場所を探す。私は、ヒトラーの部屋に通じる廊下の開いたドア脇にある従卒の部屋に、肘掛け椅子を一つ見つけた。ヒトラーは自室にいるようだ。誰が彼のところにいるのかはわからない。

そのときギュンシェが近寄ってきて私に耳打ちした。「ちょっと来て。総統がお別れしたいそうだよ」。私は立ち上がって廊下に出ていった。リンゲがマンツィアリー嬢とかクリスチアン夫人たちをつれてくる。他の人たちもそこにいるのがぼんやり見える。私は総統の姿だけを目で追う。彼はいまだかつてないほど腰を曲げ、ひどくゆっくりと自室から出てきて開いたドアを通りぬけ、一人一人に手を差し出す。私は彼の温かな右手を自分の右手のうちに感じる。彼は私をじっと見つめるが、でも私を見てはいない。彼は遥か遠くにいるらしい。彼は私に何か言うが、でも私には聞こえない。彼の最後の言葉が私にはわからない。今こそ私たちが待っていた瞬間がやってきたのだ。それなのに私はしゃちこばってしまい、私のまわりで何が起きているのか、あんまり見ていなかった。

エーファ・ブラウンが私に近づいてきたとき、やっといくらか魔力が解けた。彼女は微笑みながら、私を抱き締めた。「どうかここから出ていけるよう、がんばってくださいね。あなたならきっとうまくやれると思うわ。そうしたらバイエルンの人たちによろしく伝えてください」と、笑みを浮かべて言ったが、その声にすすり泣きもまじっていた。黒地で、胸空きにバラのついた総統お気に入りのドレスを着て、髪の毛は洗い、きれいにセットしてある。それから彼女は総統に続いて、彼の部屋へ入ってゆく――死に向かって。重い鉄の扉が閉まった。

ふいに、ここからできるだけ遠くへ行ってしまいたいという激しい衝動にかられた。逃げるようにして防空壕の上階への階段を駆けのぼる。ところが階段の中途にゲッベルスの子供たちがしょんぼりとしゃがんでいるではないか。今日は誰もお昼ご飯を作ってくれないので、彼らは自分たちの部屋に忘れられてしまったような気がした。それで両親やエーファおばさんやヒトラーおじさんを探そうというのだ。私は彼らを丸テーブルへつれていく。「あんたたち、いらっしゃい。何か食べ物をあげましょう。大人たちは今日はすごくたくさんすることがあるのよ。だからあんたたちをかまう時間がないの」と、できるだけさらっと気取られないように言う。グラス一杯にサクランボのコンポートを持ってきてから、何枚かのパンにバターを素早く塗って子供たちに食べさせ、話しかけ、気持ちをそらせる。彼らは防空壕の安全性について話している。自分たちに危害はないとわかれば、爆撃の音を聞くのは、彼らにはむしろ楽しみに近いものなのだ。

突如、銃声が一発ものすごい音をたてて、うんと近くで鳴り、みんなが黙りこくった。音響がすべての部屋に伝わっていく。「あーっ、今のは命中だよ！」と、ヘルムートが叫び声を上げるが、いかに自分の言うことが正しいかは知るよしもない。たった今、総統が死んだ[111]。

私は一人になりたかった。子供たちは満足そうに、部屋に戻っていった。私は、踊り場に置かれた丸テーブルの横のベンチに、ぽつねんと座ったままだ。シュタインヘーガー一本とその隣りには空のグラスが一つ置いてある。そのきつい酒を無意識のうちに注いで、飲み干した。腕時計が午後三時数分過ぎを指している。要するに、今、起こったのだ。

どのくらいそうしていたかわからない。男たちの長靴が横を通っていくが、私はそれにも気を留めない。すると大柄で、肩巾の広いオットー・ギュンシェの姿が階段を登ってくる。それと共にベンジンの臭いがむっと立ちこめる。その若々しい顔が灰にまみれてしょぼしょぼしている。彼は私の横にどっと倒れ込み、やっぱり酒びんをつかむ。その大きながっしりした手が小刻みに震えている。「僕は、総統の最後の命令を実行したよ。彼の死体を焼いたんだ」と小声で言う。私は何も答えない。何もきかない。

彼は、死体があますところなく焼けたかどうかを見に、また下へ降りていった。私はしばらくじっと座ったまま、動かない。そして、これからもっとどんなことが起こるのだろうかと想像してみる。ふと、私は階下の空になった二つの部屋へと駆りたてられた。階下の廊下の一番奥にあるヒトラーの部屋の戸がまだ開きっぱなしだ。死体の運搬人たちは、その戸を閉めるための手が空いていなかったのだ。机の上にはエーファの小さな連発ピストルが、その横にはピンクのシフォンのスカーフが載っている。ヒトラー夫人の椅子の脇の床上に、毒薬アンプルの真ちゅうカプセルがキラッと光っている。それはまるで空の口紅ケースみたいだ。ヒトラーの腰掛けに置かれた、青と白の模様のクッションに血が残っている。ヒトラーの血だ。私はにわかに気分が悪くなった。苦扁桃《くへんとう》のツンとくる臭いでむかむかする。私はとっさに自分のアンプルをつかんだ。できれば遠くに捨ててしまい、このおどろおどろしい防空壕から逃げ出したい。そろそろ澄んだ爽やかな空気を呼吸できてもいい筈だ。風を肌に感じ、木々のざわめきを聞けてもいい筈だ。けれど自由とか安らぎとか平和などは私の手の届かないところにあった。

死んだヒトラーに対して、憎しみとやり場のない怒りみたいなものが忽然と湧き上がってきた。われながらびっくりだ。だって、彼が私たちを置き去りにしていくことは私だって知っていたのだから。それなのに、彼が私たちに残していったこの虚しさと戸惑いといったら！　いずれにしても彼はさっさと逝ってしまった。彼と共に催眠術的な圧迫感も（私たちはその下で暮らしていたのだが）跡形もなく消えてしまった。

入口の扉に近づく足音がする。火葬に参加した帝国の最後の柱石たちが戻ってくるところだ。ゲッベルス、ボルマン、アックスマン、ヘーヴェル、ギュンシェ、ケンプカだ。私は今誰にも会いたくないので、弾丸で穴だらけになった通路を渡って、新総統官邸の地下壕の自室にとりあえず戻った。その頃には、べつの女性たちもこの地下壕に寝泊まりしていた。私も見知っている副官室の秘書たちだ。彼女らは、向こうで何が起きているのかをまだ知らず、忍耐やら勇気やらについて話し、笑い、働いている。まるで、まだやりがいがあるとでもいったふうだ！　私のスーツケースには、本とか結婚の贈り物などの愛用品がきちんと詰められて、全部そこに並んでいる。この持ち物を安全なところに、そしていつも身近に置いておきたかったのだった。でも、もう私の物ではなくなってしまった。私が持ち出せるものなんて何一つありはしない。

このばかでかい建物のどこにも一人になれる場所が見つからない。私は野戦ベッドに身を投げ出して、これから先のことを考えてみようとした。けれど、何もかも絶望的で、しまいに眠ってしまった。

夜も遅くなってから目が覚めた。彼女らは、地下壕の同僚たちは数時間でも眠ろうと、たった今、寝床についたところだ。私はまた総統防空壕へ向かった。まだ総統が死んだことを知らなかった。誰とも話ができない。私はまた総統防空壕へ向かった。後に残された者たち全員が集まってきている。皆、いっぺんに自主的に行動し思考する人間に戻っていた。彼らは一所に座って、相談している。クリスチアン夫人もクリューガー嬢もいる。年若いマンツィアリー嬢が泣きはらした目で、隅っこに座っている。彼女は、死の秘密がまだ洩れてしまわないように、四月三十日もいつものように総統の夕食を作らねばならなかった。ただし、目玉焼きとマッシュポテトを食べた者は誰もいなかった。

こうとなったからには、あと何をしなければならないかという相談があった。クレープス大将が軍使としてソ連軍の司令部へ赴き、地下防空壕内のすべての人間の安全通行権を保証するという条件のもとに無条件降伏を提案する、ということになった。夜遅く彼は随員を一人つれて出かけていった。私たち他の者は、コーヒーやシナップスを飲み、取るに足らぬことをしゃべりながら待つ。私はこの防空壕から抜け出したい！　ロシア人がやってきて、このネズミ捕りの罠の中に私の死体を見つけるまで、私は待っていたくない！

オットー・ギュンシェとモーンケ大将の話声が聞こえてくる。彼らは戦闘隊を率いて総統官邸を脱走しようと話し合っている。この作戦に生き残れるという希望はない。だが、この罠の中で自殺するよりはましだ。クリスチアン夫人と私は、言葉の意味をよく考えもせず、同時にせがんだ。「私たちもつれていって！」同情と理解のこもった眼差しをチラッと私たちのほうに投げてから、二人の男はこくりとうなずいた。だが、クレープスがどんな返事を持ってくるのか、とりあえず待つことになった(112)。

彼は一向に戻ってこない。そんな中で、日付けは五月一日になっていた。大きな祭日だ！　ヒトラーはこの日が待てなかった。この日が、ソ連軍が総統官邸に突撃して、祝う日だと信じ込んでいた。でも、今日の撃ち合いは昨日ほど激しくはない。

私はオットー・ギュンシェをつれ出し、どこか邪魔されずに話せる、静かな一角を探す。今となると、私はやっぱり総統がどのように死んでいったのかが知りたい。それにギュンシェも話せることを喜んでいる。「僕らはもう一度総統と別れの挨拶を交わしたんだ。それから、総統はエーファと自分の部屋に入ってゆき、扉が閉まった。ゲッベルス、ボルマン、アックスマン、ヘーヴェル、ケンプカ、それに僕が廊下に立って待っていた。おそらく十分ぐらいいたっただろうか、僕らにとっては無限の感じだったけれど……。銃声が静けさを破った。数秒後、ゲッベルスが戸を開き、みんなが中に入った。総統は口中を撃ったんだ。そのうえ、アンプルが一つ嚙み切ってあったよ。頭蓋骨は割れて、ひどいありさまだった。エーファ・ブラウンはピストルを使わなかった。毒を飲んだだけだ。僕らは総統の頭を布に包んだ。それからゲッベルス、アックスマン、ケンプカが遺体を抱えて長い階段を上がり、庭まで運んだんだ。僕はエーファ・ブラウンの亡きがらを抱えた。あの華奢な姿からは思いもよらないほど、彼女は重かったよ。上の庭園の、防空壕の入口前から数歩のところに、二つの死体を並べて置いた。爆撃が激しくて遠くまで行かれなかった。だから、すぐ近くの爆弾でえぐられた穴を選んだんだ。それからケンプカと僕が死体の上からベンジンをかけて、火のついたぼろ切れを入口のところから投げつけたんだ。たちまち二つの死体がメラメラ燃え上がった……」と言って、ギュンシェは口をつぐんだ。

人間とはなんと無常なものだろう、と私は思いを馳せる。まだ数日前には帝国で一番権力のあった男が、今は風に舞い散るひと山の灰だ。私は一瞬たりともギュンシェの言うことを疑わない。彼の受けた衝撃はまやかしなんかではない。彼のようにあっさりした、筋肉りゅうりゅうの若者ならなおさらだ。もしそうでなければ、総統はいったいどこにいるというのだろう。車はおろか飛行機も、他の乗り物も手の届く場所にはなかった。防空壕から抜け出して自由の世界に行ける秘密の地下道もなかった。ヒトラーはもうまともに歩けもしなかった。彼の肉体はもう彼に従わなかった。

やっとクレープスが戻ってきた。戦い疲れた様子だ。彼がどんな知らせを持ってきたか、聞かなくてもわかる。彼の提案は拒絶されたのだ。こうなれば出発の支度だ。ゲッベルスも今は、総統の死を放送を通して告知した。「部隊の先頭に立って倒れた」と。総統官邸じゅうのすべての地下防空壕の住人がもう知っている。［…］館内管理局長が取り付けた大きな貯蔵庫が開けられたところだ。山ほどの缶詰め、ワイン、ゼクトやシナップスのびん、それにチョコレートなどの引き取り手が足りない。これらの品物はもう価値を失ってしまったのだ。が、どの人も武器だけは、特別衛兵隊の指導者から分けてもらっている。私たち女性もそれぞれピストルを一挺ずつもらう。私たちは撃ってはいけない、と言われた。ただ最悪の場合だけなのだ。

それから作業服をもらうために向こうの倉庫まで行かなければならない。裏のほうの、フォス通りに面した防空壕内だ。そこへは、手術室を横切らなければ行かれない。私はかつて一度も死体を見たことがなかった。血を見るだけでいつも逃げ出した。今、担架の上の二人の死んだ兵士を何の感情もなく眺めている。ハーゼ教授は、私たちが入っていっても、顔を上げようともしない。汗まみれになって脇目もふらず、脚の切断作業をしている。そこらじゅう血の入ったバケツと人間の手足が並んでいる。骨を切るノコギリの音がギシギシ鳴る。私は何も見ないし聞かない。その光景は私の意識の中にもう入ってこない。隣りの部屋で、鉄のかぶとと長ズボンと短めのジャケットを自動的に摑み、長靴を試し、向こうの防空壕に戻る。

新しい服が身体にぴったり馴染まない。男性たちもすでに出陣の支度ができている。肩章や勲章を取り外している人たちもいる。バウアー機長は「フリードリヒ大王」の油絵を額縁から外し、クルクル丸めてしまいこんだ。それを記念品として持ち出すつもりだ。ヘーヴェルはどうしたらいいのか決心をつけかねている。彼はいつも優柔不断な人間だった。今になって、どこで死ぬべきか、手持ちの毒薬を飲むべきか、それともわれわれの戦闘隊に加わるべきかと迷っているのだ。ギリギリのところで、彼は後者に決め、同じくフォス海軍中将もそう決めた。ボルマンもナウマンもケンプカもバウアーもシュヴェーガーマンもシュトゥンプフェッガーもみんな出ていくつもりだ。

私は子供たちのことをふっと思い出した。ゲッベルス夫人はもう姿を見せない。彼女は自室に閉じこもってしまった。子供たちもお母さんのところにいるのだろうか？　台所手伝いの少女だかメイドだかが、六人の子供をつれていきましょう、と申し出た。ロシア人も彼らには何もしないでしょうから、と言って。けれど、ゲッベルス夫人がこの申し出を受け入れたかどうかを私は知らない。

私たちはぼんやりと座って、夕方を待っている。負傷したシェードレ護衛隊長(113)だけがすでにピストル自殺を遂げた。急にゲッベルスの部屋の戸が開いた。看護婦と白い上っぱりを着た男が大きい、重たげな木箱を抱えて出てくる。二つ目が続く。一瞬、私の心臓が止まった。子供たちのことを思わずにはいられない。箱の大きさはピッタリ合うようだ。私の鈍感になっていた心もやっぱりまだ感じることができるのだ。そして胸が一杯になった。

クレープスとブルクドルフが座から立ち上がり、軍服の上着をピンと伸ばしてから、一人ずつ順に手を差し出して別れの挨拶をする。二人はここに留まり、ピストル自殺をするつもりなのだ。二人は部屋を出ていき、もっと待とうとしている者たちから離れた。私たちのほうは暗くなるまで待たなければならない。ゲッベルスがタバコをふかしながら、落ち着かず、うろうろ歩きまわっている。まるで最後の客が去っていくのを控えめに黙って待っているホテルの主人のようだ。彼はもうグチも言わないし、怒りもしない。そして、遂にそのときがやってきた。私たちはみんな、彼に別れの手を差し出す。彼はゆがんだ笑みを浮かべて私の成功を祈ってくれ、「きっとあなたはうまく切り抜けられますよ」と、小声で心をこめて言う。しかし私はためらって頭を横に振る。私たちはすでに完全に敵に包囲されている。ポツダム広場にはソ連軍の戦車が並んでいるし……。

一人、二人とこの恐怖の場所を立ち去っていく。最後にもう一度私はヒトラーの扉の前を通ってみる。鉄の外套掛けにいつものようにヒトラーの地味な灰色のコートが、その上には金の国章の付いた大きな縁無し帽と薄い色のバックスキンの手袋がかかっていた。犬の綱がその脇でブラブラゆれていて、絞首台みたいだ。記念に手袋を持っていきたい。せめて片方でもいい。でも、伸ばした手がまた下がる。どうしてだかわからない。エーファの部屋の洋服ダンスに〝私の〟銀ギツネのコートがかかっている。その裏地にＥ．Ｂ．の金文字がついている。それは私には必要がない。ピストルと毒薬の他にもう何もいらない。

いよいよ私たちは向かいの新総統官邸の大きな石炭地下室へ向かって出発した。オットー・ギュンシェが人込みをかき分けてみんなを導いていく。その巾広の肩で彼は、行進の準備をしている兵士たちの間を縫っていき、私たち四人の女（クリスチアン夫人、クリューガー嬢、マンツィアリー嬢、それに私）が通れるようにしてくれる。兵士たちのまん中にボルマン、バウアー、シュトゥンプフェッガー、ケンプカ、ラッテンフーバー、リンゲらの馴染んだ顔が見える。みんな鉄かぶとをかぶっている。私たちはお互いにうなずき合った。それ以後、彼らの大部分に私は二度と会っていない。

それから私たちはこの防空壕で迎えを待つ。その間に私たちは証明書を全部破り捨てた。私はお金も食料も洋服も持たず、ただたくさんのタバコと、どうしても捨てられない写真を何枚か持ち出すだけだ。他の女たちは皆小さなハンドバッグと袋に荷物をきちんと詰めている。彼女らもこの世の修羅場をくぐり抜けようとしているのだ。

ただ看護婦たちだけがここに残る。

おそらく夜も八時半頃だ。私たちが防空壕を出発する第一番目のグループを編成することになった。護衛大隊の見知らぬ兵士が数人と私たち女が四人、それにギュンシェ、モーンケ、ヘーヴェル、フォス海軍中将らの一行が、待機中の大勢の人々を押し分けながら地下道をつたって進んでいく。半分くずれた階段を登り、壁穴や瓦礫をかいくぐって、上へ、外へとどんどん進む。と、目の前にヴィルヘルム広場の広がりが月光に輝いているではないか。死んだ馬がまだ石畳の上に転がっている。けれども今は残りだけになってしまった。地下鉄の構内にいる飢えた人たちが肉の塊を切っていったのだ。

みんな黙って広場を横切る。ときどき銃声の耳をつんざくような音がする。遠くの撃ち合いの音はさらに激しい。崩れ落ちたカイザーホーフ・ホテルの前の地下鉄入口に、やっと辿り着いた。下に降りてから、暗いトンネルの中を足を引きずって進み、負傷者や浮浪者をまたぎ、休息中の兵士の脇を通り過ぎて、フリードリヒ通り駅まで歩いた。そこで行き止まりだ。そして、そこからが奈落の底の始まりだった。私たちは向こう側へ渡らなければならなかったが、それもどうにかうまくいった。私たちの戦闘部隊は誰も負傷せずに、鉄橋を渡って向こう側へ進んでいくことができた。ところが、私たちの後ろで生き地獄が始まった。数百人もの狙撃兵が私たちの後ろから続いてくる人たちに向かって発砲したのだ！

何時間も地下室の穴とか、燃えさかる家々の間を通り抜け、見知らぬ、真っ暗な道などを忍び足で歩いた。どこか人けのない地下室で休息し、二、三時間眠ってから、また先へと歩き続け、ソ連軍の戦車が道を塞いでいる地点まで来た。私たちのうち、重装備している者は一人もいない。ただピストルを持っているだけだ。こうして夜が白々と明けていき、静かな朝を迎えた。撃ち合いは止んでいた。今のところソ連兵にまだ出会ってない。私たちはやっと醸造所の古びたビール貯蔵用地下室に行き着いた。ここは今、防空壕として使われているのだ。これが最後の駐屯地だ。ここにはソ連軍の戦車がずらりと並んでいる。おまけに、昼日中だ。これまでのところは敵に見つかりもせず防空壕まで辿り着けた。中に入るとモーンケとギュンシェが隅に腰を下ろして、何か書き始めた。ヘーヴェルが板張り寝台の上に横になり、じっと天井を見つめて口をきかない。彼はもうこれ以上先へ行くつもりがないのだ。二人の兵士が負傷したラッテンフーバーをかつぎ込んできた。彼は脚に弾が当たって熱を出し、うわごとを言っている。医者が手当てをして野戦ベッドに寝かせた。彼はピストルを取り出し、安全装置をはずして自分の横に置いた。

一人の将軍が防空壕に入ってきてモーンケ指揮官を見つけ、彼と話を始めた。私たちは、帝都で最後の抵抗戦アジトにいることがわかった。現在ソ連軍はこの醸造所の建物全体をすっぽりと囲み、降伏を要求しているのだ。モーンケは最後の報告を書いている。あと一時間ある。私たち他の者は、座り込んでタバコを吸う。ふと彼が顔を上げ、私たち女を見て言った。「こうなったら、君たちの手を貸してもらうしかない。僕らは皆、軍服を着ている。もうここを出ていける者は一人もいない。でも君たちならやれると思う。なんとかデーニッツのところまで行って、この最後の報告書を渡してくれないか」

私はもうこれ以上歩きたいとは思わなかった。が、クリスチアン夫人と他の二人が私をせきたて、ゆさぶるので、とうとう彼女たちに従うことにした。鉄かぶととピストルはそこに置く。軍のジャケットも脱ぐ。それから男たちに別れの手を差し出し、出発した。

醸造所の構内には、親衛中隊が車の横に石みたいにじっと動かず整列して、最後の攻撃命令を待っている。その傍らで国民突撃軍、「トット機関」の人たち、兵士らが自分たちの武器を山ほど積まれた武器の上に投げ出して、ソ連兵のところへ出ていく。中庭の向こう端では、ソ連兵が早くもドイツ兵にシナップスやらタバコなんかを配りながら、降伏を要求したり、親睦を祝ったりしている。私たちは、まるで透明でもあるかのように、そこを通り抜けた。するともう包囲線の外の、勝利者ソ連の荒々しい群れのまん中にいた。やっと私は泣けるのだ。

どちらへ向かったらいいのだろう？ かつては一度も死人を見たことがなかったというのに、こんなにあちこちに転がっているではないか。それを気にかける者なんていない。たまに銃弾の音がする。ソ連兵がときたま家並みに火をつけては隠れた兵士を探し出している。どこもかしこも危ない。まだその日のうちに私は同僚たちとはぐれてしまった。私は一人でさまよい歩く。どこまでも、希望を失って。とどのつまり、ソ連軍の監獄にぶち込まれた。独房の戸が背後で閉まったときには、もう毒薬すら持ち合わせていなかった(114)。

何もかもそれほど早かったのだ。それでも命だけはあった。辛くて恐ろしいときが始まったのだが、私はもう死ぬ気が失せていた。いったい人間とは他にもっとどんなことを経験できるものだろうかと、好奇心が湧いてきたからだ。それに運命は私に優しかった。私は奇跡的に東側への護送を免れた。ある男の無私で人情味にあふれた善意がそれを防いでくれたのだ。何カ月もたってから、私はやっと家に帰り着いて、新しい生活に入ることができた。

【原注】
92 エルゼ・クリューガー 後の姓はジェイムス。一九一五年二月九日ハンブルク・アルトナで生まれる。一九四二年マルティン・ボルマンの秘書となる。一九四五年五月一日総統壕から

脱出して西方に逃亡する。イギリス軍捕虜生活の後イギリスに移住する。

93　ここで削除された部分はオリジナル原稿中、ほとんど同じ内容を繰り返すところで、「四月二十二日。防空壕は熱気でやられたような騒ぎだ」で始まっている。終わりの部分は異なっていて、削除したほうでは次のようになっている。「それは非個人的で命令のように聞こえた。そして私の頭の中で水車みたいにグルグルと回った。これまで一度も自分の確信に疑いをはさんだことのなかったあの総統が、諦めると言うのだ。すべてを、何もかもを！」

94　ハンス・クレープス　一八九八年三月四日生まれ、一九四五年五月一日ベルリンで死去（拳銃自殺）。一九一四年軍隊に志願、一五年少尉、二五年中尉に昇格。一九三三年から四四年まで軍人としてのキャリアを築き、四五年四月一日総統壕詰めの陸軍参謀本部長に任命される。

95　ハンス＝エーリヒ・フォス　一八九七年十月三十日アンガーミュンデ生まれ。一九一五年海軍士官候補生となる。一九一七年から四二年の間に海軍少尉から大佐に昇進する。一九四三年海軍少将、総統大本営における海軍最高司令官の常駐代理役、四四年海軍中将に任命される。一九四五年五月二日ソ連軍に逮捕され、五五年収容所から出所する。

96　ヴェルナー・ナウマン　一九〇九年六月十六日グーラウ生まれ、一九八二年十月二十五日死去。一九二八年ナチス党に入党、三三年突撃隊准将の地位を得る。一九三七年ブレスラウ帝国宣伝省長官、三八年ベルリン大臣局局長、四四年宣伝省国家書記に任命される。一九四五年四月ゲッベルスとともに総統壕入りするが、西方へ逃亡。一九五三年一月イギリス占領軍に逮捕され、同年七月釈放される。

97　ギュンター・シュヴェーガーマン　一九一五年七月二十四日ウエルツェン生まれ。商業見習いの後、一九三七年「親衛隊アドルフ・ヒトラー連隊」に入隊し、三八年親衛隊士官学校に入学する。一九三九年ベルリン・ミッテ区の警備警察官となり、後にヨーゼフ・ゲッベルス付副官を務める。一九四五年五月一日総統壕から脱出。一九四七年五月一日アメリカ軍収容所から出所する。

98　アルトゥル・アックスマン　一九一三年二月十八日ヴェストファーレン州ハーゲン生まれ。法学専攻。一九二八年ヴェストファーレン地方でヒトラー・ユーゲント団を設立する。一九三三年帝国青少年指導のための民生局局長、四〇年八月十日ナチス党帝国青少年指導者に就任し、四一年東部戦線に従軍する。一九四五年十二月十五日アメリカ軍捕虜となり、四九年アメリカ軍収容所から釈放される。

99　ハインリヒ・ミュラー　一九〇〇年四月二十八日ミュンヘン生まれ、一九四五年五月二十九日死去（行方不明）。元航空機整備士、一九一九年バイエルン警察に入署する。一九三三年犯罪監査部主任、三七年犯罪評議員、親衛隊上級大隊指揮官に任命され、三九年ナチス党に入党、同年ベルリン国家保安本部第四局（ゲシュタポ）最高責任者となる。一九四一年親衛隊集団指揮官に就任する。一九四五年四月二十九日総統壕で最後に目撃される。

100　ヴァルター・ヴェンク　一九〇〇年九月十八日ヴィッテンベルク生まれ、一九八二年五月一日死去（自動車事故）。職業軍人。一九四二年軍事大学校教員、第五十七戦車部隊幕僚本部長に就任する。一九四二年十一月第三ルーマニア隊幕僚本部長を務め、四三年少将に昇格、第一戦車部隊幕僚本部長に任命される。一九四四年中将に昇進、陸軍司令部の作戦部最高指揮官に着任する。一九四四年九月から四五年二月まで陸軍司令部幹部最高責任者を務め、四五年大将に昇進、第十二師団最高指揮官となる。同師団がベルリンを解放してくれることをヒトラーは最後まで待ち望んでいた。

101　フェリックス・マルティン・シュタイナー　一八九六年五月二十三日エーベンローデ生まれ。職業軍人。第一次世界大戦に従軍し、その後義勇軍、国防軍に参加する。一九三三年少佐となり、州警察西部監督局の訓練指導官に就任、ナチス党に入党し、親衛隊に入隊する。一九四〇年武装親衛隊少将、四二年中将に昇進、四三年大将となり第三親衛隊戦車部隊の指揮にあたる。一九四五年一月第二陸軍の最高指揮官、同年三月に第二戦車部隊の最高指揮官、武装親衛隊大将に任命される。

102　ヴィルヘルム・モーンケ　一九一一年三月十五日リューベック生まれ。店員、倉庫係を経て一九三一年親衛隊に入隊、三三年からベルリンの親衛隊特別司令部、「親衛隊アドルフ・ヒトラー連隊」で勤務する。一九三三年親衛隊中隊指揮官、四三年親衛隊上級大隊指揮官、四五年一月親衛隊旅団指揮官に昇進し、四五年二月ベルリン武装親衛隊にて総統予備役に就任、同年四月二十三日ヒトラーに〝城塞〟（総統官邸とその周辺）の防御をまかされる。一九四五年五月二日ソ連軍に捕えられ、五五年釈放される。

103　アドルフ・ヒトラーは一九四五年四月二十一日ベルリン北部でのソ連軍の進撃を迎え撃つよう命令した。第三ゲルマン戦車部隊を率いる親衛隊上級集団指揮官フェリックス・シュタイナーがこの反撃を仕掛けることになっていた。

104　ハンナ・ライチ　一九一二年三月二十九日ヒルシュベルク生まれ、一九七九年八月二十八日フランクフルトで死去。医学部中退。グライダー操縦の訓練を受ける。一九三二年女性の滞空飛行時間で、三四年には女性の飛行高度でそれぞれ世界記録を樹立する。一九三七年空軍大尉に任命され、三九年テストパイロットとなり、四二年二級鉄十字章を授与される。一九四五年四月二十六日グライム空軍大将とともにベルリンに飛び、四五年四月二十九日ベルリンからデーニッツ元帥のもとへ、そのあとキッツビューエルに飛ぶ。一九四六年までアメリカ軍に拘留される。

105　ロベルト・リッター・フォン・グライム　一八九二年六月二十二日バイロイト生まれ、一九四五年五月二十四日ザルツブルクで死去（自殺）。一九一九年パイロット兼少尉となる。一九二一年から法学を学ぶ。一九二四年から二七年まで中国に滞在、二八年から三四年まで南ドイツで飛行訓練の指導にあたる。一九三四年国防軍少佐、三八年少将、四〇年第五飛行隊大将とキャリアを築く。一九四三年から四五年四月二十五日まで第六正面飛行大隊最高指揮官を務める。一九四五年四月二十六日ヒトラーに更迭されたゲーリングに代わり元帥・空軍最高指揮官に任命される。一九四五年五月アメリカ軍捕虜となる。

106　ヴェルナー・ハーゼ　一九〇〇年八月二日アンハルト州ケーテン生まれ、一九四五年モスクワで死去。一九二四年博士号を取得、外科を専門とし、二七年船舶医となる。一九三四年親衛隊に入隊、三五年から総統側近の随伴医を務める。一九三五年親衛隊中隊指揮官、四三年親衛隊上級大隊指揮官に任命され、同年ベルリン・シャリテ病院医長となる。一九四五年四月に総統官邸防空壕にあった病棟の責任者となり、同年五月三日総統壕でソ連軍に捕まる。

107　ベニト・ムッソリーニはコモ市ドンゴ近くのジュリーノ・ディ・メツェグラで愛人のクララ・ペタッチとともにイタリア抵抗運動家たちによって射殺された。二人の遺体はミラノのロレート広場で逆さ吊りにされた。

108　ヘルマン・フェーゲラインはヒムラーの伝令将校だったため、スウェーデンの外交官でスウェーデン赤十字総裁であったフォルケ・グラーフ・ベルナドットとの交渉にも関わったか、少なくともこのことを知っていたとヒトラーは思っていた。

109　ハインリヒ・ヒムラーは西部戦線での降伏を交渉するためにフォルケ・ベルナドット伯爵と四回にわたって会談したといわれる。

110　遺書の写しを、ヒトラー付空軍副官フォン・ベロウ大佐はヴィルヘルム・カイテルに、ハインツ・ローレンツはミュンヘンの「褐色の家」に、ヴィルヘルム・ツァンダーはカール・デーニッツに届けるように言い渡されていた。

111　トラウデル・ユンゲはこの銃声を聞いたと言っている。しかし専門家はヒトラーの自殺の状況を鑑定し、次のような結論に至った。「ユンゲ夫人はこの時点で総統壕上部の下の階段にいて、現場からだいぶ離れていた。本人が〝聞いた〟と言っているのは作動中のディーゼルモーターか総統官邸へのたえまない激しい砲撃を聞き違えたのではないか」

112　ハンス・クレープス大将はヨーゼフ・ゲッベルスの委任を受け、一九四五年四月三十日から五月一日にかけての夜に、ロシアのワシリー・I・チュイコフと降伏条件についての交渉にあたっていた。

113　フランツ・シェードレは一九四四年十二月二十日から百人以上の隊員を擁する護衛隊を率いていた。

114　メリッサ・ミュラーとの対話の中で本人が言っているように、トラウデル・ユンゲはこの毒薬を女子・少年鑑別所での検査で取り上げられるまで所持していた。

解説2　ある贖罪の年代記

メリッサ・ミュラー

五〇年代から「私はそこにいた」式の報告書が第三帝国の元幹部たちによって、たびたび書かれている。これは、いわばヒトラーの仲間たちによる自己正当化、ヒトラーの知的支援者たちによる美化なのだ。それは多かれ少なかれ率直な告白ではあるが、批評家たちが〝三文回想録〟と揶揄《やゆ》するものでもある。

「もしもし、こちら年寄りのユンゲ〔若者〕ですが――」。トラウデル・ユンゲからの電話だ。彼女は自己のためらいを表わすために（またもや）電話をしてきたのだ。何のために今またナチスに関する本を出さなければならないんでしょうか？　なぜ私の個人的な過去の克服問題を人さまの前に晒さなけりゃいけないのかしら？　それに、なぜよりによって今？

彼女は、アドルフ・ヒトラーとエーファ・ブラウンについての印象に関する情報を提供することがもう日課になっている。五〇年代から彼女は歴史家やジャーナリストに対し、繰り返し弁明や答弁に応じている。しかし、彼女は今日まで自分自身の人生を公表することは避けてきた。それはおそらく彼女が自分の人生の鍵となる出来事（アドルフ・ヒトラーのすぐ傍にいたあの二年半の）と、それに付いてまわる矛盾とをまだ決定的には整理しきれていないためだろう。

トラウデル・ユンゲは犯罪的体制に奉仕したが、ナチスの殺人行為には加担していない。これは彼女のための言い訳にはならないが、過ぎ去ったことを理解しようとするのなら、そのことを考えねばならない。過去に起こった出来事のあんなに近くにいたにもかかわらず、ナチスのならず者か反ファシズムの英雄かに分類しようとする、ある種の人間たちの白黒二分思考法に彼女を当てはめることはできないのだ。

私は、第三帝国の崩壊時の混乱した日々でさえ、自分を憐れんだことは決してありませんでした、とトラウデル・ユンゲ自身が語っている。「そりゃ、もっとひどいじゃないか」と、読者は考えるかもしれない。だが、彼女は、当時彼女の間近にいた多くの同僚たちはもとより、後になって自分を〝犠牲者〟の型にはめる同時代の一般大衆とも異なるのだ。「当時は困難な時代でした」「戦争だったんですもの」。一九四五年以後は、このような言葉が多くの人に、ユダヤ人迫害や人種絶滅収容所、その他のナチスの残虐行為の事実を忘れたり、少なくとも矮小化したりするのを容易にしたのだ。彼らは〝国家総力戦〟とその物質上の、また理念上の破滅を〝全崩壊〟として経験し、フィクション「ゼロ時」に立ち上がったのだ。彼らは、ナチスの「亡霊を払いのける」とか「呪縛を解く」などと言っていた。戦後は、被害者、加害者を問わず、また消極的同調者であれ成就のための補助者であれ（トラウデル・ユンゲもその一人だったわけだが）彼らは、新時代に希望をつないだのだ。

戦後、彼女は自分が無罪だと感じたことなどただの一度もない。ナチスの破廉恥な行為について羞恥と哀悼を今なお苦しいくらいに感じてはいるのだが、これまで自分の責任を漠然とした抽象的な自責の念を超えて、一点に局限することがなかなかできないでいた。だが、彼女の個人的な挫折とは、突き詰めればアルベルト・ボルマンの手助けを利用したことにあるのだと、はっきり自覚するに至る。彼女は一九四一年に、なんとしてもベルリンに行きたかった。ミュンヘンの雇い主が彼女の行く手に立ちはだかり障害になったことに憤慨して、反抗的かつ片意地になっていた。ベルリンへ行くという自己の目的のために（総統官邸とか、もちろんアドルフ・ヒトラーのところなんかではない）心のうちに充分に聞こえていた「党に関わってはいけない、うまくいく筈がない」という警戒の声を押し殺した。

いくつもの偶然が重なって、結局彼女がヒトラーの前に立ったときにはもう抵抗するには遅すぎた、と彼女は告白する。現在の彼女は、特別興味を抱いたことなどまるでなかったヒトラーのイデオロギーや政治上の意図にではなくて、彼自身に、つまり人間としてのヒトラーに目を眩《くら》まされたのだということを知っている。ヒトラーやその側近たちが「最終解決」を押し進めている間もヒトラーに〝社交婦人〟として奉仕していたことを彼女は取るに足らぬことだとはしない。自分はおそらく知ろうとしなかったから、あれほど大規模なユダヤ人迫害のことを何も知らなかったのだと認める。にもかかわらず、ナチスの殺人行為を後になってから知性で理解し、自分自身と関連づけてみようという彼女の努力の中にも、ヒトラーの傍で直接体験した当時の印象が(それは彼女の原稿からも読みとれるようにもっぱら肯定的なのだが)常に割り込んでくる。それは驚くには当たらない。トラウデル・ユンゲの今日まで続いている自己との戦いも詰まるところここに起因するのだ。その戦いとは、この男が彼女の無事息災を気にかけてくれているのだという感じを彼女に与えたと同時に、止まるところを知らぬ破壊意志をもって、何百万人もの人間に危害を加えたのだ、ということを受け入れることなのである。

完全崩壊、難民、苦しみ——もちろん私はこの責任をヒトラーのせいにしました。

彼の遺書、彼の自殺――その頃から私はヒトラーを憎み始めました。それと同時に私は激しい同情をヒトラーにさえも抱いたのです。ところで、ある人間への愛が、例えば夫あるいは妻に対するものでもいいのですが、憎しみに変わったときでも、楽しかった最初の頃の思い出を普通は保とうとするものです。私とヒトラーとの関係も似たようなものだったと思います。彼は私にエロス的な情熱を放ったわけではありません。けれど私はもちろん彼が私を好ましく思うことを望みました。彼は父親のような友人でしたし、私に安心と保護と安全の感覚を与えてもくれたんです。森のまん中にある総統の大本営のあの共同体の中で、あの〝父親のような人〟に守られていると感じていました。そのことを思い出すと、今でも心温まる気持ちになります。どこかに属しているというあの感情をあんなふうに抱くことは、その後、二度とありませんでした。

ヒトラーの自殺と終戦の動乱の数カ月に、彼女は〝彼女の総統〟に個人的に失望を感じた。「私は元気にやっています。それに、勝つか負けるか以外になりようがないでしょう」と、彼女は一九四五年一月にはまだ手紙で母親と妹に、ヒトラーから聞いたとおりのことを鸚鵡《おうむ》返しに繰り返していた。その後で、ヒトラーは意気地なく窮地から脱してしまったのだ。一九四五年の夏と秋に、彼女を捕らえていた感情は、むろん生きるか死ぬかといった類のものだった。それは、例えばソ連占領軍の専横に対する恐怖、それに飢えなどの生活上の窮乏だ。一九四五年五月一日前後の日々に同僚の多くが逃げ道として選んだ自決は、彼女にとっては解決策ではなかった。ヒトラーが、一種の別れのプレゼントとして、自ら彼女に手渡した毒薬のカプセルを彼女は宝物のように大事に持ってはいたが、彼女は生きようとした。

私は、総統なしでこの先どうやって生きていったらいいのか想像もできないような観念論者たちの部類には属していませんでした。例えばマグダ・ゲッベルスのような人たちは、自分の世界観から結論を出したようです。私にとって、自殺による死とは、ただ拷問や暴行などの虐待を受けた場合の本当に漠然とした非常手段にしかすぎませんでした。毒薬を携帯していることで、落ち着いていられたんです。

一九四五年五月一日から二日にかけての晩、総統官邸の「カタコンベ」から、まだ生き残っていた防空壕住民の脱走が始まる。それぞれ約二十人くらいずつ十グループに分かれて、ソ連軍を前にして逃走した。トラウデル・ユンゲは、彼女の原稿にも詳細に描写しているように、親衛隊旅団指揮官モーンケに率いられた一番目のグループの中にいた。二日目の晩に、彼女は同僚のゲルダ・クリスチアン、マルティン・ボルマンの秘書エルゼ・クリューガー、それにコンスタンツェ・マンツィアリーら同行の女性たちとはぐれた。このヒトラーの調理師は、頬がふっくらとして、恰幅が良く、ロシア女の理想像にぴったり合っていた。それに彼女は愚かにも国防軍の上着を着ていた。彼女は平服を探しにいき、トラウデル・ユンゲは彼女を待つことになる。その間、他の二人の女性は、飲み水を汲むため井戸端に行列したり、その晩のねぐらを探したりしていた。しばらくたってトラウデル・ユンゲがマンツィアリー嬢を再び見かけたとき、彼女はちょうど二人のソ連兵に連行されて、地下鉄の下降口のほうへ行くところだったのだ。「この人たち、私の身分証明書が見たいんだって！」と、コンスタンツェ・マンツィアリーはトラウデル・ユンゲに向かって叫んだかと思うと、ロシア兵の横に並んで姿を消した。それからずっと彼女は行方不明のままだ。

トラウデル・ユンゲは他の二人の同僚からもはぐれてしまい、一人で歩き続ける。彼女は北に行くつもりだった。ソ連の占領地区を離れてヒトラーの後継者デーニッツ海軍元帥とその部下たちのいるイギリス地区へ向かった。道中、お金も身分証明書も荷物も持たず、ただズボンと格子のブラウスを身につけているだけだ。路上は何千人もの難民であふれていた。爆撃で破壊された町から逃れてきた人たち、ソ連軍によって占領された区域を逃げ出し、街に避難所を探している人たちもいる。トラウデル・ユンゲは道連れを求めた、土地勘がなかったからだ。通り抜ける村々の名前を彼女は聞いたこともないし、またすぐ忘れもする。一時、彼女は強制収容所の元収容者と並んで歩いた。この人はまだ収容所の縞模様の服を着ていた。

この男と私はこの瞬間、運命共同体でした。私たちは二人ともソ連兵を恐れ、しばらく一緒に歩きました。お互い、過ぎたばかりの過去については話しませんでした。その頃、私はまだ強制収容所が本当はどんな状況の下に統制されていたのか、わかっていなかったのです。私の耳には、巧みに組織された労働収容所について話していたヒムラーの言葉がまだ残っていました。今日の視点からはほとんど想像しがたいことなのですけど、私はその収容所体験者にそのとき何も質問しませんでした。そもそも私は自分自身に質してみることさえしなかったのです。

彼女は何日も田舎を歩きまわる。ドイツの降伏や終戦のこともまったく知らない。愛らしい花を付けた野原や木々であふれんばかりの春らしい自然と、人間たちの苦悩、破壊された家々、乳搾りのされてない牛の悲鳴などとの落差が彼女の心に刻み込まれる。夜になると赤の他人に宿を乞い、納屋に寝た。たまにはベッドにありつくこともあった。親切な人が茹でジャガイモを出してくれた。古くなった外套までくれる人もいた。これは穏やかな天気の日には荷物になるが、夜はまたとない〝掛け布団〟になった。彼女は戦争末期の混乱の中で脱走したドイツ兵たちとすれちがう。上下まちまちの背広姿でなんとか家まで切り抜けようとしているのだ。ある農家で、彼女の結婚の保証人になったヒトラーの運転手エーリヒ・ケンプカに出会う。ボロボロの服をまとい、逃亡中だった。彼はエルベ川を泳いで渡り、アメリカ軍の捕虜になるつもりだと彼女に打ち明けた。最終的には彼は南ドイツまでうまく辿り着いたのだろう。六月の半ばにベルヒテスガーデンでアメリカ兵の手に落ちたのだから。

難民たちは小グループにまとまった。そのほうが安心だからだ。トラウデル・ユンゲはまもなくカチヤと友情を結んだ。彼女は親衛隊の将校と結婚していて、自らも党員であり、ソ連軍が侵入してくると、パニック状態になってベルリンから逃げ出したのだった。トラウデルは自分もヒトラーの秘書だったと打ち明けはするが、二人はそれ以上に日々のことで頭が一杯だった。今晩何を食べようか？　どこで寝ようか？彼女らは一緒に緑の境界線を越えてイギリス占領地区へ行こうと試みた。それに失敗すると、ヴィッテンベルゲ（ハンブルクまでほぼ半分ぐらいのところ）までエルベ川沿いに歩いていき、船で向こう岸へ渡る可能性を探した。向こう岸からアメリカ占領地区が始まるのだ。トラウデル・ユンゲは疥癬《かいせん》に苦しんでいた。防空壕から脱走して以来、石鹼などは見たこともなければ、ましてや使ったこともない。彼女が診てもらった医者は、軟こうを処方し、風呂や毎日の下着の取り替えを勧めた。この診察に対して医者は五マルクを要求したが、彼女は借りにしておくしかなかった。

エルベ川はフェリーの行き来が途絶えていた。向こう岸まで泳ぐ自信はトラウデルにもカチヤにもない。川幅が広すぎるし、水も冷たい。それならと、彼女らはベルリンに戻ることに決めたのだ。ミュンヘン行きの列車が再び開通するまで、トラウデル・ユンゲはこの女友だちのアパートに隠れることになる。約一カ月後、つまり三百キロメートル以上の歩行の後で、彼女はゲルダ・アルトとしてベルリンに戻ってきた。この偽名は、道中、ある村で食料配給の割り当てのための証明書を交付してもらうとき考え出したものだ。彼女を探す人がゲルダ・アルトという名前を聞いて、きっとトラウデル・ユンゲ〔アルト＝年とった、ユンゲ＝若い、トラウデルはゲルトラウデルの略名〕に思いあたるにちがいないという、たわいのない希望を抱いて。

彼女がベルリンに着いて一週間だ。カチヤは昼間は瓦礫の片づけに行かねばならない。トラウデル・ユンゲ自身はほとんど住居を出ない。それはささやかな幸せのひときだった。何週間ぶりの髪洗い、カチヤが台所の戸棚に見つけた本物のコーヒー一袋。やっと取り戻した自信。日常性のようなものが彼女の生活にも戻ってきたようだった。六月九日、ソ連占領軍の最高指揮官ゲオルギー・ジューコフ元帥が「ドイツ国内ソヴィエト軍事行政」を構築した日に、二人の私服の青年男女がカチヤのアパートのドアをノックし、明らかにロシア語訛りで新聞記者だと名乗った。

逮捕されるにちがいないと私はすぐ見てとりました。誰が私を密告したのかは、今日までわかりません。偽名の身分証明書は持っていきませんでした。なぜかと言えば、嘘がバレた者はソ連の生き地獄に落ちることになるという噂でしたから。身分証明書を持っていないことなんか、その頃は当たり前のことでしたし。私はカチャへのことづけを管理人に預けてから、彼らに連行されていきました。もちろん猛烈な死の恐怖に耐えました。それでも私は不当に逮捕されたとは感じていませんでした。一番怖かったのは、ロシア人の気まぐれでした。

あちこちの仮留置場をたらい回しになるトラウデル・ユンゲの〝オディッセイ〟が始まる。一番目の勾留の場所はヌスバウム通りにあるソ連軍司令部で、ここに彼女は一晩拘束された。そこから彼女は旧リヒテンベルク女子・少年鑑別所に送られる。十四週間独房に収監された末に（はじめはたしかに一人だったが、その後は七人の女たちと同室だった）やっと彼女に関心が向かい、最初の尋問に呼ばれた。何よりもまずヒトラーの死の状況を聞きただすためにだ。彼女は、監視員として勤務中のロシア兵たちから何度も個人的な悲劇を聞かされた。彼らの子供たちがドイツ兵に撃ち殺されたとか、女たちが拉致されていったとか、村々が根絶やしに遭ったとかいうものだ。東プロイセンでの大虐殺には、それに負けず劣らず残虐な序幕がソ連であったのだ。ただナチスのプロパガンダに騙されていただけなのだ、ということをトラウデル・ユンゲははじめて驚愕しつつ知った。

ある晩、なんの予告もなく彼女はつれ出され、ルドルフ・ヴィルショウ研究所の地下室に移された。大部屋には「特殊ケース」、例えばスパイ疑惑の人物などが勾留されていた。皆、床にじかに眠った。トラウデル・ユンゲは最後の所持品、結婚指輪をここで盗まれた。

毒薬はすでにリヒテンベルクで失ってしまっていた。ヌスバウム通りの司令部で当番の人民委員の女が身体検査の指示を出した。トラウデル・ユンゲは薄いガラスでできた毒薬カプセルを真ちゅうの保護ケースから取り外し、ハンカチの中に包み込んで、それを鼻をかみながら舌下にすべり込ませた。その後でそれをまた取り出した。検査が終わったあとで、真ちゅうケースのないカプセルをジャケットのポケットに隠し、リヒテンベルクの鑑別所まで無事に持ってきたのだ。

監房で一緒の女はカプセルのことを知っていました。私は彼女に、もしもの場合でも、まだ毒薬があるから、私の恐怖も限りがないわけじゃないなんて、しゃべってしまったことがありました。彼女が密告したんだと思います。とにかく監房の見回りのとき、カプセルは取り上げられました。そのときは、本当に呆然としてしまいました。なぜなら毎晩のように、拷問されている人の悲鳴や、ロシア方面への護送を編成する点呼などが中庭から聞こえてくるのですから。最後の決定権も取り上げられてしまって、私は急に身柄を引き渡されたような気持ちになりました。

トラウデル・ユンゲはソ連へ送られなかった。彼女は〝貴重な証人〟の扱いを受けたのだろうか？　それとも占領国側は、彼女を厳しく罰するにはあまりに無害すぎると判断したのだろうか？　後からはっきりとは解き明かせない疑問点だ。とにかく運命は彼女に優しかった。何はともあれ、アルカディという名の一人のアルメニア人を彼女のもとに送ったのだから。ソ連占領軍の通訳として働いていた私服姿のこの男は一九四五年十月のある晩にルドルフ・ヴィルショウ研究所の地下室から彼女をつれ出し、マリエン通りのソ連軍司令部の地下牢に連行した。そこへ行く道すがら、彼はほとんど一言もしゃべらない。それでも、男の立派な態度や洗練された言葉遣いが目をひいた。はじめあんなに気味が悪かったこの男に、彼女は後になって非常に感謝しなければならない。次の数カ月間、彼は彼女にとって守護の天使だった。彼女のために服や部屋や証明書や、それから仕事までも探してきた。ただ一つの制限、それは彼女がソ連占領地区に留まらなければいけないことだった。彼が一度トマトを一つくれたとき、その詩的名称である〝天国のリンゴ〟が彼女にとって急に言語的意味を持ったのだ。

アルカディが一度だけ司令部で私を尋問しました。その間、部屋の向こう端には一人の将校が軍服姿で座っていました。私は総統の防空壕で最後の日々に起きたことをただ話すだけでよかったのです。その後で、私はソ連軍のために、総統大本営の関係者のうちで生存している者たちの名前をあげることに同意するという取り決めにサインしなければなりませんでした。

一週間ほど、彼女はマリエン通りの司令部地下室の、本来の目的からそれて監房として使われている場所で過ごした。それからアルカディが結論を出した。「ここをあなたは出ていかなければいけない」。そう言って、手近な家の小部屋を差し押さえ、そこを以後彼女の住み処とした。彼女の大家はピアノ教師のコッホ嬢で、はじめ不本意ではあったが、後になるとトラウデルの同居を喜んだ。アルカディが「部屋占領」の途中でベッドが心地よいかどうか試したとき、トラウデル・ユンゲは嫌な予感を持った。ところがアルカディはこのときも、また後にも、彼女に対して性的嫌がらせをすることは決してなかった。それどころか、その後は司令部のスタッフとして扱われるように計らってくれた。そうすれば彼女はランチをその食堂で食べられるからだ。十月五日に「労働手帳代用カード」をもらった。それによれば、毎日十時間から十二時間司令部の「従業員」として動員されることになっている。実際に彼女が自分の時間をどのように過ごしたのかということは、一九四五年十二月四日に手紙で詳しくバイエルンの母親に書いている。一年近くも音信が途絶えた後で、やっとまた連絡がついたのだ。このときの手紙にも、あとに続く手紙にも、彼女は自分の逃亡のことや監獄体験や、アルカディなどには触れない。今は占領国側に変わっただけのことで、相も変わらず郵便物が検閲されていることを彼女は熟知していたからだ。

私の暮らしぶりを知りたいのではないかしら？　とにかく私は生きています！　多くのことは話せませんけど、でも食べ物も充分あって、太ってしまったくらいです。主な仕事は家事従事。それに手袋やセーターを編んだり、人形やぬいぐるみを作ったりして、まあ多方面の趣味を生かしているといったところかしら。もし故郷へ帰ることがあったら、「トイレやクロークのおばさん」の空きぐらいはきっと見つかるでしょう。思い出すのは、たいていミュンヘン時代のことで、過ぎ去ったばかりの過去にしがみついたりなんかしていません。忘れるってことは人間に与えられた素晴らしい賜物ですね。

私は今ある老嬢の、俗な言葉で言うならオールドミスのところに住んでいます。彼女は心底から親切ですけど、少なくとも同じくらい無知な人なの。それに、ものすごく信心に凝り固まっているし。でも彼女は私に好意を持ってくれています。なぜって、私は大工さんのかわりをよくやっていて、窓や戸に釘を打ったり、それに薪を割ったりするので、彼女の役に立つというわけです。［…］とてもしんどい生活ですけど、みんなが私を待っていてくれることを知ってからは、新しく生まれ変わったような気持ちです。たとえまだまだ長くかかろうとも。

彼女は自分の状況をユーモアを持って見るように努めてはいるが、十一月を経る頃には神経が耐えきれなくなる。誰かを密告することを要求される以外は何もせず、ただぼんやり座っているだけだ、それならまた地下牢に閉じ込められるほうがよっぽどましだ、と彼女は訴える。彼女はアルカディの手のうちにあるような気がして、相変わらず彼におびえている。ところが彼は今一度彼女をびっくりさせた。「あなたには仕事が必要です」と言って次の措置に取りかかったのだ。旅券写真を撮らせて彼女の名前の身分証明書を作らせた。一九四五年十二月十日にアルカディの仲介でシャリテ大学病院の事務員として採用され、後には受付で、そして最終的には会計の窓口で働いた。

この男は完璧に順序だてて私を救ってくれました。そこに個人的な目的はなかったようです。彼はまったく不思議なことを言ってました。神の摂理の話なんかをしていました。どうして私のために尽力してくれるのかと彼に尋ねたとき、「私はあなたの敵ではない。それに、もしかしたらいつかあなたが私を助けてくれることもあるかもしれない」と言っただけでした。

第三帝国が崩壊してからはじめて、彼女はどうにかまた自立した。自作の人形の収入では家賃さえなかなか払えなかった。彼女は月々百帝国マルクの報酬と食料の配給券をもらう。ヒトラーの秘書として彼女は最後に四百五十帝国マルクを受けとり、食事も宿泊も無料だった。闇市でひと山のパンが当時は約四十帝国マルク、砂糖一キログラムが約九十帝国マルク、チェスターフィールドのタバコのカートンが最高で千五百帝国マルクだった。愛煙家トラウデル・ユンゲは闇市との関係がなく、そのためのお金も交換物品もなかった。

孤独の中で、彼女の愛のポテンシャルはすべて母親に向かった。母親との関係は、内面的にも外面的にも不安定だったこの月々、唯一不変のもので、彼女はそれこそ子供っぽいエネルギーですがりついた。次の手紙は十二月十一日付のもので、ミュンへンの爆撃後母親が住むアマー湖畔のブライトブルンに宛ててこの時期に書いたたくさんの手紙のうちの一つだ。

私自身は、いつもわりとうまく窮地を切り抜けてこられました。〔…〕そして、また仕事に就いてます。〔…〕せめてでも働けることが嬉しいです。くよくよと考える時間もあまりないので。どっちにしても私の考えの行き着く果ては、たいてい家の人たちのところです。〔…〕祝日が本当に恐ろしいの。いろんな思い出で辛くなりそうなこの日々を、たぶんベッドにもぐって、眠って過ごすことにします。〔…〕ろうそく一本もここでは買えないし、モミの枝も高すぎて、支払う余裕がありません。〔…〕ママ、みんなでお互いにできるだけ優しくしあってね。そしてみんなが一緒にいられる日々の幸せを思ってください。見知らぬ人たちの中に一人ぼっちでいる必要がなければ、それが最高の幸せなんです。もし自分の部屋に閉じこもることができて、そして本当に自分のことや自分の思い出だけと過ごせるのなら、まだいいの。やることは、何かあるわ。ところが大寒波のため、片づけられたこともない、暖かくもならない薄暗い台所で、自由時間を他の人たちと一緒に過ごすほかないの。もっとたいへんなのは、〔冷えた〕中央暖房以外に、他の暖房方法を持たない人たちです。

続く何週間かのトラウデル・ユンゲの思考も行動もミュンヘンでの再出発に終始する。彼女は複雑な思いで、昔の自分の世界、大失敗だった決断前の生活とのつながりを探す。「私の頭はたえず一つの考えへと動いていくの。それは帰郷です」と、十二月三十日に彼女は書いている。数行あとに愛着の言葉が続く。「ママとインゲだけが恋しい。他の人たちの同情や嘲笑が恐ろしい」。一九四五年の大晦日を彼女はイギリス軍に占領されたヴィルマースドルフ区に住む亡き夫の友人たちのところで過ごす。彼女はもう何度かこっそりこの禁止区域に行っていた。今回は約二カ月間留まることになった。というのは、一九四六年の正月に四十一度の熱と喉の痛みで床に伏せってしまったからだ。同日ジフテリアのため、ロベルト・コッホ病院に運び込まれる。ロシア地区では誰も気にも留めなかったらしいことが、なんとか早くバイエルンへ逃げようという彼女の意志を固めさせた。「過去の苦い記憶や将来への不安から考えをそらすため、たいていは眠るようにしてみるの。さもなければ家での楽しかった頃のことを夢見たり、素敵な空中楼閣を建てたりしています」（一九四六年一月十五日）。やはりミュンヘンに行く隣りのベッドの女性と一緒に、具体的な逃亡計画を練る。「昨日から、またシャリテで働いています。でも仕事が妨げになるとしても、そのときが来れば、私は帰郷の途につくでしょう」。こう彼女は一九四五年〔一九四六年の間違いと思われる〕の二月末日に書いている。「でもママはどうぞ、傷んでしまわないうちにキャベツを食べてしまって！　私は二十日大根と蕪を味わいますから」。そして、三月一日に妹に宛てる。「私が完全に自由で、釈放証明書を持っているかですって？　残念ながらどちらもノーです。もしそんなに簡単だったら、とっくに逃げ出してるわ」

ブライトブルンでは母親がトラウデルのバイエルン滞在許可証とブライトブルンへの移動許可証をとろうと骨折っている。これらの許可証はベルリン逃亡の必要条件となるものだ。なぜかといえば、労働許可証や食料配給券などを故郷でもらえるかどうかは、それにかかっているからだ。四月二日にトラウデル・ユンゲは待ち望んでいた文書にありつく。「わーい、やったあ！　滞在許可証だ！」。二十六歳の誕生日の前日の三月十五日に、一カ月前の届け出という規則を計算に入れて、シャリテに退職願いを提出した。アルカディと最後にチラッと出会ったことが逃亡の実行をさらに押し進めた。彼女は路上で彼を見つけ、遠くから挨拶したのだが、彼はそれに少しも反応しない。彼女とすれ違うときになって、やっと言葉少なにこう告げた。「司令官が交代になってね、ユンゲさんの調書が消えてしまいましたよ」。それから彼は先を急いだ。

一九四六年四月十五日という日は、彼女の「労働手帳代用カード」に「雇用関係終了日」と記されている。その後すぐに、新規の波瀾万丈な逃亡を開始した。大学病院の知り合いのエリカという女性と一緒に占領地区の境界線まで市街電車に乗ってゆき、そこで二人は〝国境誘導人〟に道案内をまかせた。この男は知ってか知らずか、彼女らをロシア人の境界警備員の手に引き渡したのだ。だが二人の女性は運が良かった。ロシア人は彼女らを罰したりせず、ただソ連地区に送り返しただけだった。二回目の試みは成功だった。ある村で彼女らは一人の農夫と知り合いになった。この男の畑はソ連地区とイギリス地区の境界線にあった。トラウデルとエリカはこの家に泊まり、翌朝農夫がトラクターで肥料を撒きに畑へ出たとき、そのトレーラーに潜り込んだ。境界線まで来たとき、この親切な農夫の指示で彼女らは飛び下りて、兎のジグザグ飛びで藪に駆け込んだ。

そこはゲッティンゲンとハノーファーシュ・ミュンデンの近くだったにちがいありません。朝早く、私の人生ではじめてナイチンゲールのさえずりを聞きました。当時はみんなとても親切でした。私たちは、一軒の家に行きました。その家では鍋一杯の茹でジャガイモを私たちにふるまってくれました。塩付きです。それがソ連占領地区から出た最初の一歩でした。その後で、とうとう汽車に乗れたのです。汽車はまだひどく不定期にしか走っていませんでした。私たちはカッセル経由でバイエルンまで乗りました。イギリス人もアメリカ人も私たちの証明書を検査しませんでした。私はそのままミュンヘンからすぐアマー湖畔のヘルシングまで乗り、そこからヒッチハイクでブライトブルンまで行きました。復活祭の日曜日に私はまた家に帰ってきたのです。

＊

再会の喜び。忘却の時？　トラウデルは無事に着いた。母親も妹のインゲも彼女のベルリンでの過去のことはあまり穿鑿《せんさく》しない。一方では、彼女ら自身もいくらか経験済みなのだ。空襲により焼け出され、母親は財産のほとんどを失った。腱鞘炎《けんしょうえん》にかかったインゲのダンサー生命の終幕とミュンヘンへの帰郷。窮乏生活。他方、彼女らはトラウデルを労わり、そのため何もきかないように彼女には思える。

ヒトラーの死後の私の運命について彼女たちがどんな想像をしていたかということは、私の帰郷直後はもちろん、後にも決して話題になりませんでした。彼女らは総統の防空壕内で自殺病が流行ったことなど知るよしもありません。それにもかかわらず、私は母のもとで安心しきっていました。それは、私がどんなことをしようと、いつも私の味方になってくれるだろうということを知っていたからでした。もちろん、あんな恐ろしい出来事の後では、何もかも話してしまいたいという大きな欲求にかられていました。母はどんな非難もしないで、私の話すことを聞いてくれました。

家族が、国民が、いったいどうやって戦後を生き延びたのか、今日トラウデル・ユンゲにとっては謎だ。それに反し、記憶の中で彼女にはっきりしていることは、非常に人間的な、喜びに満ちた時代だったということだ。なぜなら、皆がしっかり結びついていたからだ。難民が何度も通りがかり、家に泊めてあげたりもしていた。母親ヒルデガルトは疎開してきてから、ブライトブルン地域団体から少し草地を借りて菜園を造っていた。「うちの小さな野菜畑が私をものすごく落ち着かせてくれます。エネルギーを溜めておくことにするわ。いつか後で、耕地を予約するときのためにもね」と、トラウデル・ユンゲは手紙に書いている。

「私が許されて帰ることになったとき、どうかみんながめちゃめちゃになった大都市じゃなくて、田舎に居てくれたら、とずっと願ってたの。森とか野原とかの野外だと、戦中や戦後の窮乏も不幸もたやすく忘れられそうですから」

しかし、今のところまだ彼女は過ぎ去った戦争の詳細についての記憶を呼び起こさねばならない。帰郷後何日かしてから、彼女はミュンヘンに昔の友だちを訪ねていく。彼女はまたギリシア系の幼友だちにも会った。このギリシア人のガールフレンドはアメリカ軍政府の将校の秘書として働いていた。彼はこのガールフレンドにトラウデル・ユンゲの総統防空壕での役目のことを話してしまった。その直後に、彼は自分の軽はずみな行動がトラウデルにとってどんな意味を持つかがはっきりし、彼女に警告した。

案の定、まだトラウデル・ユンゲがミュンヘンにいるうちに、ブライトブルンに地方治安警察官が現われたのだ。母親は、娘はまだ町にいると言って男を送り返した。何日か後の聖霊降臨祭の日曜日にこの男が再びブライトブルンにやってきた。このときは彼女は家にいたので、すぐ名乗り出た。母親はカマンベールひと塊とりんご一個をバッグに入れて彼女に持たせ、武装した治安警官が彼女をオートバイに乗せてイニングへ連行した。彼女は消防用具置き場の独房で一晩を過ごし、聖霊降臨祭の月曜日にシュターンベルガー刑務所の大監房に収監された。ここは米軍の週末手入れのあった後で、娼婦でごったがえしていた。彼女たちは全員が次の日に医学検査を受けることになっていた。トラウデル・ユンゲも同様だ。けれど長い議論の末、監視人たちは彼女が政治上の囚人であると了解した。そして、彼女はその措置を免れた。

アメリカ軍は約三週間彼女を二人部屋に拘置した。彼女の同室者は海軍大将エーリヒ・レーダーの姪だと名乗った。この女性にはスパイの嫌疑がかかっているのだ。二人の若い女性は待ち時間を、ブラジャー縫いでやり過ごした。他の多くの品物と同様に、その頃はまだ珍しく、皆がほしがっていた物なのだ。ドイツ・ユダヤ系米人将校がトラウデル・ユンゲに対して長時間の尋問を一回だけ行なった。この将校は彼女に総統防空壕での最後の日々の記憶を記録するように命じた。彼女は体験したことを三枚にまとめた。将校はそのテキストに非常に心動かされて、彼女にその出版権として五千ドルを払うと提案した。しかしソ連占領軍の区域を不法に逃げ出したトラウデルは、彼らの注意を引くことを恐れて、その申し出を断った。予想に反し、将校は秘密を守った。トラウデル・ユンゲのような囚人たちは、占領国側が実にさまざまな関心を抱いて事実の追求に乗り出していたことによって、利益を得たりしていたのだ。

アメリカ軍のところでは、拉致とか拷問とかを恐れたことは一分たりともありません。彼らの対応は文句のつけようがなかったし、そのうえ憎悪も敵意も感じませんでした。いかに彼らが素朴だったことか。政治のカラーに染まってはいないが好奇心はあり、センセーション好きなことには驚かされました。こちらも彼らに多くのことは言えませんでした。一九四六年にはまだボルマンやゲーリングやゲッベルスたちがどうなったのか、私にはわかっていなかったからです。副官や従卒や運転手や秘書の運命にその頃興味を持っていた人は、まだ誰もいませんでした。それはずっと後になってからのことです。ようやく釈放された私は、米軍将校たちにシュターンベルク湖でのヨット遊びに招待されたのです。私は春光に日焼けした若い女でした。でもこの申し出には応じませんでした。私はその後もしばらくの間はブライトブルンの外に出ていくことは許されませんでした。

＊

一九四七年ミュンヘンにて。瓦礫の街の日常。そんな中でも、俳優学校に行っていたインゲは、インゲボルグ・ツォーマンの芸名でラルフ・マリア・ジーゲルのカバレットト・グループの一員になった。その年には、トラウデル・ユンゲもまた故郷で生活の基盤を作ろうと試みる。姉妹は彫刻家ヴァルター・オーバーホルツァーの家の屋根裏部屋に下宿する。

トラウデル・ユンゲは以後十五年間彼のモデルになり、彼とは一家じゅうで親しく交わった。トラウデル・ユンゲに電気会社での最初の仕事のチャンスを斡旋したのも彼だ。その会社は、いわゆる〝料理箱〟と呼ばれるものを作っていて、それは外側が亜鉛で覆われた、電気で加熱する保温容器で、それがあれば節電中も暖かい料理を食卓に運ぶことができる。他によく売れたのは、短い麺棒の形をした〝保温ロール〟で、一分間電流を流してから、抱えて手を暖めるものだ。これはトラウデル・ユンゲがヘルゲ・ペータース＝パヴリーニンのアトリエ劇場（その創立アンサンブルには彼女の妹も属している）の秘書に職替えしたときにもたいへん役立った。前もってこの〝保温ロール〟で指をほぐしておかなかったらタイプライターを使えないほど、そこは寒かったからだ。

私にとってアメリカ人の下で民主主義を経験するのは素晴らしいことでした。それ以前は、ポーランドやロシアの作曲家のものを聞けないことも、ユダヤ人の文学を読めないことも、非常に多くのことが禁止されたり、タブー視されたりしていたことも全然意識していませんでした。急に精神の世界が自由になったのです。

この頃ミュンヘンでは演劇界とカバレットの世界とが一つにまとまりました。実際に新しい生活感情が起こってきていました。ヒトラーが、ドイツは地に落ちて、再び農業国になるだろうと予言したことは、立証されていません。アメリカ人はもちろん現代音楽をもたらしました。それに作家も。例えばヘミングウェイなどです。私たちはかつかつに暮らしてはいましたが、人生は満ち足りていたのです。

トラウデル・ユンゲは、給料は良くないにしても、仕事にあぶれることはなかった。例えば、一九四七年から五〇年にかけて、「メト医療器具販売会社」、イラン人の新聞記者でミュンヘン大学の非常勤講師ダヴァウド・モンチ＝ツァデー、「ミュンヘン出版会社」、それに印刷会社の「マイヤー&フィンク営業用帳簿製造」などの秘書の仕事をたいていは半日だけ、それもいくつか平行してこなした。どの雇用者も接触上の不安感は持たなかったらしい。それどころか、彼女が国家の第一人者のために働いていたことは彼女の能力を証明した。「以前は常に全日就業だったポストを半日就労で完全にやり遂げる状況に彼女はあった」と「マイヤー&フィンク」は彼女の労働終了書に証明した。「ユンゲ夫人はたいへん貴重なスタッフで、彼女の退職が惜しまれる」と「ミュンヘン出版会社」は彼女に対して賞賛を惜しまない。「その業績によって、彼女は営業幹部はもとより同僚からも多大な尊敬を受けている。また、誰に対しても親切なその人柄により、彼女はいたるところで好意を持たれている」

一時、彼女はハンス・ラッフの事務の仕事も手伝った。彼は弁護士であり、一九四二年から会っていなかった彼女の親しい友だちウラの夫である。ハンスはトラウデルをすぐさま受け入れました、とウラ・ラッフは語る。それは、彼がユダヤ系ドイツ人として第三帝国時代に迫害されていたことを考えると、当然のことではない。訓練を受けた機械製作技師であり、法律家にもなる筈だった彼は、一九三三年、国家試験の八週間前に大学から追放され、一九四一年には「兵役不適格者」として軍隊を解雇された。一九四四年まで、ユダヤ人の親類から引き継いだミュンヘンの画布製造所を経営していた。それから労働収容所の囚人として岩塩坑で服務しなければならなかった。一九四六年に彼は国家試験を受け、特許弁理士になるというはじめの職業希望を捨てて、賠償問題を専門にし、短期間のうちに国でもっとも声望のある賠償・返済弁護士になった。

私たちはトラウデル・ユンゲと話をするとき、彼女がヒトラーのもとで過ごした頃のことを話題にするのは一切避けました、とウラ・ラッフは語る。その理由とは今から見れば驚くべきことなのだ。「私たちは彼女を労わろうとしたわけです。彼女が内心苦しんでいるのを見ていたので、気の毒に思ったのです」。彼女と対決するどころか、ハンス・ラッフは経済的に彼女を支援した。そのうえ彼女の母親の物質的な窮乏を知って、何度も金銭をこっそり渡した。

ベルリンから戻ってきた私は、自分が取るに足らぬつまらぬ者に感じて、人間的な好意はどんなものでも有り難く思いました。私の周囲から個人的な非難を決して聞いたことがありません。みんなこう言っていました。「ほら、考えてもごらんよ。君はあんなに若かったんだから、わかりっこなかったよ。この先、どんなことが起こるかなんて」。このことについて私と事細かに話した人はいません。私が自分の記憶を書き記したとき、誰もそれを読もうとしませんでした。それは長年の間、私にとって都合が良かったんです。というのは、こういった励ましのおかげで良心の呵責を感じないでいられたからです。でも、詰まるところ、自分自身の潜在意識まで騙せるものではありません。

トラウデル・ユンゲの記憶に深く刻まれたのは、とりわけカール・ウーデとの仕事上の関係だ。それはまもなく彼とそして彼の家族との情愛のこもった友人関係にまで発展したのだが。彼女がこの作家と知り合ったのは、一九四八年に母親と妹と一緒にシュヴァービング区のバウアー通りに住居を見つけたときだ。彼女らが不法に入居した十番地の家は、戦時中ひどい爆撃を受けて、「全壊」の注意書きと共に住宅局の書類から消去された物件だ。もともと五階に住んでいたベルクホーファーという名のカトリックの神父が一階を当座の間に合わせに修復して、二部屋をこの三人の女性に提供した。彼女らはまっ先に、「頭上に屋根を持つ」という慣用句のとおり、タール屋根紙で屋根を覆わなければならなかった。「〝ベルクホーフからベルクホーファーへ〟、こりゃ、出世だ！」とトラウデルの友人たちはからかった。二階の残り壁の間にカール・ウーデが一時しのぎに事務所を置いた。彼は例えば文学雑誌『世界と言葉』なども編集していた。彼は非の打ちどころのない民主主義者ではあったが、他の点では政治に無関心な人間で、第三帝国時代には、災禍が過ぎ去るまでじっと待っていた、とその息子クリスチャン（今日のミュンヘン市長）は語る。生涯を通じて彼は時代の出来事に大きな関心を示しはしたが、「立場を決めること」は原則としてしなかった、そうするには外交に長けすぎていた、それに芸術家としての役目に没頭していた、とも言う。トラウデル・ユンゲは午後カール・ウーデの秘書をし、午前中は「ロルフ・カウカ出版社」の編集助手として、推理雑誌の編集をしていた。

カール・ウーデはほんとに自由な、民主的な心持ちの人で、作家として、また文化に関心を持つ人間として私の考え方に大きな影響を与えました。彼はもちろん私がヒトラーの秘書だったことを知っていました。そのことは親密になった人たちにはいつもすぐに話しました。自分の過去によって私たちの人間関係が損なわれることが嫌だったからです。でもウーデは私に細かいことや動機などを決して聞きただしたことがありません。過ぎ去ったばかりの過去が話題になることなどなかったんです。私たちの考えも感情も活動も未来に向かっていました。私たちは皆一つ一つ石を重ねて普通の生活を立て直すことに追われていました。ところでウーデを通して私はドイツ社会民主党文化フォーラムと接触を持ち、現在も相変わらず会員です。

トラウデル・ユンゲがこの家族の生活に入ってきたとき、息子のクリスチャン・ウーデは一歳になったばかりだった。この子供は両親と姉カーリンと一緒に向かいのバウアー通り九番地の家に住んでいた。小学生の頃にはもう歴史や政治に興味を持ち、トラウデルがヒトラーのもとにいた当時のことを質問してきた。彼女との数々の会話の中で、「アドルフ・ヒトラーと第二次世界大戦が歴史的な、圧倒的な出来事なんかではなく、政治は自分のすぐ近くで行なわれ、いわば私の手につかめるものだった」という意識が刻み込まれたと、彼は回顧しつつ語っている。後年、彼が両親や両親の知人との食卓の会話で真剣な議論に参加するようになったとき、トラウデル・ユンゲが〝活発かつ批判的な頭脳〟の持ち主として彼の注意をひいた。彼女は、知人仲間の誰よりも議論好きで、政治に関心を持っていたのだ。

私にとって、意識的な生活というのは、戦後になってからやっと始まったんです。本質的なことを考えること。裏を問うこと。人間関係の意味。それまでは、私は自分にやってくるものを、すべてそのまま受け入れました。意識して舵をとることもせず、ある仕事場から他の仕事場へと入り込んでしまいました。そして、置かれた場所で、ものごとへの興味を広げよう、全力を尽くそうと試みたわけです。

一九四七年に、ご丁寧にも二種類の論評と共に、トラウデル・ユンゲは公の機関から免訴を受ける。十八歳以上のすべてのドイツ国民と同様に、彼女もまた〝占領軍政府〟の〝アンケート用紙〟に答えなければならなかった。それは、八十六センチメートルの長さの、両面印刷された用紙で、ナチスとの個人的な過去のつながりに関する百三十一の質問箇条が書かれてあった。どうしてだったのか今となってはわからないが、彼女は用紙に二度記入した。一度はトラウデル・ユンゲとして、もう一度はトラウデル・フンプスとして。真実に沿って、彼女は当時の職業を「総統官邸の秘書」と書き込んだ。そもそも、その名目で採用されて、総統のところへ〝派遣された〟のだから。それで、彼女は非ナチ化通知を二度も受けとったというわけだ。一つのほうには、一九四六年八月末に発布された青少年大赦のもと、「青少年同調者」という判決がなされていて、一九一九年以降に生まれた者全員がその恩恵に浴することになった。もう一つの扱いでは、彼女は全バイエルン人口の九十四パーセントと同様、責任を解除された。ほとんど全ドイツ国民がその政治姿勢のためにやらされた国民浄化策である〝非ナチ化〟が（これまでにたった一度の試みだったが）名誉回復の茶番劇に陥ってしまったことにトラウデル・ユンゲは気づかない。彼女にとっては、アンケートの記入は形式以上の何ものでもなかったし、有罪宣告などはどっちみち考えに入れていなかった。何と言っても、彼女はナチスの党員だったことなんて一度もなかったのだから。

おおかたのドイツ人はこの手続きが終点だと解釈した。そしてこの時点からナチス時代に関しては集団的沈黙が支配することになる。一つには、この現象は連合国側自身のためにも都合が良かった。つまり冷戦中、ドイツ人は西側でも東側でも同盟のパートナーとして必要とされたのだ。また、他方、アデナウアー〔コンラート・アデナウアー。一九四九年九月より六三年十月まで西ドイツ首相を務めた〕時代のドイツの政治家は有権者の好意を要した。そして、それは時代の要求に沿って「終止符」を打つ者こそ得ることができた。「それで、あの年月を振り返ってみると、抑えきれない疑念が沸き上がってくるのだ。言ってみれば、アデナウアー時代には、過去に向き合おうとしない大多数の選挙民に対して、あたかも保守党支配者による巨大な〝不正取引〟のようなことが六〇年代に入る頃までなされていたかのようなのだ」とラルフ・ジョルダーノ〔『第二の罪』で戦後ドイツの精神状況を批判したジャーナリスト〕が言っている。「沈黙を維持しようという一種の約束ごとが、一部は、暗黙の了解のもと、一般人の共同謀議的な空気から出てきたものであり、また一部は、強力に組織されたものであったことが明らかとなる」。ジョルダーノはこれを加害者と共にもたらした「大がかりな平和」と呼ぶ。やっと六〇年代末頃になって、戦後の第二世代が祖父母らに過去の政治姿勢についての見解をただそうとする。これによってトラウデル・ユンゲの見せかけの平和が早い結末を見ることになるのだ。それまでのほぼ二十年が私にとっては一番良い年月でした、と彼女は言う。

トラウデル・ユンゲが徐々に安定感を得たのは特にハインツ・バルトによるところ

が多い。彼は、トラウデルも出入りしていたラルフ・マリア・ジーゲルのカバレット・グループの〝小間使い〟、今日の言葉で言えば〝マネジャー〟だった。彼女が「何でも屋」と呼ぶように、彼はエネルギッシュにものごとをこなし、また献身的に彼女の世話をする。彼は第三帝国時代は抵抗運動に参加したのだが、その過去にもかかわらず彼女を受け入れる。これが彼女の支えとなった。彼がアメリカに移住したとき、足場を固めしだい、彼女が後を追ってくることは、彼には折り込みずみのことだった。彼女と結婚するつもりでいた。

*

希望に満ちた五〇年代。ドイツに対する世界の躊躇が徐々に薄らいできた。経済復興の奇跡にも弾みがついてくる。「われわれはやっとまた一人前になったのだ」と多くのドイツ人が感じる。トラウデル・ユンゲの生活はどの人の伝記にもあるように、山あり谷ありだ。一九五一年にインゲがドイツを去りオーストラリアに向かう。彼女は、一年前に移住していったポーランド人の婚約者と向こうで結婚するつもりだ。彼女は芸術家のキャリアの夢を実現できたので、トラウデル・ユンゲは若い頃彼女がうらやましかった。彼女の不在は淋しいものだ。彼女自身もアメリカ合衆国行きのヴィザを申請している。ハインツ・バルトのアメリカのボスが誓約書にサインする用意があるからだ。一九五四年にバウアー通りの廃墟が取り壊しになるので、出て行かなければならなくなると、母親はその機会に娘をオーストラリアに訪ねることにする。そして二年近く滞在した。トラウデル・ユンゲのこれまでの住まいは正式の居住権がなかったので、ミュンヘンのモーザッハ地区の簡素な市営住宅が当たったことを喜ばねばならない。だが彼女の言葉で言えば、「おぞましいスラムのアパート」だった。それでもそこに引っ越しする。というのはたった一つそれに代わるところといったら、「女性の森宿泊所」というホームレス収容所だったからだ。

そんな中でも、仕事の面から見れば、彼女はまったくチャンスに恵まれていた。三十歳の女として具体的な職業目的を目の前に持っていたわけではなかったが、彼女を認め、励ます良き支援者に何回も行き当たった。知人のヴィリー・ブルストは「クイック社」でグラフィックの仕事をしていて、彼女をそのグラフ雑誌に推薦した。それは、当時有名なルポルタージュ誌で、金をかけた調査や批判記事（ナチスの過去を持つ人間に関する記事もたびたびあった）などを掲載した。クイックのレポーターも編集者もこの同僚の前歴を知っていたのに、第三帝国時代の体験を彼女にただの一度もきかなかった。

カーニバルの火曜日に編集部が各種の戦争犯罪者の訴訟やランツベルクでの死刑

に関する大々的な記事を準備していたことを覚えています。その頃私ははじめて、第三帝国の舞台裏で何が起きていたか、その詳細を知りました。とりわけ私が親切で教養のある人として知り合った人間の裏がわかったのです。例えばカール・ブラント博士はヒトラーの侍医の一人で、私は彼を教養豊かな、人間味のある人だと思っていたのですが、この男は一九四八年に強制収容所の囚人に対する人体実験と安楽死に加わったかどで絞首刑になりました。私は度を失ってしまいました。

三年間トラウデル・ユンゲは編集長の右腕となって働いたのだが、科学部門にいたフリーのジャーナリストから助手として引き抜かれたことで、編集長の不興を買うことになってしまった。二週間のイタリアへの取材旅行で、この二人は私的にも近づき、十三年間の結び付きの始まりとなった。

はじめて私はイタリアを歩きました。ガルダ湖、糸杉、レモンとオレンジの木、私の心は感謝と喜びで文字どおりふくらみました。それから激しい情事になったんです。彼のために働きたいかときかれて、クイックとさよならしました。

その記憶で語られるほど彼女の決心が簡単だったわけでもない。何と言っても彼女は婚約していたのだし、もうすぐアメリカへ移住する筈だった。「別れのつらさだけでなく、あなたの決心の正しさに対する疑いも湧き起こるなら、両方とも〔…〕飲み下してしまいなさい。しかし、そのときも、大事なことを忘れないように！ ――渇きをいやして――乾杯！ 今度の月曜日に始まる新しいエポックに！」と、彼女の未来の雇い主が一九五三年九月末に彼女に書いている。

しばらくの間、婚約者ハインツ・バルトを待たせて、最終決定を保留にしておく。「ハインツは魅惑的で優しく、心のこもった手紙を書いてきた。彼の手紙が嬉しい」と一九五四年十月十六日の日記に書き付けている。それからちょうど二カ月後のことだ。「ハインツは非難のこもった手紙を書いてきた。それでも私は嬉しかった。彼の私に対する愛がいつも感じとれるからだ」。彼女の心はとうにジャーナリストのほうにあったが、彼には妻子がいた。アメリカからの手紙はこうしたトラウデル・ユンゲの漠然とした支えであった。「それでも何度も〔…〕懐疑心や、また、このままですべてが良いのだろうか、正しいのだろうかと私を悶々《もんもん》とさせる暗影のごとき考えが夜ごとに湧き上がってくる。心の内にある手の届かない人への所属感、一途な献身などといったものから私は対外関係において孤独に追い込まれて、ときに窒息しそうな気持ちになり、ほとんど耐えられそうもない。ときどきまったく普通の日常的な愛が恋しくなるけれど、朝事務所に行く道すがら、そんな気持ちはもう大きな幸福感でまた吹き飛ばされてしまうのだ」。これは、数多くの似かよった、二面的内容の文の一つで、一九五四年十一月の日記に記されたものだ。

一九五五年にヴィザを得たのだが、すでに彼女はアメリカの生活に〝否〟の決定を下していた。ドイツや仕事、新しい恋への結びつきが強すぎたし、また、オーストラリアから戻ってくることになった母親への責任感も大きすぎたのだ。それに、ハインツ・バルトの魅力は何年かのうちに色あせてしまっていた。彼がすぐに慰めを見つけたことが、トラウデル・ユンゲを考えさせた。「クリスマス（一九五六年）に彼（ハンス・バルト）はマヌエラと婚約するか、もしかしたらすぐ結婚してしまうつもりで、帰国した。ちょっと胸がチクチクする。個人的な喪失感を感じてとか、自分の希望を捨てなければならなくてというよりはむしろ、あんなふうに二人の生活へ飛び込む勇気を持つ幸せを自分では味わえないけれど、それに対する憧れをいつも引きずっていたから。でも、私が愛の前提条件と考えていたのに、いつも私には与えられなかった恋のうずきをハインツが今感じていることは、私もやっぱりいくらか嬉しい。私も二人一体のそんな幸福感をどんなに経験してみたいことか」と、彼女は日記に記す。しかし第二次世界大戦後、まだ本当にそういう気持ちがあったかどうか、彼女自身もいぶかるようになっている。

私は最初の結婚に向こう見ずに突進していったためか、強い拘束恐怖症にかかっているらしい。ハンス・ユンゲとは精神的に近づく機会が全然なかった。彼と深く掘り下げるような会話を交わしたこともないし、彼が何に興味を持っていたのかも知らない。将来の計画を二人で練るなんてことさえしなかった。彼が死んだと聞いて、その瞬間はひどく動揺したけど、すごく早くそれを乗り越えた。彼と生活を共にしたこともなかったのだもの。一九四四年八月の彼の死後、事態が非常に切迫してきて、彼を失ったことなんか背後に押しやられてしまった。そして戦争が終わると、その章も終わったというわけだ。その後、「この人と私の人生を分かちたい」と確信を持って言える人に出会うことがなかった。

一九五六年一月はじめの日記ほど自分自身への不満がはっきりしているものはあまりない。「[…] 今日、公文書保管所で筆跡療法に関する切り抜きを見つけた。そこには人間性と共に筆跡も変わる、と書いてあったから、逆もあるにちがいない。つまり、筆跡を意識的に変えるようにしむければ、人間性も共に変化するのだろう。この実験をやってみよう。私の筆跡が大きくエネルギッシュになれば、きっと私もそうなるかもしれない」。実際に、この日から少なくとも日記上の筆跡は変わった。外向きには明朗で、生きる喜びに満ちた人間になった。だが、この先も感情の起伏から逃れることはない。日陰の愛人の立場になんの幻想も抱いてはいなかったけれども、彼女は自分の雇用主から気持ちのうえで離れることができない。それは、仕事上のパートナーとしての面が、たまにあるフラストレーションにもかかわらず、彼女を満たしていたことによる。彼女は自立して仕事をこなし、自分自身の名前で出すことは滅多になかったものの、記事も書いた。一九五九年には本も出版した。『動物と家族の結びつき』という本はミュンヘンの「フランツ・エーレンヴィルト社」から出版され、商業的な成功こそ見なかったが、文才とユーモアにあふれていることがわかる。

私の人生ではじめて、ただ仕事だけをするのでなく、仕事の内容にもとても興味を持ったのです。生物学はきっと私の専門になりえたことでしょう！　有能な治療師とか医療体操指導員とかにもたぶんなれたでしょう。しかし、三年間の養成所の費用がありませんでした。

五〇年代はトラウデル・ユンゲは実生活だけで精一杯だった。ヒトラーの秘書時代のことは滅多に思い出さなかった。総統防空壕の生き残りとの接触は求めるどころか、むしろ避けていた。

他の秘書たちは総統への忠誠心を捨てたくなかったか、あるいは捨てられなかったのです。これは私には理解できないことでした。例えばクリスタ・シュレーダーはアドルフ・ヒトラーに関するすべての書物を批判的観点から調べましたが、でも本当に離れたわけではありません。私はヒトラーのコックだったフォン・エクスナーさんとだけ親しくしていました。私は休暇中に彼女とヴェルター湖のペルッチャッハでときどき会いました。それからハンス・ベルント・ランツェです。彼は報道局長ディートリヒの官房にいたのですが、戦後しばらくブライトブルンの私たちの家に住みました。オットー・ギュンシェは一九五五年にソ連軍の監獄から釈放されたあとで、連絡をくれました。けれど最近は滅多に会わなくなりました。

ところで、ヒトラーに関する本を書いていく過程で、トラウデル・ユンゲの記憶に興味を抱くさまざまな歴史家やジャーナリストがわたりをつけてきた。一九五四年にはアメリカのマイケル・マスマノー海軍大尉ともたびたび会った。この人はニュールンベルク裁判に判事として参加し、一九四五年から四八年の間に、ヒトラーとその総統防空壕での終末の目撃者ほぼ二百人に尋問したが、トラウデル・ユンゲもその一人だった。一九五〇年に彼は『死に至るまでの十日間』という本を出版した。マスマノーは、一九五四年秋にゲオルグ・ヴィルヘルム・パプスト〔一八八五〜一九六七。オーストリア人。元は舞台俳優だったが、後に映画監督として活躍した）がその題材を映画化するとき、またあらためて接触してきた。時代の証人トラウデル・ユンゲにオーストリア人の監督の相談に乗ってあげてほしかったのだ。彼女はパプストとマスマノーにミュンヘンで何度も会い、長いためらいの後、ウィーンのパプストの傍らで十四日間監督助手として撮影に立ち会ってほしいという申し出を引き受けた。何はともあれ、オーストリアも相変わらず連合軍に占領されており、ベルリンのソ連占領地区から不法に逃亡してきた彼女としては、ソ連軍の注目をひきつけてしまうことを恐れずにはいられなかった。報酬として彼女が得た千五百マルクは、今までいっぺんに稼いだもののうちでは抜群の大金で、モーザッハ地区の公営アパートから出て、むかし住み慣れたシュヴァービング区の瀟洒な1LDKのアパートに引っ越しすることができた。

一九五五年四月にアルビン・スコーダとオスカー・ヴェルナー主役の『最後の幕』が封切られたが、第三帝国時代のG・W・パプストの行動がひどく物議をかもしたことからも、見る価値なし、との酷評を批評家から受けた。彼は、『喜びなき街』と『三文オペラ』の映画化で、二〇年代にはドイツの監督のうちで、社会派として最高の名声を博していた。一九三三年に彼は、イデオロギー上の移住者としてまずパリで、それからハリウッドで運を試したのだが、あまり成功せず、ドイツに舞い戻って、戦後までに『喜劇役者』や『パラケルスス』、それにナチスの時代精神の映画を二本撮っていたのだった。

あの頃、パプストと私は第三帝国での体験のことなど、なにも話し合ったことがなかったんです。撮影はひどく消耗する仕事です。本当にいろいろなことに気をつけなければいけません。静かな深い会話なんかまったく期待できません。今となってみれば、もちろん残念なことですけど。

もう一つの過去との出会いは、五〇年代の終わり頃のエリカ・クロプファーとの再会だ。彼女はストーンという名前に変わっていて、ニューヨークで写真家として暮らしている。エリカは、一九五六年にオーストラリアからミュンヘンに戻ったトラウデルの母親から、むかしの女友だちが「最後までヒトラーの個人秘書だった」ことを知った。はじめまったく信じられませんでしたと、この本意ではなかった移住者は言う。だから、最初はトラウデルと連絡をとる気がしなかったのだが、やはり好奇心が起こって、自分の著作『心ならずの故郷、ニューヨークの移民』で語っているように、「いかなるためらいも感じることなく」トラウデルを訪ねる。彼女はトラウデルと心底から理解し合えた。ついでに言えば、あの頃、そんなポストをはねつけられる若い娘なんていなかった、と彼女は確信を持った。「私にだって起こりえたことです」とまで言う。トラウデル・ユンゲに対するさらなる無罪判決だ。ところが彼女自身にその言葉は記憶に残ってない。トラウデル・ユンゲは幸せな人間ではない、とエリカ・ストーンは締めくくる。「実に、ヒトラーの下で過ごした日々が彼女の人生を台なしにしたのだ」

＊

六〇年代——喪失の多かった時代。

一九六二年にトラウデル・ユンゲの父が死去する。彼女は晩年の父とも相変わらず接触があまりなかったせいか、父の死にそれほど心が痛むことはなかった。彼女は総統防空壕での出来事に強いインパクトを受けていて、終戦直後に父もまた自殺したのではないかと思っていた。「ある人たちにとっては、死のほうが自分の面前にある生より簡単だったのかもしれないけれども……今日、誕生日を迎えた筈の父にとってもそうなのだ」と、彼女は一九四五年十二月四日に書いている。事実、マックス・フンプスはナチス党員、親衛隊員、および生産に必要不可欠な者としての兵役被免除者、また保安部長として、三十万人以上のナチス政権の活動家たちの一人だった。彼らは、連合国側に逮捕され、一時期収容された。彼は、運命を共にした多くの同志と同様、自分をナチス政権の犯罪者というより、むしろ誤った指導下にある不正な占領政策の犠牲者だと思っていた。

戦後、父の妻から連絡を受けるまで、父の運命について考えたことは、あんまりありませんでした。「ねえ、あなたがた、お父さんのことなんてどうでもいいの？かわいそうに、あの人、今強制収容所にいるわ。フランス軍に逮捕されて、虐待を受けたのよ」。まさに、父が無罪なのに強制収容所に勾留されているといわんばかりの彼女の話し方です。こういった転換のやり方がその頃の典型的なものだったのです。父はほんとにすぐ釈放されましたけれど、ひどい痕跡が残りました。それからは、ひとり彼の妻だけがお金を稼がなければならなくなったんです。彼女ははじめフリードリヒスハーフェンで小さな宝くじ販売所を開きましたが、何年かするうちにバーンホフ通りで小ぎれいな店にまで発展させて、タバコとか新聞とか酒類も売るようになりました。父が一番良い顧客だったようです。父の死後、私と妹は彼女と心のかよった関係を持ちました。それが私たちのミーツルおばさんです。彼女は父にとって理想的な妻でした。

一九六九年の母の死は（最後にパーキンソン病を患って養護施設に入っていたこの老婦人にとっては救いだったにもかかわらず）、トラウデル・ユンゲにひどい打撃となった。

彼女は何年もドアのほうに目を向けて座り、私が入ってくるのを待っていました。彼女はおとなしいやり方で、私が常に良心の咎めを感じるようにすることができたのです。私が週末に遠出するときには、「ええ、行ってらっしゃい。私、一人でいることには、もう慣れてるから」と、悲しそうに言うのです。私は出かけはしましたが、ちっとも楽しめませんでした。それでも、彼女がとてもかわいそうでした。だって、報われない人生でしたから。六十五歳ではじめて洋裁で自分のお金を稼ぎました。私の女友だちの縫い物もしました。これが彼女に大きな満足感を与えました。

だが、トラウデルの人生の本当の挫折は、その三年前、恋人が心臓病で急死したときにやってきた。彼の死は、私的にも、また職業上でも、関わりを持つ人間を彼女からいちどきに奪いとった。「私はいつも悲しみをうまく克服してきました」と、彼女はきっぱり言う。「それでも常に自分の痛みについてしゃべりたいという欲求を持っていました」

嬉しいにつけ、悲しいにつけ、家庭のかわりとなってくれるかけがえのない場所というのは、その頃からずっとランツェンシュティール家だった。ルイーゼ・ランツェンシュティールはハインツ・バルトの姉妹の一人で（トラウデル・ユンゲの昔の婚約者との情愛関係に拘ることなく）たいへんもののわかった女友だちで、何年もの間、一番の親友だった。

ルイーゼは牧師と結婚していて、六人の子供を生みました。彼女は信じられないくらい明朗で、信頼感を与える人です。一家はナチスの時代を理想を投げ出すことなく、ひどく勇敢に生き抜きました。ルイーゼは、当時一度も「ハイル、ヒトラー！」と言わないで通した、と私に言ったことがあります。家族中が、オープンな信仰に繋がっていて、少しも凝り固まっていません。食前にはいつも祈りを捧げます。はじめのうちは、とても居心地が悪かったのですが、私もだんだん家族の中に入って慣れていきました。今日私が自分の家族に代わるものを持ち、六人の子供と十三人の孫と親しく交わっていられるのも、ハインツ・バルトのおかげです。私は彼らの「トラウデルおばさん」なのです。

ランツェンシュティール家ではじめて私は、人間が信仰の力を持つとはどういうことかをはっきり意識しつつ体験したのでした。〝信じられること〟がすごくうらやましかったのです。私には与えられなかったことです。でも彼らは伝道師ではなく、私をありのままで受け入れました。たとえ世間の他の人たちの前から身を隠したとしても、ルイーゼのところには行ったことでしょう。彼女のところでは守られ、理解されていると感じました。

トラウデル・ユンゲは、六〇年代の半ば頃から現在に至るまで彼女を苦しめている抑鬱状態について話す。最初は、漠然とした挫折感を抱いていた。「たった一つの選択肢しかなかったというほど、〝強要された〟人間の伝記を他に知らない」と、政治学者のクラウス・レッゲヴィー〔一九五〇年生まれ。ギーセン大学政治学教授〕は書いている。「私は間違った方向に進んでいったのです。いいえ、もっと悪いことには、決定的な瞬間に自分で決断を下さず、人生をただ雨に降られるままにしておいたのです」とトラウデル・ユンゲは自分を責める。

後になってからやっと、彼女は、自分の落ち込みを第三帝国時代の人畜無害な自分の役目とは対照的なナチス体制の残虐行為に結びつけて考えるようになる。そしてますます具体的になっていく罪悪感に苦しめられたのだ。「あなたはまだあんなに若かったのだから」という、これまでの都合の良いアリバイもにわかに崩れてしまう。

その頃、すでに私はフランツ・ヨゼフ通りのゾフィー・ショル記念銘版の前をよく通り過ぎていたにちがいないのです。ただ気づかなかっただけなのです。ある日それに目を留めました。彼女が一九四三年に処刑されたときは、ヒトラーのもとでの私の生活がやっと始まったばかりだったのだということを思い浮かべて、私は深い衝撃を受けました。ゾフィー・ショルももとはドイツ女子青年連盟の女の子で、私より一歳下です。そして、彼女は、あれが犯罪国家なのだということがちゃんとわかっていたのです。私の言い訳はいっぺんに吹っ飛んでしまいました。

自覚の年月。長い抑鬱の期間と、効果のあがらなかった入院、会話療法。職業上の無気力。一九六七年から一九七一年の間、トラウデル・ユンゲは「言葉と絵画出版社」の顧客雑誌『薬剤ジャーナル』を担当する。

私は急に書けなくなりました。何でもない数行さえ書くことが難しくなりました。自分の職業をもうまっとうできないのだという考えが病状をさらに悪化させました。そのとき私は逃げ出そうと思ったのです。オーストラリアへ、妹のところへ逃げようとしました。退職届を出して、アパートを貸して……。

オーストラリアの役所はトラウデル・ユンゲへの永久滞在の許可を拒否し、理由として第三帝国での彼女の役目をあげた。二十五年以上もたってからはじめて彼女の過去が原因で拒絶に遭ったのだ。結局、彼女は観光客としてシドニーに飛び立ち、数カ月滞在した後、長期的にはどっちみちドイツで暮らしたいと考える。一九七四年に子宮ガンの宣告を受けたが、完治する。ジャーナリズムでいろいろな職を経た後、一九八一年に六十一歳で年金生活に入る。

だが、生活が静かになったわけではない。公的にも「過去の検証」がドイツで徐々に進む。トラウデル・ユンゲはベルリンの防空壕の終末を体験した最後の生き残りの一人として、何度もカメラの前に立つことを請われる。そのネガティブな付随現象――それはナチスの狂信者やサイン収集狂に何回も嗅ぎつけられて、総統と握手したことのある手と握手したがられたことだ。トラウデル・ユンゲは有名人になることを望まない。彼女は引退生活をし、年とった盲目の女友だちの世話をし、陶器造りに励み、盲人団体のためにカセットテープに録音する。そのために何冊もの本をマイクロフォンに向かって読んだ。

とてつもないパラドックスに聞こえるかもしれないが、トラウデル・ユンゲは国家社会主義からの徹底的な決別を実行した。決してそれに所属したとは感じていないが、にもかかわらず、彼女もそのシステムを支えた一員ではあるのだ。彼女は体面をもっ

しい自分との戦いの年月には一つの意味がある。彼女はそれによって成長したのだ。苦しみを内にぐっと秘めていました。ともらしく取り繕うことなく、むしろ同胞に対して誠実であろうと努力してきた。苦

私は世間から身を引き、罪悪感、哀しみ、悩みを内にぐっと秘めていました。ところが、突然、私は時代の証言者として関心を引くようになったのです。そのことが私の罪悪コンプレックスと混ざって、ひどい葛藤に陥りました。というのは、そのような会話では罪の問題などまったくどうでもよく、ただ歴史上の事実だけが重要です。ですから、弁解の必要もなしに報告できたのです。こんな事情がもっと私を苦しめました。そして考えることももっと多くなりました。今、私は二重の哀しみを抱いているのです。ナチスによって殺された何百万人の運命を思い、適切な瞬間に反論する自信と思慮に欠けたトラウデル・フンプスという娘を思って……。

謝辞

著者たちは出版社の原稿審査員イルカ・ハイネマン、そしてヨハンとマリア・マースに感謝する。この三人なしにはこの企画は実現しなかった。

メリッサ・ミュラーはアンドレ・ヘラーの賢明なアドバイスに、クリスチアン・ウーデとウルズラ（ウラ）・ラッフのトラウデル・ユンゲについての啓発的な記憶に、そして最初の読者となり、批評を寄せてくれたクリスチアン・ブランドステッター、バルバラ・ビーラッハ、リュディガー・ザラートの貴重な指摘と正しい問題提起に感謝する。

トラウデル・ユンゲは家族のかわりをしてくれている友人たちに心から感謝する。誰のことかはその人たち皆がわかっているだろう。

訳者あとがき

『私はヒトラーの秘書だった』は、ドイツ語の原作“*Bis zur letzten Stunde : Hitlers Sekretärin erzählt ihr Leben*”（『最後の瞬間まで――ヒトラーの秘書が語るその人生』）の全訳である。本書は二〇〇二年二月にミュンヘンのクラーセン社から出版されるや、たちまちベストセラーの上位に躍り出た。二〇〇三年十月には文庫本にもなり、広く読まれ続けている。

本書は、ベルリン攻防戦末期のヒトラーの防空壕を生き延びたトラウデル・ユンゲが一九四二年末から四五年四月末までの間にヒトラーの個人秘書として得た体験を終戦直後に書きとめておいたものだ。それから五〇年以上引き出しに眠っていた原稿はジャーナリスト、メリッサ・ミュラーの助言を得て、二〇〇二年に陽の目を見ることになった。その際に原稿が修正されることはほとんどなかったようだ。ただし、『アンネの伝記』（畔上司訳、文藝春秋、一九九九年）の著者としても知られるメリッサ・ミュラーが解説と著者の人生経過を書き添えるという構成で本書は出版された。

ナチスの負の遺産を抱えたドイツではヒトラーやナチズムに関する個人の自由な解

釈というのは、まだまだタブーだ。ドイツ国民は学校教育を通し、またマスメディアを通して第三帝国の歴史とその過ちを徹底的に叩き込まれる。それでも、「アウシュヴィッツをモラルの棍棒のごとく、常時使用可能な脅しの道具にするのは、妥当ではない」とか、「ドイツ人はまさに加害民族そのものであるといった非難は当たらないので、今後はそのような非難に対して共に抵抗するべきだ」などと主張してドイツ社会を騒がせる著名人はあとを絶たない。だが、現在のドイツでナチズムに関してポリティカル・コレクトネスに抵触すれば、やはり多方面からの厳しい批判を免れない。たしかに、そういった言葉を喜ぶ右翼やネオナチの存在も現状では否定できない。そういうドイツの社会背景があってみれば、メリッサ・ミュラーの歴史的に正しいとされる位置付けなしに、著者のどちらかというとポジティブなナチス時代の体験や主観的な印象が書かれた手記のみを単独で出版するのはためらわれたのだろう。

トラウデル・ユンゲがヒトラーの下で秘書の仕事に就いた頃は、ドイツ軍がちょうどスターリングラードの戦いで苦戦している最中で、戦況はすでに傾きかけており、彼女は以後ヒトラー暗殺未遂事件、「狼の巣」（ヴォルフスシャンツェ）からの撤退、また総統防空壕の生活などと、破局へ向かって生々しい体験をしていくことになる。本書にはその模様がインサイダーの視点から克明に記されていて、読む者を引きつけずにはおかない。中でも、トラウデル・ユンゲでなければ記述しえなかった第6章はまさに本書のクライマックスであるが、ディー・ヴェルト紙は、「防空壕の最後の日々を著者は非常な緊迫感をもって描写しており、その破滅の雰囲気の描写はまるでベケットとシェークスピアのミックスだ」と、その筆致を絶賛している。ドイツにおいて大きな反響を呼び起こしているゆえんでもある。

著者はヒトラーの真近で毎日を過ごしていたにもかかわらず、ナチスの実体についてでは何も気づかなかった。「自分は若く、政治に無知だった。また、政治の中枢にいると思っていたが、実は舞台裏にいて、表舞台が全然見えていなかった」と語っている。本人の自己批判は、ドイツで一九六八年の学生運動とともに本格的に始まった「過去の検証」を背景にして、年ごとに強くなっていく。そして、「知ろうとすれば知ることができた筈だ、知ろうとしなかったから自分は知らなかったのだ」と自覚するに至る。この問題に関して週刊誌シュピーゲルは、「これまでにもクリスタ・シュレーダーや侍医、コックなどの手記が出ている。しかし彼らと本書の著者ユンゲとの違いは彼女が自分の失敗の言い訳を探さないことだ。単に、『ヒトラーは犯罪者だった。私には、ただそれが見えなかっただけだ。そして、見えなかった人は私の他にも何百万人もいた』と言う。このような見解はそれほど新しくはない。だが、そのことを折にふれ思い起こさせてくれるのは悪いことではない」と評価している。

ところで著者は、適切な瞬間に反論できなかった若い頃の自分が悲しいと述懐する。

だが仮にすべてが見えていたとしたら、どうしただろうか。巨大な機構の中で、我々ははたして適切なときに「ノー」と言えるのだろうか。保身のために口を閉ざしていた多くの国民の中に自分も入らないだろうか。そのような重い問いを本書は我々に投げかけている。

　著者はまえがきで、この本を書くことによって、ヒトラーの魅力に屈することがどんなにやさしく、大量殺人者に仕えていたという自覚をもって生きてゆくことがどんなに苦しいことかをメリッサ・ミュラーにわかってもらえたら、読者にもわかってもらえるかもしれない、と期待しているが、その目的は達せられたのではないだろうか。

　トラウデル・ユンゲがまえがきで触れているように、本書の出版と同時に彼女のインタビュー映画『死角にて――ヒトラーの秘書』（*“Im toten Winkel : Hitlers Sekretärin”* アンドレ・ヘラー、オトマー・シュミーデラー監督、二〇〇二年作品）が公開された。この映画についてもここで言及しておきたい。同作品は二〇〇二年のベルリン国際映画祭パノラマ部門で観客賞を獲得し、同年五月の一般公開後ドイツでロングランを続けた。

　奇しくも、この映画が映画祭で初公開され、熱狂的な喝采に迎えられた翌日の二〇〇二年二月十一日、トラウデル・ユンゲは癌のため逝去した。まるで自分の役割を終えたのを見届けて、安らかに眠りについたかのように。本書とこの映画はまさしく彼女の遺言となった。

『死角にて』はトラウデル・ユンゲの自宅で撮られたインタビューのみで構成されている。写真資料の挿入や音楽などの演出は一切なしで、質問者の声もほとんど聞こえない。観客は一時間半の間、彼女に間近で向き合い、その証言に耳を傾ける。また、撮影されたインタビュー場面をユンゲ氏自身がモニターでチェックして、さらにそれにコメントを加えるという入念な作り方になっている。この映画のヒロイン、すなわち「自分について深く考え続けた、素晴らしく明晰に、感傷を排除して語り、物事の本質を突く、美しい老婦人」（フランクフルター・アルゲマイネ紙）にマスコミは賛辞を惜しまなかった。

「死角」にいて、つまりヒトラーとあまりに身近に接していたために、彼の正体にまったく気づかずにいたことで、残りの人生をいかに厳しく自分を責めながら生きてきたかが、撮影当時八十一歳のユンゲ氏の劇的な相貌ににじみ出ている。たいへんな集中力で堰を切ったように話し続ける彼女の記憶の鮮明さ、感情の強さに観客は圧倒される。ベルリンの防空壕でのヒトラーたちの最期の「亡霊のような時間」を二十五分間もノーカットで、異様な臨場感で語る部分はまさに圧巻だ。

トラウデル・ユンゲが手記を書いた時点ではまだ至っていなかった、自分の過去についての深い省察を窺い知るためにも、このインタビュー映画が日本でも公開される機会があることを、われわれ訳者は願っている。ユンゲ氏は死の直前、この映画の監督たちに電話で「私、自分を赦すことができるような気がしてきたわ」と語ったそうだ。手記とインタビューを通じてユンゲ氏の誠実な人柄に触れたなら、誰もがそうであってほしいと望むだろう。

本書の舞台になったナチスの施設のその後について触れておこう。

ベルリン市中心部のポツダム広場近く、ヴィルヘルム通りとフォス通りに面していたヒトラーの防空壕や総統官邸の敷地は、冷戦当時はちょうど東西を隔てる壁に接する無人地帯にあり、一九八九年まで東ドイツの管理下に置かれていた。戦後すぐに破壊された総統官邸の跡地の一部には東独時代にアパート群が建設された。総統防空壕は五〇年代に解体され、ベルリンの壁崩壊後、最終的に埋め立てられた。防空壕の敷地は今日では駐車場になっている。旧東プロイセン（現ポーランド、ケンシン近く）にあった「狼の巣」（ヴォルフスシャンツェ）総統大本営跡は、待機壕などの多くの施設が廃虚のまま保存され、ドイツ人やポーランド人に人気の観光名所になっているという。オーバーザルツベルクのベルクホーフ山荘は終戦直前に集中爆撃を受けて破壊され、一九五二年には完全に爆破された。現在も残っているのはケールシュタイン館、ゲストハウスなどの数軒の関連施設だけである。

なお、本書の中にはトラウデル・ユンゲの記憶違い、出来事の順序の間違いなどが若干見受けられるが、原注あるいは訳注で訂正してある。メリッサ・ミュラーが解説の中で指摘しているように、ユンゲ氏の記憶には限定されたところがある。われわれ訳者にとっても、ときおり見られるあいまいな表現は気になるところだった。設備の内部や会食の席順など、日常生活の細々とした事柄は詳細に描写されているが、それらがいつもはっきりとした像を結ぶわけではない。それには著者の体験の特殊性、手記執筆当時の心の葛藤も影響しているのではないか。読者の方々にはこの点をご理解願いたい。

この感銘深い手記を翻訳するチャンスをくださり、多くの適切なご指摘をしてくださった草思社の碇高明さんにわれわれ訳者より心からお礼を申し上げたい。

二〇〇四年一月

高島市子

足立ラーベ加代

文庫版訳者あとがき

トラウデル・ユンゲ著“*Biz Zur letzten Stunde : Hitlers Sekretärin erzählt ihr Leben*”（『最後の瞬間まで――ヒトラーの秘書が語るその人生』）が二〇〇二年に出版されてから十八年が経ち、文庫版が十一刷を重ね、二〇一二年からは電子版も流布している。その間にドイツ、そして世界は大きな変化を遂げた。その意味で、私たちが二〇〇四年に邦訳した本書『私はヒトラーの秘書だった』を今日読み返すと、感慨深いものがある。

二〇〇四年のオリヴァー・ヒルシュビーゲル監督の映画『ヒトラー　～最期の12日間～』（*Der Untergang*：没落）の公開によって、この本は思わぬ脚光を浴びた。大手プロデューサーのベルント・アイヒンガーが、本書と歴史研究者ヨアヒム・フェストの著作（*Der Untergang. Hitler und das Ende des Dritten Reiches*：『没落　ヒトラーと第三帝国の最期』二〇〇二年／日本語訳『ヒトラー　～最期の12日間～』鈴木直訳、岩波書店 二〇〇五年）に基づいて脚本を書いた。ナチスドイツの終焉を一大スペクタクルとして描いた娯楽映画である。ヴィム・ヴェンダース監督の『ベルリン・天使の詩』（一九八七年）の名優ブルーノ・ガンツがヒトラーを演じた。謳い文句は、ドイツ映画で初めてヒトラーという

「人物」に焦点を当てた、というもの。これが国内外で興業的に大当たりし、米国のアカデミー外国語映画賞の候補ともなった。

この映画については、数々の難点を指摘する多くの批判が噴出した。ヴィム・ヴェンダースが二〇〇四年十月二十一日付のディ・ツァイト紙に寄稿した舌鋒鋭い論評は、特にトラウデル・ユンゲの取り上げられ方を問題にしているので、ここに紹介したい。

『ヒトラー　～最期の12日間～』の最初と最後には、二〇〇四年制作のトラウデル・ユンゲのインタヴュー映画『死角にて――ヒトラーの秘書』（「訳者あとがき」参照）の映像が引用されている。好奇心のままに秘書職に就いたことについて「今も自分をどうしても許せない」というくだり。そしてゾフィー・ショルを引き合いに「若かったから知らなかったでは済まされない」と嘆く箇所だ。しかしヴェンダースの指摘によると、この後年のユンゲの述懐はヒルシュビーゲルの映画と内容的に全く結びつかない。なぜならこの映画では彼女の自責の根元にある、ナチスの犯罪、ポグロムの問題が全く言及されていないからだ。

本編に登場するのは、無邪気な若いトラウデル・フンプス（アレクサンドラ・マリア・ララ）であり、面接シーンで、ヒトラーはこの見栄えのよい秘書候補を文句なく抜擢するようにみえる。だから観客もこの時点で、彼女と安易に自己同一化する。映画中のいくつかの出来事は彼女の視点を借りて描写される。しかし大半の場面では、閉じた男社会での出来事が展開する。また、市民や子供などの架空の人物の逸話も挟まれ、一定した見地が形成されない。というより、それを意図的に避けているようだ。しかし、それほど視点の飛躍が自在であるのに関わらず、ヒトラーとエーファの自死の場面は出てこない。「この豚野郎がとうとう死んだと、なぜ示さない？」とヴェンダースは憤る。彼が最も訝しむのは、この映画において、ファシズムとヒトラーに対する製作者たち自身の立脚点が全く把握できない点である。

トラウデル・ユンゲの手記『私はヒトラーの秘書だった』には、彼女が実際に見聞きしたことが粉飾なしに再現されている。そのためにもの足りないと思われることもあり、誤読される恐れもある。しかし、それは真実の個人の記録であり、それ以上の信憑性の在り処をどこに探すべきだろう。映画化作品と対比すると、本書の真価が際立つ。謙虚だが、実は非常に聡明な若いユンゲが看破した「悪の凡庸」という知見の重大さを、私たちは現代社会にも感じているのではないか。戦後教育により、ファシズムの脅威についての啓蒙を受けた私たちが、今、世界的なポピュリズムの流行の中で、ユンゲのような錯誤に陥らないという保証はあるのだろうか。

周知のように、ドイツでは二〇一五年以降、政府の寛容な難民受け入れ政策に対する反動から、極右政党「ドイツのための選択肢」（ＡｆＤ）が支持を伸ばした。二〇一九年には、旧東独のチューリンゲン州の州議会で、ＡｆＤが国政与党であるキリスト教民主党（ＣＤＵ）を抑え、左派党（Ｌｉｎｋｅ）に次ぐ第二党に躍進した。翌二〇二〇年二月五日、同州の首相選挙の際にはさらにとんでもないスキャンダルが発生した。現職の左派党代表ボド・ラメロウの再選を阻むために、ＣＤＵとＡｆＤが自由民主党（ＦＤＰ）のトーマス・ケンメリヒ擁立を推し、当選させたのだ。極右政党の支持により州首相が選出されるのは、国内で初めてのことだった。

左派党の女性議員が、就任祝いの花束を「新首相」の足元に叩きつけた。Ｔｗｉｔｔｅｒで彼にいち早く祝意を告げた連邦政府・東部担当官は即刻解任された。各地で大規模な抗議デモが繰り広げられ、外遊中だったアンゲラ・メルケル首相は選挙結果の即時撤回を求めた。この状況を素早く収拾できなかった、次期首相候補だったアンネグレート・クランプ＝カレンバウアーＣＤＵ党首が、早期辞任を表明して事実上失脚し、ケンメリヒも州首相を辞任、再選挙によってラメロウが復職した。

国外から見ると分かりにくい事件かもしれないが、ドイツではこのような危うさと隣り合わせにある政治状況を非常に警戒している。油断すればいつナチ党が国会で第二党に躍進した九十年前の状況に戻らないとも限らない。実際、最近でもシナゴーグ襲撃未遂事件（ザクセン＝アンハルト州ハレ市、二〇一九年十月九日）、シーシャ・バー襲撃事件（ヘッセン州ハーナウ市、二〇二〇年二月十九日）など、外国人排斥思想を背景とするテロ事件が目立ち、「ファシズムとは何か」をメディアが再確認する記事が多く発信された。

しかし、コロナ危機において、メルケル首相は類稀なリーダーシップを発揮し、国民の信頼を取り戻した。ロックダウン期間中も「我が国は自由主義国であるから、何ごとも強制はしない」と国民に語りかけた。そしてこの「第二次世界大戦以来の最大の試練を連帯のうちに乗り越えていこう」と。これからのドイツにとっても、世界にとっても、トラウデル・ユンゲのような、貴重な歴史の証人の切実なメッセージは不滅の価値を持ち続けるだろう。

本書の文庫版の出版を実現してくださった、草思社の藤田博さんに心からお礼を申し上げたい。

二〇二〇年八月

高島市子

足立ラーベ加代

＊本書は、二〇〇四年に当社より刊行された著作を文庫化したものです。

草思社文庫

私はヒトラーの秘書だった

2020年8月10日　第1刷発行

著　者　トラウデル・ユンゲ

解　説　メリッサ・ミュラー

訳　者　高島市子、足立ラーベ加代

発行者　藤田　博

発行所　株式会社 草思社

〒160-0022　東京都新宿区新宿1-10-1

電話　03(4580)7680(編集)

03(4580)7676(営業)

http://www.soshisha.com/

本文組版　有限会社 一企画

本文印刷　株式会社 三陽社

付物印刷　株式会社 暁印刷

製本所　加藤製本 株式会社

本体表紙デザイン　間村俊一

ISBN978-4-7942-2464-4　Printed in Japan